鹰扬天下

皇太极

水木年华·编著

「开国帝王」系列

郑州大学出版社
郑州

图书在版编目（CIP）数据

鹰扬天下皇太极 / 水木年华编著 . —郑州：郑州
大学出版社，2018.4
（开国帝王）
ISBN 978-7-5645-5296-1

Ⅰ.①鹰… Ⅱ.①水… Ⅲ.①皇太极（1592—1643）
–评传 Ⅳ.① K827=49

中国版本图书馆 CIP 数据核字（2018）第 024916 号

郑州大学出版社出版发行
郑州市大学路 40 号　　　　　　邮政编码：450052
出版人：张功员　　　　　　　　发行部电话：0371-66658405
全国新华书店经销
新乡市豫北印务有限公司印制
开本：710 mm×1 000 mm　1/16
印张：16.5
字数：229 千字
版次：2018 年 4 月第 1 版　　　印次：2018 年 4 月第 1 次印刷

书号：ISBN 978-7-5645-5296-1　定价：48.00 元
本书如有印装质量问题，请向本社调换

前 言

　　中国两千多年的封建历史长河是由一个个朝代组成的，每个朝代都会涌现出一个叱咤风云、扭转乾坤的开国帝王，这些开国帝王无不具有一段非凡的传奇，如夜空中群星般璀璨夺目。他们抓住历史机遇，尽显扭转乾坤、开疆辟土的万丈豪情和文韬武略；他们开启了一个新的朝代，翻开了历史的新篇章。

　　曹操说："夫英雄者，胸怀大志，腹有良谋，有包藏宇宙之机，吞吐天地之志者也。"细品这些开国伟人，他们无不深刻影响了中国的历史发展，他们也因此青史留名。

　　开国帝王在制定朝纲、驾驭群臣、发展经济、政治谋略、军事手段、思想文化、民族关系等方面所实行的一系列政策，都或多或少地推动着历史的进程。作为开国帝王，无论从哪个角度讲，他们都是当时的成功人物。解读开国皇帝，剖析中国历史，还原其真实的面目，可以让我们从中学到宝贵的人生智慧。

　　本丛书汇集历代开国皇帝的生平事迹，上起千古第一帝秦始皇，下迄清朝开国皇帝皇太极，直观、深入地介绍了每一位开国帝王惊心动魄的奋斗历程。

　　希望本书能够得到广大读者的喜爱。

内 容 简 介

清朝是帝制中国最后的一个朝代。中国由主权完整到沦为半殖民地，由帝国到民国的一番转折，都是在这个朝代里发生的。本书讲述年轻的皇太极是如何在四大贝勒汗位争夺战中脱颖而出的，雄才大略的他如何继承努尔哈赤的未竟事业，面对初登汗位后的种种难题和明朝这个宿敌，他是如何破解并以弱胜强。一代英主的他为什么会突然驾崩，将偌大的天下留给了孤儿寡母。本书将为你探寻隐藏于历史表象后面的真相。让我们一起走进那个激荡的年代，感受这位马背上的皇帝一生跌宕起伏的心路历程，感受那些在时代风云中应运而生的英雄人物的激荡心灵。

目 录

第三章　继登汗位

第四章　新政治国

第五章　定边除忧

第六章　对明战争

第七章　走向皇权

第八章　再燃战火

第九章 太宗之死

附录 皇太极生平年表

生适乱世

第一章

家族神话

巍巍长白山，风景旖旎，美丽壮观。它被誉为东北第一名山，也是历史上曾经为人们敬仰的神山。长白山高两千六百九十一米，绵延数千里，主峰耸峙于我国吉林省同朝鲜民主主义人民共和国接壤的边境上。山顶寸草不生，冬天积雪，夏天云雾缭绕，一望皆白，所以称为长白山，简称白山。

松花江、图们江、鸭绿江，这三大江都发源于长白山。松花江自山北泻出，向北流去，与黑龙江汇合，直入北海。图们江自山东北泻出，向东流去，转入东海。鸭绿江自山东南泻出，向西流去，注入辽东的南海。长白山天池东北六十里外有一布库里山，山下有一湖泊，名叫布勒瑚里池，池水澄碧，风景如画。

相传在很久很久以前，天上三位仙女飘然来到这里。大姐叫恩古伦，二姐叫正古伦，三妹叫佛库伦。姐妹三人到布库里山下的布勒瑚里池洗澡。洗完正要出水登岸时，忽然有一只神鹊飞来，嘴里衔着一颗朱果，放到了佛库伦的衣服上。三位仙女上岸以后，佛库伦看见朱果红彤彤，亮晶晶，又新鲜，又美丽，拿起来爱不释手，放在哪里也不放心，犹豫再三，于是含在嘴里。她忙着穿衣服，一不小心便把朱果咽进肚里，因此怀了孕。当她的两个姐姐穿好衣服，冉冉升起时，她却难以飞上天了，望着两个姐姐，她焦急地说："我感到肚子沉重，不能同你们一起走了。怎么

办？"两个姐姐安慰她说："我们是吃过灵丹妙药的，相信不会有危险，你这是天授妊娠，等你生产以后，身子轻了再飞回来也不晚。"说完，俩姐姐飘飘离去。与姐姐别后不久，佛库伦生了一个男孩。这孩子生下来就能说话。又没过多久，他就已经长大成人。佛库伦对儿子说："你是奉天之命生在人间的，天要生你，就是命令你去平定乱国，你可以到那里去。"她还把自己从天而降，神鹊衔朱果及吞吃后怀孕生子等来龙去脉，一一对儿子说了。接着给儿子一只小船，让他顺流而下。这些事做完了，佛库伦凌空而起，转眼间，踪影不见。

佛库伦去后，她的儿子按照母亲指示的方向，乘着小船，来到了有人居住的地方。他舍舟登岸，折柳条为椅，端端正正独坐其上。当时在长白山东南鄂谟辉那个地方，有一个鄂多理城，住有三姓的人。他们互争雄长，终日杀伤。这天，一个人到河边取水，看见这个不平凡的人物，相貌奇异，举止庄重。他回到闹得大乱的地方告诉大家，说："你们不要再争下去了，我在取水的地方遇到一位奇人，看样子是有来历的，为什么不去见一见呢？"三姓的人听他一说，停止了争斗，都去看这个人。一看，果然是个非凡之人，惊讶地问其来历。他答复说："我是天女佛库伦所生，姓爱新（汉语金的意思）觉罗（姓的意思），名叫布库里雍顺，我就是来平定你们的大乱的。"他把母亲教他的那些话详细说了一遍。大家都很佩服地说："这样的人，不能让他走。"说着，几个人互相交叉握手，做成轿形，抬着他回来。三姓的人再也不互相争斗了，共同推举布库里雍顺为首领，给他婆了百里的女子为妻，这个国家号称满洲，布库里雍顺就是这个国家的始祖。

《清太祖武皇帝实录》是清太宗即位后主持编纂的清代早期的历史文献，以浓墨重笔描绘了满族始祖起源于长白山的脍炙人口的神话传说。中国历史悠久，古代许多民族都有关于本民族起源的神话。传说殷人的始祖

契，他的母亲简狄是帝喾的次妃。一天，三人同到河里洗澡，见玄鸟（燕子）降下一卵，简狄吞下去，怀孕生了契。契长大成人，帮助夏禹治水有功，被封于商，所以《诗经》说："天命玄鸟，降而生商。"秦人的始祖大业，母亲叫女修，正在纺织时，玄鸟掉下一卵，女修吞了之后，生子大业。满族的始祖与殷人及秦人的始祖来历，说法如此相似，反映了满族早就和中国境内的兄弟民族有着密切的联系。同时，也说明在历史上，他们共同走过了的"知母不知父"的原始母系氏族社会阶段。所谓神鹊，不过是原始社会的一种图腾崇拜。从仙女佛库伦到布库里雍顺本人，反映的正是满族先世由原始社会的母系氏族向父系氏族过渡时期的历史。

但是，关于满族起源的神话，不仅清朝官方将其载入史册，而且早在满族先世女真人居住的许多地区的人民中间也广为流传。天聪九年（1635年），清太宗派霸奇兰、萨穆什喀领兵收复黑龙江上游地区，获得巨大胜利。在带回来的降人中有一名叫穆克什克的人，他讲述了同清朝官书记载一样内容的神话。他说："我的父、祖世代生活在布库里山边的布勒瑚里。古来传说，在布勒瑚里池，有三个天女恩古伦、正古伦、佛库伦来沐浴。最小的天女获得神鹊送来的果子，含在嘴中进入肚里而受了孕，生下布库里雍顺。"他的同族便是满洲国。那个布勒瑚里池周围百里，距黑龙江有一百二三十里。

把原在黑龙江地区女真人中流行的神话，作为发源于长白山一带的真实历史，那是随着清太宗的祖先由北而南逐渐迁徙的结果。在清代官方文献所载神话中出现的三姓，应当是来源于黑龙江的三姓（今依兰县），鄂多理即斡朵怜，也是黑龙江地区早有的女真部落，清太宗的祖先就属于这个部落。长白山东北的布库里山、布勒瑚里池（园池），是清太宗祖先南迁以后，按照故乡的名称，给这些山水后起的名。鄂谟辉，系指朝鲜境内的阿木河，即会宁地方。现在我们站到布勒瑚里池的东南方，尚可看到一

条几乎干涸了的河道，人们称它为弱流河。这条河可以通向图们江，远至朝鲜会宁。清太宗的祖先确实一度到过会宁。这就是说，长白山东北的这个得天独厚的地理条件，不但具备仙女洗澡的天池，而且有布库里雍顺乘舟远航的河流和请他光临的三姓居民。至于佛库伦吞食的朱果，更属长白山的特产。一个关于满族起源的神话就这样构筑起来了。借此神话不仅可以为清太宗的祖先镶上一层神圣的光圈，而且使得清太宗本身的权威性大大加强。

满族最初叫女真族。自金政权灭亡后，女真人一直处于互不统属的状态中。到了明朝万历年间，满族出现了一位了不起的民族英雄。他就是爱新觉罗家族的努尔哈赤。他竟在三十来年的时间里，力挫群雄，完成了几百年未曾有人能完成的统一女真各部的伟大事业。

明初，女真人主要分为"建州"、"海西"、"野人"三大部。十四世纪中期，建州女真从牡丹江流域迁徙到浑河上游、苏子河沿岸包括辽宁东北部和吉林南部的广大地区，定居下来。明朝在建州女真设三卫，即：建州卫、建州左卫、建州右卫。明万历初年是女真人历史上极为动荡的时期。由于内部纷争以及明王朝在女真地方极力推行民族歧视和民族压迫政策，女真各部进一步分裂，形成了割据自立的若干部落。建州女真包括：苏克素浒河部、浑河部、董鄂部、哲陈部、完颜部的建州五部，以及鸭绿江部、朱舍里部、纳殷部的长白山三部；海西女真则分为哈达部、叶赫部、乌拉部和辉发部四部；"野人"女真分为窝集、瓦尔喀和虎尔哈三部。当时，女真"各部蜂起，皆称王争长，互相厮杀。甚至骨肉相残，强凌弱，众暴寡"，一片混战。

明朝统治者由于害怕女真"兵满万人，则不可敌"，而对其实行以夷制夷、"犬牙相制"的政策，千方百计阻碍女真各部的统一。明万历十一年（1583年）二月，明辽东总兵李成梁在苏克素浒河部图伦城主尼堪外兰的引导下，出兵镇压建州右卫的古埒城主阿台，围攻其驻地古勒寨。此时，努尔哈赤的祖父觉昌安任建州左卫都指挥，父亲塔克世为建州左卫指挥。阿台之妻是觉昌安的孙女。觉昌安见古勒寨被围日久，难免会遭到明兵的劫杀，想救出孙女免遭兵火，又想去劝说阿台投降，就同儿子塔克世一起到了古勒寨。塔克世留在外面等候，觉昌安只身进入寨里。因在外面等得太久，塔克世也进寨打探。由于明军攻城越来越急，觉昌安父子都被围在寨内。阿台被部下杀死，合寨降顺。李成梁遂"诱城内人出，不分男妇老幼，尽屠之"！努尔哈赤的祖父和父亲在混乱中也被明军误杀。

父祖蒙难的噩耗传来，努尔哈赤悲痛欲绝，便去责问明朝官吏："祖、父无罪，何故杀之？"明朝官员告诉他："汝祖、父实误杀。"于是明政府给努尔哈赤敕书三十道，马三十匹作为补偿，还命他承袭父职，任建州左卫指挥。此时努尔哈赤虽对明朝极为恼怒，但还无力与明朝对抗，便将杀死父祖的愤怒，全部倾泻到尼堪外兰身上。同年五月，努尔哈赤借报父祖之仇为名，以父祖"遗甲十三副"，率兵百人，向尼堪外兰的驻地图伦城发动进攻。尼堪外兰弃城逃走。

努尔哈赤画像

努尔哈赤起兵后，对内在政治上，"定国政，禁悖乱，戢盗贼，法制以立"；在经济上，"互市交易，以通商贾，因此满洲民殷国富"。对外征服中推行"远交近攻之术"，一般是由近及远，先弱后强，逐步扩大；同时，积极与蒙古结盟，与明朝仍然保持臣属关系，尽力避免与明朝发生冲突。在征讨女真各部中采取"恩威并行，顺者以德服，逆者以兵临"的办法。这些措施，加速了努尔哈赤统一女真诸部的步伐。统一

女真的事业，首先是从建州各部开始的。从明万历十一年（1583年）到万历十七年（1589年），努尔哈赤以六年多的时间，相继征服了建州五部。特别是明万历十六年（1588年）董鄂部的何和理"率众归降，兵马五万余"，大大增强了努尔哈赤的力量，于是，"环满洲而居者，皆为削平，国势日盛"。接着，努尔哈赤又于明万历十九年（1591年），兼并了长白山的鸭绿江部。到明万历二十一年（1593年）统一了包括长白山三部在内的整个建州女真。

建州女真的统一和努尔哈赤的日益强大，必然导致与海西四部的冲突。海西四部中以叶赫部最为强大，乌拉、哈达、辉发等部都是它的盟友。明万历十九年（1591年），叶赫部首领纳林布禄恃强遣使来到满洲，向努尔哈赤强行索要土地，并责令其归顺，遭到努尔哈赤的有力训斥。不久，纳林布禄又伙同乌拉、哈达、辉发等部，共同遣使来到满洲，要努尔哈赤归降，如若不从，便要兴兵问罪。努尔哈赤听罢，勃然大怒，厉声斥责，并在来使面前举刀将桌子劈成两半，以示自己誓死不降的决心。

纳林布禄见压服不成、恐吓无效，便决心诉诸武力。明万历二十一年（1593年）六月，叶赫部纠合哈达、乌拉、辉发等三部，"四国合兵"进攻建州的布察寨，努尔哈赤率兵迎战，大败四部联军。

同年九月，叶赫部贝勒布寨、纳林布禄又纠集哈达、辉发、乌拉、科尔沁、锡伯、瓜尔佳、纳殷、朱舍里，组成九部联军，合兵三万，共分三路，向建州的古勒山方向扑来。努尔哈赤立即派人到各路侦察敌情，根据探骑送来的情报，努尔哈赤对双方力量做了分析。他认为，"来兵部长甚多，杂乱不一，谅此乌合之众，退缩不前"，"我兵虽少，并力一战，必可胜矣"。叶赫等九部联军先攻打建州的扎喀城，久攻不下，又转攻黑济格城，仍不得手。此时，努尔哈赤领兵来到黑济格城附近的古勒山，这里"寨陡峻，三面壁立，濠堑甚设"。他利用有利地形，埋伏精兵，然后

派人"以百骑挑战",九部联军不知是计,便放弃围攻黑济格城,全军直奔古勒山下。当敌军进入伏击圈时,建州伏兵四起,像山崩似的冲下来。一时间,骑涛呼啸,矢石如雨,杀得遍地殷红。九部联军溃不成军,被屠戮,被践踏,死伤不可胜数,尸横遍野!古勒山之战,叶赫部贝勒布寨及其以下四千人被斩杀,乌拉部首领布占泰被俘,缴获战马三千匹,铠甲一千副。从此,建州"军威大震,远迩慑服矣",为日后统一海西女真打下了基础。

古勒山之战后,努尔哈赤虽然打退了九部联军的进攻,但他也意识到自己的力量还不可能一举攻灭海西四部。因此,他采取分化瓦解、各个击破的战略。一方面,与海西四部中较为强大的叶赫部、乌拉部联姻结盟,特别是拉拢乌拉部的首领布占泰。布占泰在古勒山战役被俘后,努尔哈赤并没有杀他,留养三年后,将其放回原部。努尔哈赤他与曾五次联姻,七次盟誓,布占泰虽然表面上与建州和好,而私下里南结叶赫,西联蒙古,时时不忘积蓄力量。明万历二十七年(1599年)九月,努尔哈赤利用哈达部与叶赫部的矛盾,趁哈达部发生饥荒之际,出兵哈达部,经过六昼夜的激战,攻陷哈达城,哈达部所属城寨完全降服。明万历三十五年(1607年)正月,乌拉部首领布占泰,在得知努尔哈赤派兵前往东海瓦尔喀部斐优城后,为了阻止努尔哈赤统一海西女真和进入东海女真地区,便"发兵万人"在图们江右岸乌碣岩一带截击。结果建州"缘山奋击,乌拉兵大败","斩三千级,获马五千匹,甲三千副",取得了很大胜利,这是努尔哈赤继打败九部联军之后又一次关键性的战斗,从此乌拉势力大衰。同年九月,努尔哈赤趁辉发部内乱之机,将其吞并。明万历四十一年(1613年)正月,努尔哈赤又趁乌拉统治不稳,亲自率领大军征讨乌拉,攻占乌拉城,布占泰逃往叶赫,乌拉灭亡。

努尔哈赤取得乌碣岩之战的胜利,打开了通向东海地区的大门。当

时分布在这一带的有窝集部、瓦尔喀部、使犬部、使鹿部等，包括赫哲、恰喀拉、奇勒尔、费雅喀等族。明万历三十五年（1607年），努尔哈赤出兵收服瓦尔喀斐优城，城主策穆特赫率众归降。明万历三十七年（1609年），攻占东海窝集部的瑚叶路。明万历三十八年（1610年）收服窝集部的那木都鲁、绥芬、宁古塔、尼马察四部。明万历三十九年（1611年）攻取窝集部的乌尔辰、木伦二部。明万历四十二年（1614年）招服窝集部的雅揽、西临二部。明万历四十三年（1615年），征服窝集部的东额赫库伦城。随之，东海诸部相继归附。

努尔哈赤由"遗甲十三副"起兵，发展到"自东海至辽边，北自蒙古、嫩江，南至朝鲜、鸭绿江，同一语言俱征服"，使"诸部始合为一"。他前后用了三十多年的时间，统一了建州女真的全部和海西、"野人"女真的大部分，基本上结束了女真社会的长期分裂、割据、动乱的局面，从而推动了女真社会的发展和满族共同体的形成。

努尔哈赤统一女真各部后，地域扩大，人口增多，因此迫切需要有一套比较完整的管理制度。明万历四十三年（1615年）十一月，努尔哈赤在原有牛录组织的基础上，创建八旗制度。

英主出世

在努尔哈赤统一女真的大业正炙手可热的时候，他娶了一位年轻貌美的妻子，这就是清太宗皇太极之母叶赫纳拉氏。努尔哈赤同叶赫纳拉氏可

称为一对佳偶。

　　长期以来，在女真各部的酋长间，经常以互相通婚作为彼此联合的一种方式。据记载，"大抵斡朵里酋长不娶管下，必求婚于同类之酋长，或兀狄哈，或兀良哈，或忽剌温"。婚姻在他们那里是政治的附庸，结婚与其说是爱情的结晶，不如说是政治的需要。努尔哈赤起兵以后，也无意改变这种传统的习俗，至少放任自流，顺其自然。

　　当年叶赫的酋长为清佳砮、杨吉砮兄弟。杨吉砮是一个颇有政治见解和善于识人的人。哈达王台极盛时，他们兄弟恭顺地依附于王台，还把妹妹温姐嫁给了王台，杨吉砮又娶了王台的女儿，以亲上加亲，促成政治上的联合。但是清佳砮、杨吉砮对哈达部首领参与杀害自己的祖父的事情日生不满，念念思报先世之仇。王台晚年，清佳砮兄弟已经脱离其控制，至王台死后，势力更加强大，清佳砮对王台诸子进行离间和个别拉拢，力图反过来控制他们。

　　杨吉砮在建州、海西（扈伦）女真内部和彼此间激烈的火并中也想寻求支持，出于眼前和长远利益的考虑，他看中了努尔哈赤。在统一建州女真各部时，努尔哈赤为了实行远交近攻的策略，曾到叶赫去，杨吉砮见到这位未来的大清朝奠基人，看出他是个"非常人"，主动要把自己的女儿许配给他。杨吉砮有两个女儿。他向努尔哈赤提亲时说："我有一个小女儿，等长大成年，情愿让她去侍奉你！"努尔哈赤到叶赫去的目的就是建立友好关系，摆脱他当时孤立的状态，尤其是避免树敌过多，以便集中力量统一建州女真各部。结亲是达到交好的一种手段，发起又来自对方，当然努尔哈赤是不能拒绝的。不仅如此，努尔哈赤还将计就计，以急于求成的心情对杨吉砮说："你既然要同我缔结姻盟，为什么不把年长的大女儿许配给我为妻呢？"杨吉砮马上对他解释："我不是有大女儿舍不得许配给你，是恐怕我那个大女儿不合乎你的心意，我这个小女儿容貌出众，品

德高尚，把她许配给你，那才算得上真正的佳偶。"努尔哈赤听他这么一说，觉得杨吉砮完全是一片好意，就同意接受他的小女儿为未婚妻，于是送过聘礼，定下了这门亲事。

明万历十一年（1583年）十二月，清佳砮、杨吉砮因在边界与明朝发生冲突，总兵李成梁等设计，一次斩杀了两兄弟。之后清佳磐之子布寨、杨吉砮之子纳林布禄继承叶赫首领之位，又遭到李成梁的攻击。接连发生的这些重大变故，因主要在明朝与叶赫之间，对努尔哈赤与叶赫早已定下的这门亲事没有造成什么影响。明万历十六年（1588年）九月，努尔哈赤基本削平建州各部，统一大业初具规模，又一个喜事临门了。纳林布禄亲自陪送胞妹来努尔哈赤这里成婚。为了表示重视，努尔哈赤本人率领诸贝勒、大臣前往迎接，然后在费阿拉城里努尔哈赤的住处举行盛大宴会，正式结婚。这时努尔哈赤已三十岁，这位新娘只有十四岁。她后来成了清朝追谥的孝慈高皇后。

在努尔哈赤与皇太极的母亲结婚时，努尔哈赤至少已经有了五位妻子。但是，自从这位叶赫那拉氏来了以后，以前的那几位似乎都有些失宠了。论长相、品德，待人处事，谁也比不上她美丽、端庄、彬彬有礼。她聪明伶俐，待人宽厚，遇到逢迎，不为此高兴；听到诽谤，和颜悦色像平常一样。她从不接近奸佞小人，也不干预闺门以外的政事，把全部精力用在侍奉努尔哈赤身上。这一切深得努尔哈赤的欢心。

明万历二十年（1592年）十月二十五日，在今辽宁省新宾县永陵乡烟筒山下，费阿拉城（即老城一片）生机勃勃，喜气洋洋的景象，一个新生的男婴呱呱坠地。这个新降生的婴儿，满面红光，眉清目秀，天真活泼，他就是皇太极，未来的清太宗。

他降生之前，父亲努尔哈赤已经有了七个儿子，论序齿，他排列第八。大哥叫褚英，二哥叫代善，三哥叫阿拜，四哥叫汤古岱，五哥叫莽古

皇太极像

尔泰，六哥叫塔拜，七哥叫阿巴泰。年长的比他大十余岁，年幼的只比他大三四岁。在父亲的精心培育下，他的哥哥们个个都出类拔萃，或为能征善战的悍将，或为治国的能臣，为父亲创立的基业建树了不朽的功勋。特别是代善以下六位兄长，还尽力辅佐他完成了入关前的统一大业，留下了赫赫功绩。

皇太极降生时，父亲已经踏上了统一女真的征程。九年前，也就是明万历十一年（1583年），父亲努尔哈赤年仅二十五岁，就以十三副铠甲，率领不到百人的队伍，毅然起兵报仇。原来，努尔哈赤的父亲和祖父，即皇太极的祖父和曾祖父，因受到一个叫尼堪外兰的女真人的挑拨和唆使，被明朝军队在一次攻城战中杀害了。战后，真相大白，明朝知道努尔哈赤的父亲、祖父是被误杀，纯属冤枉，为表示歉意，下令找到他们的尸体，让努尔哈赤认领，返回本部落安葬；同时，还给他三十匹马，允许他承袭父职——都指挥使的职衔。明朝以为给他这些待遇，可以补偿他父亲、祖父的被害，使他得到安慰，了结此次事件。

当努尔哈赤清楚地意识到尼堪外兰是杀害其父亲、祖父的罪魁祸首时，怒不可遏，顿时在心中燃起了复仇的怒火。他明知明朝对尼堪外兰很信任也在所不计，当机立断，以攻打尼堪外兰为理由，乘时起兵。

那时，努尔哈赤的势力很弱小，仅有父、祖遗留下来的十三副铠甲，兵不满百人。相比之下，尼堪外兰既有明朝支持，又有哈达等部女真人的帮助，连本族的人都不赞成他攻打尼堪外兰。努尔哈赤曾同明朝交涉，要

求把尼堪外兰交出来。他对明朝边臣说："杀我父、祖的原因是尼堪外兰的唆使，你们把他捉拿给我，我也就无话可说了。"

边臣断然拒绝："你祖父与父亲的死，是被我兵误杀的，所以给你敕书、马匹，又赐给都督敕书，这事已经了结。现在你还这样无休止地提出要求，我们将要帮助尼堪外兰在嘉班筑城，让他当满洲国主。"

努尔哈赤没有屈服。他坚定不移地向尼堪外兰发动了进攻。艰苦的斗争，充满了种种风险，历经三年的生死战斗，终于把仇人尼堪外兰打得抱头鼠窜，失去立足之地。最后，取下了尼堪外兰的头颅，为父亲、祖父报了仇。

努尔哈赤攻打尼堪外兰，本是报仇，但实际上已变成对建州女真统治权的争夺。他达到报仇的目的后，并未结束军事行动，而是马不停蹄地四处征战，各个部落、部族纷纷向他俯首称臣。到了起兵的第六个年头，也就是明万历十六年（1588年），原先分散的各自为政的建州部，被他统一起来。父亲的事业从此才日益兴旺发达，向着全部统一女真大业的宏伟目标继续前进……

努尔哈赤武功超群，英勇善战。他跃马挥刀，率领军队，击败了一个又一个敢于同他对抗的强敌，胜利接踵而来，成功在望。

随着事业的迅速进展，努尔哈赤考虑建一座城，作为他事业的基地。明万历十五年（1587年），他把计划付诸实施。他选择了周围群山环抱，呼兰哈达山下东南约三里的二道河子，建筑了费阿拉（旧老城）。城建在首里河与夹哈河之间的山坡上。山的东、南、西三面为断崖绝壁，只有北面平坦，形势很险要。刚建时，筑城三层还建了一座楼台。城分内城与外城，外城周有十里，内城周要小得多。努尔哈赤和他的亲近族人都住在内城。他的将领们和本族人都住外城，而在外城的外面，是他军队的住处。

皇太极就诞生在内城的一处简陋的宫殿里。他在这里度过了幼年的时光。后来，他随父亲迁到新建的老城，再迁至辽阳，最后定都在沈阳，也许是命运的安排，他最终成为沈阳宫殿的主人。

努尔哈赤的艰难创业，还有其诸兄的辅助，都为这位未来的大清皇帝第一人开辟了锦绣前程，替他的事业奠定了基础。

努尔哈赤在开始创业之际，就得到了他的第八子——皇太极，当然很高兴，不过，他无法想象这个骄子就是他的事业直接继承人。

皇太极本姓爱新觉罗（满语，汉译为"金"）。据说，爱新觉罗这个姓氏还是仙女生下他的祖先后赐给的。从此，这个姓氏一直沿用到清朝亡国，但他的后裔们有的继续沿用，有的已改用汉姓。

也许因为姓氏字多，人们一般都省略姓氏，而直呼其名。如，努尔哈赤、皇太极、福临（顺治）、玄烨（康熙）等，都是名字，却都省去了姓氏，连清朝统治者也习惯称名字，一般都不使用姓氏。这并不是说姓氏不重要，只是图个使用简便罢了。

皇太极这个名字，是父亲给起的。在不同史书，不同的民族，对"皇太极"就有不同的写法，如有的写作"洪太主"或"黄台吉"；在李氏《朝鲜实录》及其他朝鲜学者的著述中，又写作"红歹是"；有的历史记载说他叫"黑还勃烈"，据说"勃烈"可能是"贝勒"的谐音；还有人说他本名阿巴海，大概是从蒙古那边取来的名字。他有这么多名字，不过，清朝人还是习惯叫他"皇太极"。毫无疑问，这是他正式的名字。

因为他后来即位当了皇帝，后人就对他的名字有了种种推测和解释。

按照清朝官方的解释，"太极"的谐音"台吉"，蒙古人把王公贵族的继承人叫"台吉"，在"台吉"前面加个颜色名，如"黄"字，是他们的习惯。汉族把皇帝的继承人叫皇太子，同皇太极的发音也相似。这样说来，无论从蒙族，还是从汉族的习惯上，都说明皇太极是他父亲的继承人。努尔哈赤给自己这个最喜爱的儿子取名皇太极，就是有意让他将来继

承自己的大位。这些说法，无非是证明皇太极做继承人是"天意"，也就是上天决定的。但是，其中有的说法距离历史实际太远，如，把皇太极的名字说成是来源于皇太子，连清朝官书也否认有这种可能。

不管叫什么名字，皇太极的确是得到了父亲努尔哈赤的喜欢。这大概有两方面的原因，一是皇太极的母亲叶赫那拉氏长得很美，很得努尔哈赤的喜欢。子以母贵，母亲受到宠爱，有地位，她所生的儿子也自然受到重视。这就是爱屋及乌的意思。因此，皇太极就格外受到父亲的喜欢。二是皇太极从小就聪明过人，只要听过的就不会忘掉，一见到的马上就认识。这让父亲怎么能不喜欢他呢？

在皇太极出生后，他的弟弟们又陆续出世，父亲去世前，他总共有十六个兄弟。他们大都很有才干，都具有当继承人的条件。但是，唯有皇太极力胜诸兄弟，取得了父亲汗位的宝座，应该说，靠的是才能和实力，这和皇太极的名字并无关系。所以，也有些人推测皇太极这个名字是他即汗位后叫开的，目的是说他即位前就是天意暗定的皇太子，父亲的合法继承人。

英武才俊

在努尔哈赤与皇太极的母亲结婚时，他至少已经有了五位妻子。但是，自从这位新娘迎娶过门后，以前的那几位妻子似乎都由此失宠了。由于她姿色压倒群芳，特别是品德端庄，处事明智，很快就得到努尔哈赤的

欢心。两人恩爱日深，如胶似漆，真是一对难得的佳偶。

明万历二十年（1592年），叶赫那拉氏才十六岁，就生下了皇太极。这是他们相亲相爱的结晶。努尔哈赤因为得到这位美丽而贤惠的妻子，本来已很惬意，此时又得一骄子，更是满心欢喜，如果不是忙于军国大事，他真的一刻也不愿离开他们母子。就在他们夫妻恩爱正浓之时，不幸的事情发生了：明万历三十一年秋（1603年），年岁还不满三十的叶赫那拉氏突然得了重病。努尔哈赤心急如焚，想尽办法给她治病，最后，还是没能挽救她的生命。她同努尔哈赤朝夕相伴，共同生活了十五年，还不满三十岁，就与努尔哈赤和他们的爱子永远地分别了。叶赫那拉氏后来被追谥为孝慈高皇后。她没有料到这个唯一的儿子就是后来的清太宗，更没有想到自己死后会不断得到殊荣，随着努尔哈赤父子事业的兴隆，她的尸骨也随他们的前进而迁葬。去世后，先在院内停灵三年，埋在赫图阿拉尼雅满山冈。努尔哈赤迁都东京（辽宁辽阳），她的尸骨也迁到这里。皇太极在沈阳即位后，又把她的尸骨从辽阳迁到沈阳东郊石嘴山，与父亲努尔哈赤合葬于福陵，今俗称东陵，这里，成为皇太极父母永世安身之所，受到后人世代景仰。

爱妻的去世，使努尔哈赤长期处于悲痛之中，不必细说，而皇太极虽年仅十二岁，却已经懂得人间世事，看到自己的生母去世，内心的悲痛和心灵的创伤是无法补偿的。

皇太极小的时候，是个绝顶聪明的孩子。三岁时就很懂事。长到七岁时，仪表堂堂，威严庄重，言辞敏捷，机灵有才。他在父母的训诫下，总像个大人似的担负一般孩子还不能承担的重任。母亲去世后，一方面，父亲给予教导关怀；另一方面，他很要强，尽力自己照顾自己，不劳父亲操心，主动地去做别人没有想到的事情。父亲努尔哈赤和他的哥哥褚英、代善等长年累月地奋战在沙场上，他留在家里，按照父亲的嘱咐，主持家

政，既发挥了聪明才智，又得到了锻炼的机会。

这个时候，父亲的大业蒸蒸日上，他已成为一方的领袖，威震四方的显赫人物。家庭生活极大好转，已非他年轻时的窘况可比。家中人丁兴旺，妻妾成群，奴仆跟随，财富猛增。他的家就安在新筑的费阿拉城的内城里，用木栅围成一个圆形的大院，其中有一间到四间不等的瓦舍、草房十余座，三十余间分住室、客厅、行廊等。这是事业初创时期，一切都显得简陋，家和国尚未分开，所以，这里既是家庭，也是处理军国大事的议政之处，往往是家事和国事混在一起办。这就增加了家政事务的复杂性。少年皇太极主持和管理这个大家庭的日常事务，干得很出色。凡日常家务、钱粮财物收支，迎来送往，不管事情如何细碎，他都安排得井井有条，处理得当。父亲在跟前时，他一面仔细观察、学习父亲处理问题的方法，一面又主动去做；父兄出外征战时，他就独自主持家政，处理的结果常常同父亲的想法吻合。父亲看到这个年少的儿子有这样不平凡的能力，不禁暗暗惊讶，因而从心眼里喜欢他，对他也越发信赖。

皇太极少年时就是在失去母亲照料的情况下，独自成长起来的。在父兄长年征战时，主持家政，得到了训练，所以养成了独立思考、善于决断的习惯，这无疑为他后来主持国家大事打下了基础。因此，他成为满族政治家也受益于少年时期的健康成长。

皇太极武功高超，骑马射箭样样精通。据史料记载，他"步射骑射，矢不虚发"。他的体质特别好，力大无穷，臂力过人，英勇出众。沈阳实胜寺藏有太祖努尔哈赤生前所穿用的甲胄，几个人都举不起来。皇太极和他父亲相比，也毫不逊色。这里收藏他用的一张弓，矢长四尺余，就算是一个大力士也拉不开，而皇太极当年运用自如，携带这张弓南征北战，到处取得胜利……

皇太极的这番真功夫，健壮而魁梧的体魄，都是从小跟随父亲打猎和军事活动严格训练的结果。

渔猎是女真人的传统生产方式，一直到明代，在东北地区边远一带的女真人，仍从事渔猎，把它作为一种谋生的手段。而在比较先进的建州、海西女真地区，虽然已过渡到以农业为主，仍不废弃渔猎，在每年的三至五月、七至十月，都家家或以部落组织为名进行这项活动。有时遇到农业歉收，往往以渔猎作为补充。后来生产力有了进步，渔猎已失去原有的生产意义，转变为娱乐消遣和军事训练而继续保持着。

骑射无论是作为生产的手段还是作为娱乐、军事训练活动，已成为女真人的传统技能，尤其是在军事上，骑射更是战胜敌人的特有技能，因此，女真人男女老少都擅长骑射。每有行猎、打仗，每个人都带着炒面，调水而饮。六七天吃五六升，在野外露宿，习以为常，马也耐饥渴，五六昼夜只吃很少的草，仍能继续驰骋。女真人从几岁到十几岁的儿童都进行骑马射箭的训练，女孩也不例外，执鞭骑马丝毫不亚于男人。

女真人习俗，凡行猎，不论人数多少，都依照族寨而行，每人出箭一枝，十人中立一总领，率领十人而行，各依一定方向，不许错乱。这个总领就叫牛录额真。牛录，汉语意为大箭；额真，汉语意为主。合起来就是"箭主"的意思。父亲努尔哈赤创立的八旗制度，就是从打猎的组织发展起来的，规定每三百人立一牛录额真管属，作为八旗制度的基本单位，牛录额真也就成了八旗的官名。

女真人喜欢射猎，并有严密的组织，因此都养成了严格的组织纪律性，号令统一，行猎打仗无往而不胜。平时，女真人从事生产，战时都应召入伍。这就叫出则为兵，入则为民，上马打仗，下马生产。这种全民皆兵的社会体制，也要求每个人主要是男子必须从小就学习骑射，等长大后，都成为骑马射箭的能手，在这些能手中技高一筹，出类拔萃，就更难能可贵了。

努尔哈赤为了创大业的需要，对他的诸子都进行了严格的训练，从十几岁起，就把他们带到战场，经受战争风险的考验。

皇太极从小就生活在一个充满尚武精神的家庭，在父亲言传身教的严格训练下，还不到十岁，已开始跟随父亲努尔哈赤，身上佩戴弓矢出去打猎。实际上，从少年起，就已投身行伍了。

努尔哈赤起兵复仇后，军事已成为他的主要活动，而建立国家政权则是他的心愿，直至他去世，一生征战不已，可以说，是在马上度过了一生。尽管军事征战频繁，他仍然十分重视打猎，经常率自己的子侄和诸大臣举行围猎，皇太极总是跟随父亲和诸兄长参加这一活动。他一听到第二天要去打猎，就欢腾雀跃，做好准备，调鹰蹴球。有时，不让他去，他就哭着向父亲一再恳求，直到批准为止。那时候，出去打猎是件很艰苦的事情。因为仆从很少，每个人都得自己动手牧马披鞍，拾柴做饭。在马上追逐野兽，翻山越岭，在林中或涧崖中穿行，危险随时会发生。即使条件这样艰苦，他也乐意去。

打猎最苦的日子，是在冬季。天气严寒，风雪交加，寒风像一把把刀子，刮在脸上，疼痛难忍。皇太极经受住了严寒的磨炼，不惧怕天寒地冻。后来，他继承了汗位，每到冬天就率子侄和群臣出去围猎。天气特别寒冷，人们都冻得发抖，他却戴一顶小窄帽，手不入袖，纵马驰射，像不知道寒冷一样，他的臣下侍从无不惊讶和钦佩。这都是小时候严格训练的结果。

皇太极从父亲那里学到了高超的军事技能。努尔哈赤堪称是一位百发百中的神箭手。有一次，他同最善射箭的钮翁锦比试箭法。他们约定以对面的柳树为目标，相距百步左右。努尔哈赤让他先射。钮翁锦下了马，挽弓连发五箭，只射中三箭，上下不在一处。随后，努尔哈赤也射了五箭，都射中目标，近前一看，五支箭都攒在一处，相距不过五寸，凿下那块木

头，五支箭才拔出来。皇太极对父亲的神奇箭法非常崇拜，就以父亲为榜样，天天苦练，终于练得步射、骑射样样精通，每发必中。

射猎有严格的纪律，同行军打仗一样，不准错位，不准断围，不准践踏庄田；还要求猎物只取个人射杀的，不准把别人的猎物据为己有，也不许把自己射杀的猎物故意让给别人，冒功请赏。在这方面，皇太极严格要求自己，遵守纪律。他从幼年跟随父亲出猎，从未夺过别人的一件猎物，总是诚实地向父亲报告自己亲手射杀的实有猎物。后来，他参加军事出征，执行规定，凡自己俘获的战利品，从不私藏一物，总是如实上缴。

皇太极具有坚强的意志，杰出的才能，高超的骑射技能，以及健壮的体魄，使他成为一代伟人，这都缘于小时候的刻苦训练，为他的迅速成长奠定了坚实的基础。

后金骁将

第二章

建国功臣

　　皇太极是建立后金的开国功臣之一。他父亲努尔哈赤自明万历十一年（1583年）起兵后，经过三十多年的艰苦奋战，正式建立了后金政权。皇太极成长起来，在他父亲的指挥和率领下，勇敢地参加了统一女真的战斗，被他父亲视为兄弟子侄中最值得依赖的一员骁将。

　　后金是在中国境内从明朝统治下的女真人逐步统一的基础上建立起来的国家政权。明万历十五年（1587年）努尔哈赤统一了建州各部女真之后，筑费阿拉城，就有了一个政权的统治中心。随着军事征服的胜利和政治影响的扩大，明万历三十一年（1603年）努尔哈赤又从费阿拉城迁到赫图阿拉，筑城建垣。后金正式建立时，这里就做了都城。以此为中心，统治南自鸭绿江，北达黑龙江，东濒大海，西到辽东明朝边墙的广大地区。境内有满、蒙、汉及朝鲜族等。从费阿拉到赫图阿拉，实为后金建立确定了根本重地。

　　原来在女真人中行师出猎，照依族寨而行，有十人总领制度，到明万历二十九年（1601年）经努尔哈赤改编，创建了八旗制度。当时规定，每三百人立一牛录额真管属。于是十人总领制度变为三百人的牛录制度；做总领的牛录额真正式成了官名。初建时仅有四个牛录，以黄、红、蓝、白四色旗加以区别。后来征服和招降了更多的人口，三百人为一牛录的制度不变，而牛录之数增加。到建国前一年（1615年），进一步发展为八

后金骁将

旗。已有四种颜色的旗叫四正色，后增加的黄、白、蓝三种颜色的旗都镶红边，红旗镶白边，叫四镶色。总共合起来正黄、正红、正蓝、正白、镶黄、镶白、镶蓝、镶红就是完整的八旗。这是牛录制度的扩大和发展。其八旗制度的正式编成过程如下。

太祖削平各处，于是每三百人立一牛禄厄真，五牛禄立一扎拦厄真，五扎拦立一固山厄真。固山厄真左右立美凌厄真。原旗有黄、白、蓝、红四色，将此四色镶之为八色，成八固山。

牛禄厄真或写作牛录额真，即佐领，扎拦厄真或写作甲喇额真，即参领。固山厄真或写作固山额真。满语固山，汉译为旗，固山额真即旗主。美凌厄真或写作梅勒额真，即副将。牛录额真之下设代子、章京。章京四人，分领男丁三百，编成四达旦，每达旦的人，行则同行。八旗制度是社会组织，也是军事制度。最初编入八旗的是满族人。先有满洲八旗，皇太极即汗位以后才陆续增编汉军八旗和蒙古八旗。正式编成八旗，就把努尔哈赤占领地区的人口全部包括了进去。"以旗统人，即以旗统兵"，"凡隶于旗者，皆可以为兵"。从八旗里抽取兵丁，参加作战。对他们有严格的组织纪律要求，努尔哈赤曾规定，行军时，若地广则八固山并列，队伍整齐，中有节次；地狭则八固山合一路而行，节次不乱。军士禁喧哗，行伍禁杂乱。

作战时，披重铠甲执利刃者为前锋；披短甲善射者自后冲击；精骑立于别处，不要下马，随时准备应付紧急情况。八旗制度的建立和完善，提高了战斗力，使原来的生产组织成了正式军队，这为后金的建立又创造了一个必要的条件。

随着地区的不断扩大，人口的日益增加，政治、军事、司法等头绪众多，任务繁重，努尔哈赤不可能事必躬亲。为了进行有效的统治，一要建立各种制度，二要任用各级官吏。明万历十五年（1587年）六月二十四日，努尔哈赤"定国政"，立刑法："凡作乱、窃盗、欺诈，悉行严禁。"这是较早制定的重要统治制度，具有着维护社会秩序和保护奴隶主私有财产的意义。到了正式建国前夕，努尔哈赤感到急需治国的能臣，提出必须"多得贤人"的政策。他下令："若有临阵英勇者，赐以官赏；有为国忠良者，用以佐理国政；有博通古今者，用以讲古今；有才堪宴宾客者，用以宴宾客。各处搜罗可也。"努尔哈赤很懂得用人的道理，他说选择人才，不要求全，所谓"全才者"，天下有几人？对于一个人来说，才能有长短，做事有工拙。有的人能打仗，是"阵中之勇"，让他理政，则"拙而无用"；有的人适用于治国，让他领兵打仗，则难以取胜。任人必须"皆随其才"。这时他"又立理政听讼大臣五员，都堂十员，太祖五日一朝"。凡事，都堂先审理，其次上达五大臣，五大臣进一步核实，再上达于诸贝勒，最后达于努尔哈赤。如此循序渐进。这又为后金的建立奠定了行政、司法制度的基础。

与此同时，努尔哈赤也明白民以食为天的道理，人民"缺食必至叛散"，要建立一个国家还必须有可靠的物资保证，要有物质基础，因此他很注意发展生产。起兵之初，他靠明朝发给的敕书，同明朝进行贡市贸易。明万历十五年（1587年）以后，每年又得到明朝给的八百两银子和十五匹蟒缎。后来，着重发展本地区的生产，明万历二十七年（1599年）三月"始炒铁，开金银矿"。明万历四十一年（1613年）下令，各牛录出男丁十人、牛四头，开荒屯田。粮食多起来之时，造仓积粮，设仓官十六人，吏八人。后金是建立在努尔哈赤统治区的农业、手工业和商业都有了进一步发展基础上的国家政权。

在走向建立一个新兴的国家政权的道路上，基本的物质基础和各种制度逐渐齐备。所差的就是国家和最高统治者的称号尚未确定，也没有自己的独立纪年。由于权势的日益膨胀，他在本部落内以及和明朝、蒙古

与朝鲜的来往中，称呼都很混乱。明万历十七年（1589年）朝鲜人已知道努尔哈赤在建州部内"则自中称王"。明万历二十四年（1596年）朝鲜南部主簿申忠一出使建州，亲耳听到努尔哈赤部下称他为"王子"。明万历三十四年（1606年）蒙古喀尔喀等五部又尊努尔哈赤为昆都仑汗（汉译恭敬之意）。对努尔哈赤所建立的政权叫什么名称，一时也是混乱的。后金建立前，努尔哈赤已自视有国，有时称金，有时称"女真满洲国"或"女真国建州卫"。但是，努尔哈赤长期坚持接受明朝的任命，他称王、称国的时候，给朝鲜的文件，仍盖着"建州左卫之印"。明万历二十九年（1601年），努尔哈赤自称"女真国龙虎将军"。所有这些，都反映出努尔哈赤要求打破仅仅接受明朝对他的任命，但一时又无法寻找出恰当的国家政权和个人称号。

名不正则言不顺。努尔哈赤所处的现实，需要在政权建设上更加完善。在这种情况下，他的诸子积极拥护和支持建国上尊号，尤以皇太极等主张最力，他们认为没有统一的国名和统治者的尊号不利于巩固已有的胜利和进一步发展。皇太极等选定一个喜上加喜的日子，就是明万历四十四年（1616年）正月初一日，为努尔哈赤上尊号。这是新年元旦，这天来到的时候，努尔哈赤五十八岁，他们为他举行了庄严隆重的仪式。先是皇太极等诸贝勒、大臣们开会议论说："我国没有汗时，忧苦极多，蒙天保佑，为使人民安居乐业，给降下一位汗，我们应给抚育贫苦人民、恩养贤能、应天而生的汗奉上尊号。"大家一致赞成。

议定后，皇太极作为八贝勒，同他的三个兄长大贝勒褚英、二贝勒代善、三贝勒阿拜为首的八旗诸贝勒、大臣，率领众文武官员，在四面四隅的八处站立。八旗八大臣从众人中走出来，捧着文书，跪在前面。八旗诸贝勒、大臣率众人跪在后面。阿敦虾（虾，侍卫之意）立于汗的右侧，额尔德尼巴克什（巴克什，学者之意）立于汗的左侧，从两侧前迎八旗八

大臣跪呈的文书，奉于汗前，置在桌上。额尔德尼巴克什在汗的左前方站立，宣读上尊号为：奉天覆育列国英明汗。尊号一呼出，跪着的诸贝勒、大臣都站起来，汗也从坐着的御座上站起来，走出衙门，向天三叩首。叩首完毕，汗回到御座。八旗诸贝勒、大臣，各依年齿，向汗叩首三次，祝贺新年。全部仪式在赫图阿拉城内努尔哈赤的宫室举行。迄今尚有尊号台遗址，俗称金銮殿。

以努尔哈赤上尊号为标志，一个新的国家政权在中国大地的东北建立起来。这个国家的名称就叫金，或称后金，年号则为天命。努尔哈赤是这个国家名副其实的最高统治者。后金是清朝的前身，这个名称在历史上曾通行一时。天命四年（1619年），朝鲜人看见努尔哈赤发行的文件上盖着篆写的"后金（国）天命皇帝"七个字的大印。在文献和文物上也都有所反映。后金的建立是以努尔哈赤为首的满族贵族奴隶主的巨大胜利和成功。他们掌握这个国家政权，对广大的奴隶进行统治和奴役。

助父锄奸

在后金建立前后，皇太极是努尔哈赤的得力助手，在开创后金和治理这个国家的过程中发挥了重要的作用。

努尔哈赤拼命追求权力，但是当他把巨大的权力握在手里的时候，并没有飘飘然忘乎所以。他小心谨慎，紧紧抓住用智慧和血汗争得的这一切。他坚持同周围的功臣宿将，有时是地位低下的部众商议军国大事，然

而他敏感、多疑，喜欢像皇太极那样的忠臣孝子，不容任何人对他的地位和权力进行挑战。在创建后金国的过程中，为巩固和加强他的地位与权力，他处理了两个人的问题。这对皇太极的未来有重大关系，因而得到皇太极的关心与协助。

一是皇太极的叔父舒尔哈齐。舒尔哈齐是努尔哈赤之同母弟。努尔哈赤兄弟五人，他居长，三弟舒尔哈齐、四弟雅尔哈齐为同母所生。还有庶弟穆尔哈齐、幼弟巴雅喇为庶母和继母所生。舒尔哈齐仅仅比努尔哈赤小四岁，他幼年差不多同努尔哈赤有一样的生活经历。明万历十一年（1583年）以后，有时和努尔哈赤一起，有时是自己单独驰骋在统一女真的战场上，冲锋陷阵，屡建功勋。由于他英勇善战，曾被努尔哈赤赐号"达尔汉巴图鲁"。巴图鲁，汉译意思就是勇士。

舒尔哈齐渐渐名闻中外。他在明朝人的心目中，地位与其兄努尔哈赤相等。他们称努尔哈赤为都督，也称舒尔哈齐为都督。明万历二十五年（1597年）七月，他到明朝进贡，历史便记载："建州等卫夷人都督、都指挥速尔哈赤等一百员名，纳木章等一百员名，俱赴京朝贡，赐宴如例。"因为他排行第三，明朝人也称他为"三都督"。在明朝人看来，舒尔哈齐同努尔哈赤一样，势力越来越大，威胁明朝的安全。明辽东总兵李成梁之子李如柏曾纳舒尔哈齐女为妾，生第三子，李如柏做了镇守辽东总兵官，当地就流传歌谣："奴酋女婿做镇守，未知辽东落谁手？"朝鲜也经常把舒尔哈齐与努尔哈赤相提并论，密切注意他们的动向。他们了解到，努尔哈赤称王时，舒尔哈齐则称船将。朝鲜通事河世国等到努尔哈赤所在地，努尔哈赤在家招待时行礼，设宴；再到舒尔哈齐家，一样行礼、设宴。各有赏给。差别是努尔哈赤屠牛，舒尔哈齐宰猪。兵力不同，努尔哈赤麾下万余名，舒尔哈齐麾下五千余名。明万历二十四年（1596年）申忠一所见"奴酋诸将一百五十余，小酋诸将四十余"，而

"服色与其兄一样"。在朝鲜人的眼里，舒尔哈齐是女真中仅次于努尔哈赤的第二号人物。

问题不完全在于舒尔哈齐的势力与地位可比努尔哈赤，而是他们的关系并不是亲密无间。努尔哈赤统一女真各部，走向称王建国，需要更加集中权力，舒尔哈齐同他的矛盾日益尖锐。明万历二十七年（1599年）九月征哈达，舒尔哈齐自告奋勇，请战说："可令我为先锋，试看如何？"努尔哈赤命令他领一千兵前进，行至哈达城，遇到哈达兵出城抵抗。舒尔哈齐按兵不动，对努尔哈赤说："敌兵出城抵御！"努尔哈赤斥责他说："这次出来打仗，难道是因为敌人城里没有防备吗？"又"怒喝"舒尔哈齐："带你的兵向后去！"即让他继续进攻。当时舒尔哈齐的兵，进路受阻，绕城而行，敌人从城上射箭，军中伤者很多。

后来终于把城攻占了。努尔哈赤如此大发雷霆，就是要打击舒尔哈齐对他的不忠、不合作和不服从调动。

明万历三十五年（1607年），东海瓦尔喀斐优城头目策穆特赫摆脱乌拉布占泰的控制，率众来降。努尔哈赤命令弟舒尔哈齐同子褚英、代善并大将费英东、扬古利、常书、侍卫扈尔汉、纳齐布等率领三千兵往迎。出发时，夜黑天阴，忽然军旗上连连闪出一道道白光，众将官无不惊奇。舒尔哈齐说："我从小打仗以来，未曾见过这种怪事，想必是凶兆！"正要退兵，褚英、代善不同意，强行领兵进至斐优，收降环城屯寨五百户而归。路上，乌拉布占泰出动上万大军袭击，被褚英、代善打败。速尔哈赤领五百人在山下逗留，还有常书、纳齐布别领百人跟着他。褚英、代善凯旋。常书、纳齐布领兵不战，论罪当死。舒尔哈齐为其求情说："杀了他们二人，与杀我是一样的。"努尔哈赤饶了二人的性命，改死为罚。但是，他对舒尔哈齐做了一个重大决定，即"自是上不遣舒（速）尔哈齐（赤）将兵"。

努尔哈赤不能继续宽恕他的弟弟，舒尔哈齐也不甘心忍受这位兄长的惩罚，散布不满的话：“这样活着，还不如死了！”于是同他几个儿子商议，逃到了黑扯木。努尔哈赤大怒，杀了舒尔哈齐两个儿子，夺了全部财产。速尔哈赤勉强承认错误，返回原处，努尔哈赤还给了他们被夺的财产。明万历三十九年（1611年）舒尔哈齐死，时年四十八岁。舒尔哈齐之死，引起很大震动，明朝专门派人以较高的礼节吊唁。现存一份明代残档记载了这件事：“钦差游击陈，为夷酋病故，请明吊祭事：据通事尹保二据市夷说称：夷酋速儿哈赤，于八月十九日病故……到职。据此，看得夷酋病故，相应吊祭。案查万历卅三年二月三十日，速酋妻一故，已经前任守备佟，动支夷税银两，制办桌席二十张，白羊牛只等物，差人吊祭，循环可据。今本酋病故，比伊妻又加……向来中国宣谕，无不听命，似应比例行祭，砻……职未敢擅专，拟合移会。为此合具手本，前赴……钦差分守道王处，请照施行。”

此文献反映出舒尔哈齐同明朝关系密切，“中国（明朝）宣谕，无不听命”。他势力大，不服从调动，还亲明，这必然引起努尔哈赤的忌恨，从而对他不信任，不重用，羞辱他的人格，直至使他很快死去。努、舒兄弟的矛盾，实质是争夺权力的斗争。努尔哈赤利用自己的优势，战胜了一个对他地位和权力形成最大威胁的竞争者。这一胜利，对皇太极未来的政治前途也有深远意义。

再一个是皇太极的长兄褚英。如果说因为辈数、年龄和直接的利害关系等，在努尔哈赤同速尔哈赤的斗争中，皇太极的作用不明显的话，到了努尔哈赤解决褚英的问题时，皇太极的表现就不同了。

褚英是努尔哈赤的元妃佟佳氏所生，比皇太极大十多岁。他早已投身沙场，统率过千军万马，先被赐号洪巴图鲁，后又赐号阿尔哈图图门，汉译为“广略”。他在政治上有抱负，想有朝一日，做一国之主，掌握生杀

予夺的大权。他高傲，自信，但是心胸狭窄，锋芒毕露，不得人心。

在努尔哈赤那里，捷报频传，统一女真的大业方兴未艾，正式称汗建国指日可待。然而事业越接近成功，他本人的年岁越老，政事越多，精力越觉得不够用。他在想找个助手，也是计划百年之后江山不毁。努尔哈赤是个对中国传统思想文化有深刻了解的人，他知道中国历代统治者实行嫡长子继承制度，认为这个制度可以避免在政权转移时发生骨肉相残，保证社稷江山在一家一姓中世代相传。在努尔哈赤选择助手和继承人时，想到了嫡长子继承制度。他想：我如果孑身一人，没有儿子们，也就罢了；现在我有儿子们，理应让他们执政。这样想下去，他遇到了难题，思想很矛盾。这就是：让褚英执政，明明知道他心胸狭窄，不能宽厚待人；不让他执政吧，他又是长子，抛开长子，让弟弟出来执政，那不是造成混乱吗？经反复思考，决定还是任用长子褚英执掌国政。他还幻想，褚英即使有缺点，也可能在执政中克服，变心胸狭窄为宽宏大量。决定一经做出，便让褚英代他管理政务。

褚英辜负了努尔哈赤的希望。他执政以后，心术不正，处事不公。因此使与努尔哈赤同甘共苦的五大臣互不团结，努尔哈赤"爱如心肝"的皇太极等几个儿子也非常苦恼。更为严重的是，褚英背着父亲，指使弟弟们对天发誓。誓词说，长兄如何说，我们即如何办，有什么话，也不要告诉父亲！褚英还提出，父亲死后，要把父亲分给弟弟们的财产重新分配，凡是和自己关系不好的弟弟、大臣，他做了汗以后统统杀掉。七弟弟、五大臣受到褚英的欺凌和威胁，他们秘密商议说："他说汗死后不养我们，我们的生路就要断绝，还是把我们的遭遇报告以后再死。"议决后，他们不怕报复，把褚英的事告诉了努尔哈赤。听了他们的反映，努尔哈赤说："空口无凭，我也记不住，要写在纸上送来。"七弟弟、五大臣每人写了一份受苦情报，呈送给努尔哈赤。

褚英执政，搞得众叛亲离。为了妥善处理褚英，努尔哈赤召见他，把七弟弟、五大臣写的材料给他看，对他说："这是你的七个弟弟、五大臣对你罪行的控诉，看后，说说你的想法，如需要申辩，也可写出来。"褚英表示："没有什么可说。"努尔哈赤看到事实俱在，褚英无理可辩，狠狠训斥了他。努尔哈赤说："考虑到我年纪大了，不能打仗，不能断理国事，必须让儿子们执政，让长子执政，否则，国人会议论纷纷。可是我让你执政，你身为一国之主，却不能宽宏大量，平等待人。你使七弟弟、五大臣受欺凌，不和睦，怎么还能让你执政呢？我让你同母兄弟二人执政，给你们国人各五千家，牧群各八百，银各一万两，敕书各八十道，高于你们所有的弟弟，你还不满足，竟然要从弟弟手里索取东西，要杀掉你认为不好的弟弟、大臣，还逼着他们到处立誓，不准揭发你的问题。像你这样狭隘自私，只有把你占有的人口和财物拿出来，和弟弟们的合在一起，平均分配。"说完这些话以后，努尔哈赤再也不信任褚英了，征乌拉多次用兵也不派褚英去，命令他只留守和在家住着。

褚英对努尔哈赤如此处置，很不服气。他向自己四个仆从说："和弟弟们平分人口，我宁可死了也不干，你们愿意与我一起死吗？"四个仆从应声回答："贝勒你要死，我们也要随之死。"从此褚英不仅不关心努尔

昭西陵

哈赤出征的胜败，甚至写上诅咒父亲、弟弟和五大臣的咒语，对天焚烧。还对仆从说："他们出征乌拉的兵失败才好，那时我就不让父亲和弟弟们入城。"一个仆从跟着褚英这样干了之后，诚惶诚恐，生怕被发觉处死，就写下了遗书自缢了。他的死，引起另外三个同伙的大惊，向努尔哈赤告发说："曾说和贝勒一起死，是事实；书写咒语对天焚烧，也是事实；说各种各样的坏话，也都是事实。"努尔哈赤遏制不住愤怒，恨不能立刻杀掉这个不孝之子。想到这样对后代影响不好，便没有动杀机，而在万历四十一年（1613年），监禁了褚英。两年以后，努尔哈赤鉴于褚英的存在，对国家、诸弟及大臣们均极不利，不能为一个儿子危害大家，于是下了最大决心将褚英处死。

皇太极忠实地维护努尔哈赤的地位和权力，坚持同褚英做斗争。他不能容忍褚英的偏执、狭隘和胆大妄为。皇太极参加了密议，冒着生命危险向努尔哈赤揭发褚英的罪行，并且写了书面材料。这对处死褚英是极关键的，他实际上是帮助努尔哈赤铲除了又一个政敌。

当然，皇太极对褚英的斗争，于他自己的命运和前途也是非常有意义的。他的忠诚无疑使努尔哈赤对他更加钟爱和信任。这从后金建立以后，皇太极地位上升和作用增大就可以得到证明。

后金建立伊始，皇太极就在努尔哈赤身边参与重大决策。他被称为和硕贝勒，是八旗的旗主之一，同其他的和硕贝勒，"共议国政，各置官属"。努尔哈赤共有子侄数十人，天命之初为首的和硕贝勒共有四人。

在四大贝勒中，皇太极虽然位在最末，而在同辈兄弟中已经是出类拔萃的了。皇太极在努尔哈赤众子中，按年龄排在第八。四大贝勒中的代善、莽古尔泰是他的亲兄弟，都比他年长，阿敏是舒尔哈齐之子，他的叔伯兄弟，也比他年长。褚英是努尔哈赤第一子，又有军功，必然排在他之前。褚英的垮台，是皇太极地位的一次上升。皇太极还盖过阿拜、汤古

岱、塔拜、阿巴泰等年长的诸兄弟，主要是他能征善战，治国有方，得到努尔哈赤的器重。在政治上，四大贝勒并不完全以排列先后表示作用大小。皇太极排在最末，不是说明他的作用比不上另外三大贝勒。后金天命六年（明天启元年，1621年）二月，"太祖命四大贝勒按月分直。国中一切机务，俱令直月贝勒掌理"。皇太极为四大贝勒之一，参与管理国家机务，既"按月分直"，就表明他与代善、阿敏、莽古尔泰轮流执政，发挥同等的作用。

天命时期是努尔哈赤南面独尊的年代。他在军事、政治、经济及文化等方面，以杰出的才能，取得了巨大的成就，开创并巩固了后金政权，为有清一代奠定了大业的根基。同时，皇太极作为努尔哈赤的得力助手，在通往权力顶峰的道路上，也是大踏步前进的年代。他"赞襄大业"，素孚众望，既不肯久居人下，也不甘心与同辈平起平坐。他深知四大贝勒中，他最有希望成为努尔哈赤的继承人。阿敏的父亲有罪而死，本人也有牵连，主要是他非努尔哈赤亲子，谈不到继承问题。莽古尔泰是努尔哈赤继妃富察氏所生，因为是庶出，没有太大希望。四大贝勒中只有代善与皇太极争衡的条件相当。而代善主要是年长，功多，论能力则很平庸，还不断犯错误，在努尔哈赤那里也不能得到欢心。皇太极是努尔哈赤绝对信任的。皇太极专主的一名大臣叫伊拉喀，他对皇太极从不尽心竭力，还诉苦说："四贝勒无故地不抚养我，想回到抚养我的汗那里去。"努尔哈赤与诸贝勒、大臣议论："这个伊拉喀原来在我处，跟我在一起时没有为我出力，养之无益，使我怀恨，增加许多烦恼。我宽大为怀，不思旧恶，任他为大臣，给了我的儿子。伊拉喀既不尽力，又控诉四贝勒无故不养，岂不是在我父子间进行挑拨？"于是当即下令杀了伊拉喀。伊拉喀的被杀是努尔哈赤的决定，这说明皇太极是得到他父亲的充分信任和大力维护的。

　　皇太极智勇双全，他早就用上心计，同代善争胜。和代善相比，他处处显得精明强干，循规蹈矩，不像代善那样庸庸碌碌，放荡不羁。褚英死后，代善在兄弟中位列第一，称大贝勒。努尔哈赤曾说，等他死后，把小儿子们和大妃（大福晋）给大贝勒代善抚养。这位大妃有些趋炎附势，知道大贝勒代善可能继其父登上后金汗的宝座，便对他特别倾心。她不顾母后的尊严，竟屈身给代善送饭，送了两次，代善吃了两次。给皇太极送饭，送了一次，收下了没有吃。此外，大妃还一天两三次派人到大贝勒代善家，本人也在黑夜两三次出院去。在诸贝勒、大臣于汗家集会时，大妃梳妆打扮，金珠盛饰，故意在大贝勒代善面前卖弄风情。诸贝勒、大臣对此都以为有失体统，想向努尔哈赤报告，又畏惧大贝勒代善和大妃的权势。这些丑闻被努尔哈赤的一个小妃代因扎首先做了揭发。努尔哈赤不愿因为同大妃的暧昧关系而加罪于大贝勒代善，就借着窃藏金帛的名义，抄了大妃的家。本想处死大妃，鉴于需要她抚育年幼的三子一女，"姑宽其死，遣令大归"。大妃给大贝勒代善和四贝勒皇太极送饭，反映了二人都有突出的政治地位。他二人的表现，一个吃，一个不吃，性质大不同。从这件事上，也可以想到，努尔哈赤会认为皇太极比代善更值得重用。

　　此后发生的几件事也证明皇太极和代善经常处于同等的地位，都能处理重大问题。二贝勒阿敏的弟弟宰桑古，受到哥哥的虐待，衣食困难。宰桑古就向大贝勒代善和四贝勒皇太极告状，"各诉说了二三次"。后金天命六年（明天启元年，1621年）朝鲜满浦金使郑忠信深入后金，详细侦察努尔哈赤为首的统治集团内部情况，他得知：努尔哈赤有子二十余人，领兵者六人。长子早亡，其次是代善，再次是皇太极，依次而下的是莽古尔泰、汤古岱等。代善"特寻常一庸夫"，皇太极"英勇超人"。郑忠信还了解到，皇太极"内多猜忌，恃其父之偏爱，潜怀弑兄之计"。其他四子，无足轻重。郑忠信进一步掌握的情报说，努尔哈赤有一名从弟，叫阿

斗（阿敦），此人"勇而多智，超出诸将之右"。努尔哈赤曾暗中问他："诸子中谁可以代替我呢？"阿斗说："知子莫如父，别人怎么好说？"努尔哈赤说："讲讲无妨。"阿斗说："当然是智勇双全，人人都称赞的那个了。"努尔哈赤说："我知道你指的是谁。"他指的那个人就是皇太极。代善听到这番话以后非常恼怒。后来阿斗对代善说："皇太极与莽古尔泰、阿济格要谋害你，事情紧迫，应有所防备！"代善看见努尔哈赤时痛哭流涕。努尔哈赤觉得很奇怪，问其原因，他把阿斗对他说过的话重复说了一遍。努尔哈赤立即召来三个儿子询问，他们都否认有那些事。努尔哈赤愤怒至极，责问阿斗，认为他两面三刀，制造矛盾，将他戴上镣铐，投入牢房，没收全部家产。

皇太极在天命时期的助手作用发挥得极其成功，他协助努尔哈赤巩固和发展了后金国家，维护了努尔哈赤的集权统治。在这个过程中，他也为自己以后继承努尔哈赤开创的大业一点一点铺平了道路。

攻取抚顺

后金天命三年（明万历四十六年，1618年），在明清兴亡史上，是值得重视的一年。在这年，努尔哈赤公开声明同明朝彻底决裂，向明朝宣战，迅速发动了对抚顺、清和的战役，拉开了明清长达数十年的战争帷幕。在明清（后金）首次交锋，攻取抚顺之役中，皇太极向父亲出一计谋，一举获得成功。

后金天命三年（明万历四十六年，1618年），努尔哈赤恰好六十岁，他已经建国三年，国势强盛，人心振奋，自感羽翼丰满，踌躇满志。适逢生日，举行寿宴，欢庆他事业的成功。皇太极和他的兄弟们欢欣鼓舞，轮番向父汗祝酒。努尔哈赤更是满心欢喜，怡然自得。在一片欢乐气氛中，众人畅论天下大势，同明朝开战成了他们议论的话题，大家都跃跃欲试，急不可待。当时，明朝在辽东（今辽宁省境）东部修了一道漫长的边墙，把女真（满族）人同汉人隔开。究竟从何处打开缺口，突破边墙，诸兄弟议论不一，总是不得其法。在这关键时刻，皇太极计上心来，便向父亲和诸兄弟献上一计。他说："抚顺（今辽宁抚顺）是我们理想的出入之处，必须首先取得它。欲取此城，当以计取。听说四月八日至二十五日，守城的明将游击（军职名）李永芳要大开马市。这时，边备一定松弛，机会难得。我们可以先派五十个人扮作贩马的商人，共扮成五伙，驱赶马匹，进入城内，假装到市场贩卖马匹。接着，我即率五千兵夜行至城下，以发炮为号，潜伏城内的五十人同外面的军队应和，内外夹攻，如此抚顺可得。抚顺攻下，其他城不攻自破。"

努尔哈赤仔细听取了皇太极的计谋，不假思索，当即一锤定音，欣然接受他的筹划，指令攻取抚顺按计行事。

明朝的抚顺城，是属于沈阳中卫所属的千户所，按当时建制，隶属辽东都指挥使司与卫之下的地区边防机构。城建于明洪武十七年（1384年），周围仅三里，但它是当时辽东城（今辽宁辽阳）以东的边防重镇，明与建州三卫往来的要冲。城西距沈阳八十里，西南距辽阳，西北距开原，均约二百里左右，在防守与进攻上都与这些重镇成犄角之势。抚顺城东即为女真人居地，尤其是沿苏子河溯流而上，水陆两路可直达努尔哈赤的大本营赫图阿拉。所以，抚顺城小，战略地位却格外重要。

四月十三日，努尔哈赤亲率两万步骑征明。大军出征前，他发布征明

檄文，内书对明朝的"七大恨"，宣示全军，焚香告天，表示同明朝誓不两立的决心。

誓师完毕，努尔哈赤将他的八旗将士分为两路：左翼四旗攻东州、马根单；右翼四旗由努尔哈赤直接指挥进攻抚顺城。

大军按预计的部署进军。扮作商人的五十名将士已于十四日先在大军之前，赶到了抚顺，混入城内，皇太极统率的五千兵于当夜悄悄逼近城下。约定大军一到，即吹笳为号。十四日夜半，笳声打破了夜空的沉寂，接着炮火烛天。潜入城的后金兵到处呐喊，放火，城内沸腾，人们都从梦中惊醒，惊慌失措。守城将领李永芳毫无戒备，大吃一惊，当他明白是怎么回事时，城内守军和百姓已慌乱成一团，而城已处于后金的包围之中。在这种情况下，李永芳已是束手无策。

皇太极不想硬攻，免除伤亡，猜测李永芳的心理，以劝降为上。这时，抓住一名汉人，命令他进城，给李永芳捎去一封劝降信，许以封官，结为姻亲。

李永芳接到劝降信后，穿戴整齐，登上城的南门垛口上，表示要投降，但又不开城门。皇太极见此情形，便下令攻城，不到一个时辰，后金兵竖云梯，蜂拥登上城墙，明兵不战自败。这时，李永芳穿着官服，骑着马，从城里出来，向努尔哈赤投降。

同一天，后金兵攻取了附近大小城堡十余个，小村四千余个。皇太极献计成功，首开胜利记录。

伐叶赫氏

皇太极参加对叶赫的战争，讨伐他的亲舅父，大义凛然，为统一女真和后金的发展又建立了奇功。

叶赫是海西女真即扈伦四部中比较大的一部。明初以来，它就占据今吉林与辽宁接壤的地方。明朝一直把叶赫当作藩篱，靠着它的屏蔽，保卫开原乃至全辽。叶赫也靠明朝的庇护得以存在下去。所以，双方的关系一直很好。

在努尔哈赤刚起兵统一建州女真时，对叶赫实行友好的政策，皇太极的外祖父把自己的女儿叶赫那拉氏许配给努尔哈赤。他们已结成亲家，自然关系比以前更好。以后，叶赫一度参加九部联军攻打努尔哈赤，遭到失败，双方又恢复友好。首领布扬古还答应将他的妹妹许配给努尔哈赤为妃，金台石愿把女儿嫁给代善。但这种亲上加亲的关系并没有维持很久。明万历三十一年（1603年），皇太极的母亲病重，希望能见上母亲一面。努尔哈赤便通知叶赫的首领即她的哥哥纳林布录，希望能满足这一要求，让他的岳母前来见见自己的女儿。不幸的是，纳林布录断然拒绝了这一正当要求，不准母亲前去看望女儿。叶赫那拉氏带着遗憾死去了。努尔哈赤悲痛万分，恼怒叶赫极端无礼，感到他的拒绝是自己的奇耻大辱，他下决心要报复叶赫。纳林布录之所以拒绝妹妹的要求，是针对努尔哈赤而发的。因为眼见努尔哈赤的势力迅速强大，心里很不服气，同时也警惕他

将来要吞并叶赫。这一事件，导致了两家关系的破裂，从此两家已成"敌国"。

明万历四十一年（1613年）以后，两家的关系进一步恶化。这时，海西四部已灭亡其三（即辉发、哈达、乌拉），唯独叶赫尚存。因为明朝支持它，而它又有一定实力，所以努尔哈赤没有触动它，留待最后同其较量。

当努尔哈赤的实力得到显著增强后，决心发动对叶赫的进攻。这个机会终于来到。努尔哈赤攻灭乌拉部，其首领布占泰逃到叶赫，得到庇护。努尔哈赤曾三次派遣使臣要求交出布占泰，叶赫首领金台石、布扬古断然拒绝，坚持不交出。努尔哈赤忍无可忍，毅然发动了对自己的姻亲之国——叶赫的征伐，皇太极作为父亲的一员大将参加了此次军事行动。

明万历四十一年（1613年）九月初，努尔哈赤亲率四万大军出征叶赫。此役仅摧毁了叶赫的两座城镇，收降三百户。叶赫向明朝告急，明朝出面干涉，并派军队前去保护。努尔哈赤审时度势，还不足以同明朝对抗，便停止军事行动。又过了六年，即后金天命四年，努尔哈赤再次率大军征叶赫，明军出动，前去增援。双方都很克制，想打，又不愿大打。这之后，便爆发了著名的萨尔浒之战，明军惨败，替明朝出兵的叶赫军队也抱头鼠窜逃回。后金与叶赫誓不两立。继萨尔浒之战的大胜，努尔哈赤又攻取了北部重镇开原、铁岭，从而切断了叶赫同明朝的联系。时机已经成熟，努尔哈赤决定，必将叶赫灭亡不可！

天命四年（明万历四十七年，1619年）八月十九日，努尔哈赤率大军最后一次踏上讨伐叶赫的征程。他把军队分作两路，攻取叶赫首领分据的东西二城：皇太极与其兄代善、阿敏、莽古尔泰率精锐部队西向攻取布扬古所居之城。努尔哈赤亲自率八旗将士攻取金台石所居之东城。

二十二日早晨，皇太极的大军深入叶赫境内，直逼西城下，迅速将城团团围住。随后，努尔哈赤的大军也抵达东城下，迅即展开攻城战。经过

激战之后，后金兵占领了东城。城内军民纷纷投降。

金台石拒绝投降，他带着妻子、儿子等人龟缩在自己的家中。他的家室建在城内一座台地上，能守而不易攻。后金兵站在台底下叫喊："快下来投降吧，不降就攻！"

金台石提出投降的条件："我想亲眼见到我妹妹所生的四贝勒皇太极，只要见了他的面，我就下来投降。"

努尔哈赤同意金台石的要求，派人到西城，请皇太极来见舅舅。西城地势险峻，攻取十分不易。激战尚在进行中，皇太极被召到东城来见父亲，听候指令。努尔哈赤对他说："你舅父要见你，所以才叫你来。如果你舅父下来，那当然好，若不下来，我就命兵士拆倒他家的高台。"

皇太极遵照父命，出现在高台下，高喊舅父出来相见。谁料金台石又改口说："我从未见过外甥，真假难辨。"

皇太极马上回答："你儿子德尔格勒的乳母认识我，让她出来辨认一下。"

乳母站在高台上，马上认出了皇太极，就向金台石报告。金台石说："既然如此，我就听外甥说一句'收养'的话，我就下来；如果想杀我，我怎么能下来？此地是我祖宗世代居住之地，要死也要死在这里。"

皇太极不忍心舅父死去，一心想救他，便劝解说："近些年来，舅父费尽心机，劳民伤财，修内城外城，好像很坚固。现在两道城全被攻克，你困在高台上，做何打算呢？"他猜透舅父的心理，怕上当受骗，就接着说："你为什么要求我说一句'收养'的话就下来？要我发誓不进攻你吗？过去，舅父征伐亲戚，想斩尽杀绝，难道为的是吃人饮血吗？为求和好，我们无数次派了使者，舅父却把我们的使者杀的杀，关的关。现在你的死期已到。父汗如果想到你的这些罪恶，也许要杀死你，但以我的关系，不咎既往，或可免死，收养你。"

皇太极把以上的话反复说了十遍，金台石仍然不听。皇太极见劝降无效，就要离开，走上前再次提醒他："是你说如见到我，就下来。你若下来，就马上下来，我带你去见父汗；如不下来，我立刻就走！"

金台石急忙说："你先不要走，等我的近臣阿尔塔什先去见你父汗，察看你的话如果属实，我才能下去。"

于是，金台石就允许阿尔塔什去见努尔哈赤。金台石反反复复，不肯投降，已使努尔哈赤很生气，对阿尔塔什说："你教唆我的妻兄，使大明发兵四十万。想到你这些罪恶，本应把你处死，但事属以往，何必追究？这次放你回去，带你的贝勒（金台石）来，免除你的死罪！"阿尔塔什回去，让自己的儿子去劝降金台石。他还建议让已俘获的金台石之子德尔格勒去劝父亲，皇太极同意了。德尔格勒遵命劝降，说了四五遍，金台石还是不投降。

皇太极很生气，把德尔格勒捆绑起来，准备要杀他。德尔格勒说："活了三十六岁，死在今天，要杀便杀，何必捆绑？"其实，皇太极并不想杀他，不过气极吓他一下。努尔哈赤劝说他们父子要分开处理，对他特别优待。

金台石死赖在台子上，引起众叛亲离，连他的妻子也带着小儿子偷偷跑下来。金台石顽抗到底，同他身边的心腹准备进行抵抗。后来后金兵开始拆毁高台。金台石无计可施，走投无路，即举火自焚。他仅负伤，没有被烧死。努尔哈赤指示："此人留下无用，用绳子绞死吧。"

战萨尔浒

　　抚顺城的失陷和追击军的覆没，震惊了北京城。

　　首辅大臣方从哲捧着从辽东发来的战报，大清早就跑到万历的寝宫等候。老太监何世良告诉他：皇上中午才能起身，要他到朝房等候。

　　万历皇帝九岁登基，从明穆宗手里接过大位，这年已五十四岁了。一开始，首辅（明朝不设相位，以首辅大学士执掌内阁，位置相当于古时的宰相）张居正替他执掌政权。张居正励精图治，下令丈量全国土地，实行"一条鞭"法，并治理年年泛滥的黄河。使政治逐年清明，大多数地方百姓能够安居乐业。张居正死后就不行了，太监和权臣互相倾轧，及至他成年亲政，大局已经混乱不堪了。万历曾想整顿吏治，干一番事业，可是面前的太监和权臣横加阻止，他看没有办法，也就冷下心来，蹲在宫里两耳不闻宫外事了。如果真是这样倒还好些，可是他有个癖好，就是大肆营建陵墓、宫苑、园林，到处开工，耗费巨大。张居正时的一点积存也被他挥霍殆尽了！

　　这样的皇帝没有强大的财力是不行的，万历令大臣们去想办法充盈国库，那些书生出身的臣僚不仅不听，还反过来磨破嘴唇地对他一再劝谏，弄得他烦厌不已。于是万历听从太监们的挑唆，给了他们"税监""矿监"的头衔，让太监们到地方上为他大肆搜刮。这样，钱是弄到了，太监们也一个个脑满肠肥，成了横行不法的恶霸，百姓更是苦不堪言！

万历的另一癖好就是贪恋女色。他已经册封了几十个贵妃、淑妃、玉嫔等，可是，上有所好，下必奉焉。那些看着皇上脸色行事的太监臣僚怎不为他大肆搜罗？最近他又迷恋上一个小姑娘，年方十七，生得天仙似的，弄得万历神魂颠倒。几天之内，就给她加了一系列的头衔。到底万历对她封了些什么，她自己也忘记了。宫里的人叫她娇妃。

方从哲大清早等候的宫殿，就是万历与娇妃同眠的地方。

方从哲起初坐着，后来再也坐不住了，他就在朝堂里走来走去，不停地搓着手。老太监给他送来了茶，劝他稍安毋躁。太监良说："皇上不到中午是不会起身的，没有人敢去打扰他。如果有要紧的事，可以先去办理。"

"啊，老公公，哪有比这件事更要紧的事呀！"

"方大人，您是说……辽东那边的事吧？"

"是呀，是呀，努尔哈赤已经夺了抚顺城，前去追剿的几营也全军覆没了呀！"

老太监也知事情紧急了，他把拂尘一甩说："那，我再去看看，再去看看……"

方从哲是两年前被当时的首辅大臣叶向高推荐上来的。

叶向高，福建福清人，进士出身。时任礼部尚书，东阁大学士，位居首辅。这个人十分耿直，他屡次上书，反对皇上派遣太监到各地任税监、矿监，可是皇上不听，反而斥责他多事，更受到太监和权臣们的打击。于是，他再也不愿在这个什么事也不能做的朝廷上任职了，再说他也五十多岁了，心力交瘁，即上书辞职。

回乡前，皇上问谁人可以代替他？叶向高想：自己虽思归隐，可是实在对这个风雨飘摇的朝廷放不下心来，他走后，若是上来个卑鄙之徒，国事岂不更糟！他把满朝的文武逐个考查了个遍，最后想到了那个在朝廷任事多年，但不耐日渐激烈的党争而比他更早隐退的方从哲……

"皇上，方从哲可任此职。"

"方从哲，他行吗？"

"舍此，老臣无人可荐。"叶向高说，"方从哲忠贞刚正，敢于任事，皇上应该是知道的。"

"可是他却离开朕了！"

"皇上，那是因为他实在无法忍受日甚一日的党争呀！老臣斗胆奉劝皇上，立刻采取严厉手段结束党祸，对那些唯恐天下不乱的人给以应得的惩治……"

叶向高还没有说完，皇上就不爱听了，他向叶向高摇摇手。

几年前，万历自觉身体日衰，一次朝罢，在下御座时竟扑倒在地。几天后就有人向他提议：应该为将来着想，考虑册封太子了。起初，万历非常恼火，后来他想：自己已经做了四十几年皇上，实在不耐其烦。儿孙中成人的也很有几个，找个人来为他撑撑门面也不是件坏事。于是，就召集群臣，把立嗣的大事交给大家议论。谁知因为这事，却引起了直到他死去也没有结束的党争。

哪个皇子继承大统？那本是皇帝的家事。可是自古以来大臣们却为此议论纷纷，甚至拼死谏劝，有的还丢了性命。万历晚年的朝廷也是这样，两派互相攻讦，势如水火。弄得日常朝事也无法进行。说到底，两派中没有几个人是出于公心的，大都是为了眼前或将来的私利着想。

叶向高曾多次上书请皇上罢黜党争，整顿吏治。他言辞激烈，态度端严，有时和皇上争得面红耳赤。所以他这次提出致仕，万历很快批准，大概他也想让自己清静一下了。

"好了……"皇上懒洋洋地说，"爱卿安心养老好了，朕会记住你的话的。"

叶向高回乡后，首辅的位置空了好久。这在明朝晚期也是不足为奇，朝廷六部和许多地方官空缺不少，有时一个大臣要兼任几个官职。为这事，叶向高和别的大臣也上言过多次，皇上不闻不问。晚明的朝廷像一台破烂机器，正一瘸一拐地走向它的灭亡。可是没有首辅终究不行，这时，万历又想起叶向高的话来，于是下诏要方从哲立即来京赴任。

方从哲回朝后，发现朝廷的情况比之过去竟好了很多。首先，皇上在埋头宫闱几十年后，开始临朝了，于是朝中大臣都上本庆贺，一时大有振兴之势。方从哲也上本颂扬说："君之尊犹天也，臣之有所祈于君，犹之祈天也！其为斋心而祝，披悃而陈者，视三农之望雨，不啻过之……"他说皇上您就是头顶上的苍天，臣子们希望于您的就像有求于天一样。把这比方成三农之望云雨，不算过分。他接着说：如果我们做臣子的为国事累得身心俱疲，甚至疾呼痛哭，而皇上您却不闻，连篇累牍的表章送上去了，您却好像看不见，那国事就不堪设想了！

他的言辞是十分恳切的，并一连提了许多急办的事，求皇上次第举行……

皇上表扬方从哲忠心可嘉，可是他所提的事却一样也没办。

即使这样，方从哲和他的同僚们也觉得有些希望，因为他们毕竟能够和皇帝面对面地说话了。

直到过午皇上才睡眼惺忪地走出了寝宫，老太监何世良急忙把首辅要见他的事上奏了，并说方从哲从早上起就在朝房里等着他召见。"他又有什么事？"皇上问。

"他说……他说……辽东那边抚顺城失陷了！"

"那是前几天的事，朕听说李维翰已派兵讨伐了。"

"可是，可是……"老太监见皇上满脸不耐烦的样子，说话有点嗫嚅，"可是他说前去讨伐的军队已经全军覆没了！"

"什么？你说什么？"皇上站住了，他回过头晃动着两只发红的眼睛。

老太监又把刚才的话说了一遍。

"你把方从哲叫来！"

"是。"

可是老太监刚走了几步，万历又叫住了他："事已如此，也不必急了，你去告诉方从哲，午后未时一刻朕在中和殿等他们。"

"皇上，是说的他们？"

"你要方从哲把阁臣们都叫来吧！"

"遵旨。"

就这样，方从哲等了整整半天也没等到皇上，还要到下午才能御前廷议，即使这样，他也很高兴，尽管肚子里饥肠辘辘，他也忙不迭地马上去通知阁僚们去了。

未时一到，阁臣们齐集中和大殿。等了些时候，皇上来了，群臣跪倒三呼万岁。万历要大家平身。"方大人，"他说，"你把辽东的事说给大家听听吧。"

说实在的，万历对待大臣们的态度还是谦和的。大多时候他对他们从不直呼其名。有时一般地称他们"大人"，有时，就称他们"爱卿"或他们的职务。

方从哲站了出来，把得到的来自辽东的火急奏章读了一遍，然后又加上自己的分析和认识。

方从哲说："抚顺是国家辽东重镇，努尔哈赤竟不顾天朝至尊，在不到一天的时间就夷为平地，其气焰竟如此嚣张！他追忆说：我朝百多年来，对东北蛮夷一直采取绥靖政策，恩威并施，使其安居乐业。即使对那些悖逆之辈也从不赶尽杀绝，总是剿抚并用，使其幡然醒悟。"

接着方从哲说到努尔哈赤。他说努尔哈赤从年轻时就心怀叵测，觊觎

后金骁将

我大明国土。几十年来，努尔哈赤忍辱负重、养精蓄锐发展自己的势力，表面上委曲求全，背地里秣马厉兵。几年前他就统一了建州女真各部，在虎尔哈河、松花江和辽河之间建立了一个强大的后金国，与我大明分庭抗礼！就在几天前他在赫图阿拉誓师，并发布了他的所谓的"七大恨"，接着就起兵进犯我辽东抚顺……

说到这里方从哲有点激动难抑，看了一下两边的大臣说：十几年前，负责任的大臣们就一再地上奏：辽东已酿成肘腋之祸，请求朝廷一举荡平建州"努贼"，可是朝廷总是寄希望于辽东抚臣的经略而不采取彻底的措施。那些位居要津的衮衮诸公又总不以国事为念，一味地斤斤计较于一己之私，因循苟且，才拖延成今日的不堪局面……

方从哲这样一席慷慨激昂的言语，使皇上觉得很不安。过去，有朝臣提起辽东之事时，万历总是说："那不过是疥癣之疾，无须为虑。"不想现在已病入膏肓了！

万历瞥了一眼面前躬身侍立的大臣们，叹了口气，一时说不出什么话来。方从哲原以为他的"一块石头"会激起波浪千层，可是没有，宫殿里出奇地安静。

万历等待着臣子们说话，事情到了这样的光景，他们难道没话说吗？

阁僚们呢，他们大多是方从哲指责的"位居要津而斤斤计较于一派一己之私"的"衮衮诸公"，他们这时说话会"惹火烧身"，怎么会不把嘴闭得紧紧的呢？

这样的冷场，方从哲也是受不了的，他抬头看看皇上，只见他满面灰黄，正不知如何是好。

过了一会，万历的嘴唇终于翕动了："方爱卿说得很对，言辞激切也是应当的。如今的国事也该痛下针砭了……辽东覆军隅将，建州势焰益张，边事已经十分危急，大家不要再相互指斥，那无济于事，所有过错就由朕来承担吧。希望各位把平定叛贼的良策拿出来……"

万历的话一落音，大家知道谁也不会指责他们贻误边务的过失了，日子还是照常过。于是大家活跃起来。

看到万历要下决心讨伐建州反叛的"努贼"，出来说话的就多了，戎政尚书薛三才、户科给事中官应震、户部尚书李汝华都发了言。他们先把辽东的善后事宜议论了一番，说起李永芳的变节投敌，无不切齿痛恨，说起张承荫等的壮烈殉国，人人赞许有加。以后又对辽东巡抚李维翰的损兵失地义愤填膺。

议论的结果是：请旨诏逮李维翰到京交刑部严加议罪。追赠张承荫少保左都督，立祠为"精忠"，以下如薄世芳等死难将校皆有追赏。当然这主要是做给活人看的。但当时却对正在执行边务的将士很有鞭策和鼓舞作用。

下面就开始讨论具体的平叛之策了。头一条是该派谁出任领兵的主帅？议论来议论去没找着合适的人。武将文臣都不愿到辽东去冒险犯难，谈到人选时，谁都畏首畏尾、推三阻四。气得方从哲把脚一跺说："那么，我去吧！我已经五十多岁了，蒙国恩、食君俸禄，对国家边事却从未立过尺寸之功，为臣虽不谙用兵，可也愿意为这事充当前驱！"

他虽说了几句狠话，却使殿内群情振奋。

薛三才站出来说："方大人心昭日月，但他是国家辅臣，皇上是一天也离不开的。臣下斗胆想推荐一个人……"他说到这里望望周围的大臣。

"爱卿请讲！"万历向他招招手，表示急切地听他说。

薛三才好像最后下决心似的说："这个人就是杨镐！"

他的话刚一出口，大殿里就静了下来。两年前，杨镐曾因获罪于上，被罢官。只有大胆的人才敢对皇上再次提到他的名字。

看到万历没有责怪他，别人也没有说话，薛三才继续说下去："臣下

知道杨镐并不是最好的人选，他在领兵戍边时，立过功劳，也犯过过错，但他熟谙边事，就目前来说，找不到比他更合适的人了。"

仍然没有人说话。

杨镐这人，大家是熟识的。他不惮于任事，却常常谋划不周，且好大喜功，无端开衅，造成难以收拾的局面。

他曾带兵到东南一带讨伐倭寇，立过殊功。后又被派去镇抚辽东，他主动出击破兆哈，谏臣们上书说他无端生事，造成边事不安，皇上罢了他的官。他又提出任用早被罢了官的李如梅为大将，更惹得朝廷议论纷纷，为给事中麻僖等人所劾。杨镐不服，上书自辩，可是皇上为平息朝野议论，还是想给他处分。他看看没办法了，就上书"乞休"回家去了。

大家对他的印象是不好的。

这事薛三才何尝不知，他是在这非常的情况下提出这非常之人的。

等了一会儿，万历说："杨镐勇猛有余，却虑事不周，但对边事是有过功劳的，只要给他几个有能力的谋僚，朕看到叫他去也不是不可以的。堂堂天朝难道看着让人断我左臂？"一句话说得十分激昂，万历那皮肉松弛的脸上竟放出光芒来。这也感染了阶下的大臣们。

有了大将，下边的事万历就交给方从哲等辅臣具体计议了。

几天后，万历下诏，起用杨镐为兵部侍郎兼佥都御史，带兵去经略辽东。

事情一开始遇到了许多难题。首先是"乏饷及兵"，没有钱也没有人马，这仗怎么打？

方从哲觉得这事容易得万历的热切关注，可不能让具体事冷了大家的心。他说："事在人为，只要大家一齐想办法，总能够调集兵马、筹到钱粮的。"

尚书薛三才说："辽阳处现有兵马八万，还可征调登州兵一千五百名，南京水陆二营兵三千名赴援。至于军饷，下官建议发内库银十万两！"听了他的话，内科给事中官应震说："十万两银子，内库还是能够拿得出来的。可是里面有五万九千两或黑如漆，或脆如土。那是因为长久不用烂掉了。"

方从哲气愤地说："这样的银两能充军饷吗？"

官应震说："当今说不得这些了。如果想速成大捷，就要以朝廷的官符压下使用，这样即可化无用为有用……"

方从哲想：这不是等于强行聚敛吗？可是事情紧迫，也只好如此了。"官大人，就没有别的办法了吗？"

"有，当然有。"官应震说，"征收的金花银每岁一百二十万两有奇，嘉靖皇帝规定专门用来供给边防，不许他用。到了万历初年，皇上将此款项移入大内，以致军饷大亏。要是大人能够奏请皇上把这笔款项仍归太仓，那，咱们就宽裕多了！"

第二天，方从哲就进宫为此事专奏万历。

万历听了以后，久久不语，最后他说："爱卿就不能想想别的办法吗？朕就是指望这一笔钱才把日子过得像个皇上……"看样子即使努尔哈赤打到京郊，万历也不会把这笔钱拿出来的。

那只有去掠夺老百姓了。

为了把征辽的这件大事办好，方从哲把回家"乞休"的吴道南叫回来。吴也是大学士，和他一样位居辅臣，是个很公正、很有谋略的人。目前兵部尚书仍然空缺，经过方从哲、吴道南向皇上再三吁请，才任命黄嘉树到任。于是他们和与这件事有牵扯的部科官员忙了两三个月，终于拿出了个可行的计划上奏万历。

其大致内容是：

一、遣将。除杨镐外，调往辽东的将军有李如柏、杜松，刘铤等。

这些将军还是可用的。李如柏是经略辽东几十年的大将军李成梁的二子，骁勇善战，有乃父之风。他曾任宁夏总兵，立功升任为右都督。这时已经派往辽东去代替死去的张承荫了。

杜松，榆林人，是位很有名的将军。他守陕西身经百战，威名赫赫，被称为杜太师。现在他被任命为山海关总兵。

刘�綎，曾在云南、四川等地为将多年，并曾率兵援助朝鲜平定倭乱，很有战绩，与杜松齐名。这人有个毛病，就是爱钱，前几年因贪污受贿等罪被罢为"废将"。可是如今他出头的机会又到了，他被起复，仍为总兵。

李维翰被抓到京都后，关了些日子，经刑部定罪，奏皇上批准，削职为民。他捡了一条命回家了。朝廷便任命周永春代替他为辽东巡抚。

二、调兵。杨镐到了辽东后，清点将士，他手头只有七万人马。他立刻上书朝廷求兵十万。朝廷没有这么多兵马给他。因为这时内乱已繁，朝廷还要留些军队镇压农民起义。方从哲建议调集边兵，兵部先后从宣大征调了万人。登州三营调出一千五百人，令他们速速从海道渡辽。南京水陆二营调拨三千。这仍然凑不足数目。又敕令蓟州先发五千，后又调台兵两千。朝廷又命杜松、刘綎、官秉忠、柴国柱等将军在赴辽时连自家的家丁也带了去。此外，还从朝鲜调兵一万，连在北关的叶赫女真也被征调，令他们出兵两千相助。为了这场战争，大明朝廷真到了计穷力竭的地步了！

三、筹饷。没有钱是不能打仗的。当初，廷议时，薛三才曾经凑集十万银两。经兵部计算，十万远远不够，得用银三百万！这个巨大的数字，把内阁臣僚们都吓住了。方从哲曾经到万历那儿要过钱，没有得到批准。为了眼前急用，兵部奏请先发饷银二十万两。万历允诺。方从哲、吴道南等大臣一天几次地去见万历，还是为了要钱。后来万历也觉得十万军队，二十万两银子实在是杯水车薪，狠了狠心，又批准发库银五十万两！

从他那儿再也弄不到钱了，怎么办呢？那只有向老百姓伸手了！

到了这年秋后，户部请加派田亩税。每亩加三厘五毫。这样，全国增加田赋至白银二百余万两！并规定第二年再加三厘五毫，第三年续加两厘。前后三加增至每亩九厘，每年田赋达五百二十万！如果认真实行下来，老百姓身上的油水可真是轧尽了！

为了解决东征粮饷，朝廷还专在广宁设了"辽东饷司"。

四、更换兵器。为了提高军队的战斗力，总兵柴国柱提议破"虏"全用火器。可是没有那么多先进枪炮。朝廷只准各营配备一定数量的火药武器。为此，兵、工二部尽发库存的从外国买到的大小佛朗机大将军虎蹲炮、三眼枪、鸟铳、火箭等，还发了盔甲、盾牌等一应防御用具。可是一般兵士不会使用这些火器。只好责成川陕督抚各派三百名甲兵到京演练，然后赶赴辽东军中。

备战用了几个月的时间，这时，努尔哈赤的人马已发展到五万多了！

其中最让朝廷头痛的是：将官大多不愿到任。他们认为讨伐辽东不过是虚张声势，是做给女真人看的，等到女真人远远地逸去，朝廷会罢兵的。他们瞧不起努尔哈赤，觉得那鞑子只能算是个流寇，只要杨镐在那儿挡一挡也就解决问题了，何劳兴师动众！要说努尔哈赤会打到关内来，他们说就是把努尔哈赤粉身碎骨，他也不会有那样的心思！

所以，他们虽接受了朝廷的任命，却迟迟不肯进兵。

另外，打算调集的那些部队，计划上有了，命令也下达了，但只有宣大的兵马有点行动，可也没到辽东。其余的就更不用说了，他们连消息也没有。

方从哲等阁臣急了，他们把情况如实地上奏了皇帝。

万历大为恼怒，在他在位的四十几年中，没有过什么大的举动，现在事情迫在眉睫了，将士们竟不用命，那还了得！他特赐杨镐尚方宝剑一

口，并下达敕令：将帅之下，有不用命者，可先斩后奏！

这样一来，各地很快地把应调的人马送到了辽东。杜松也开始行动，领着本部人马向辽东集结。刘綎仍迟迟不出关，他说要等川兵的到来，因为从四川调来的兵马划归他统属，这不过是个借口而已。朝廷立即命他出关，不必等待，他才领兵慢慢地东行。

兵饷更难筹集。辽东请饷的奏书雪片般地飞到京都，而发下的饷款仍是有限。有兵无饷，使得一些下级军官带领士兵半路哗变，变成土匪。他们沿路抢掠，成了当地的祸害。

刘綎带兵到了关外，路途所见和所闻，使他明白将来和努尔哈赤定是一场血战，他也坚定了立功异域的决心。于是，他命令驻军杩祭。

他把军队集合在田野上，升起军旗，十头大牛牵在军前，他对军队慷慨激昂地发表了平定鞑虏，报效朝廷的决心。将士们深深感动，呼喝声直上云霄。于是，他拔出佩刀，和副将、参将等军官领头宰杀牲口。

他照一头黄牛砍了一刀，他以为会痛快淋漓地把牛头砍下来。可是，他的刀只砍进了牛脖子的三分之一，那牛瞪起眼睛扛着两只大角向他扑来，而且鲜血喷涌，其状惨烈。刘綎在全军面前，只好再次上前，在几个侍卫的帮助下，他又挥了三刀，才把牛头砍了下来。他觉得很丢脸，把刀一扔，说："拿着这样的刀能上战场吗？笑话！"

他是责备自己还是斥骂什么人，谁也不知道！

别的将军也不顺利，没有一人把牛头砍下来，都是弄得气喘吁吁，满身鲜血，大汗淋漓，才完成任务。

祭旗后，刘綎下令全军修整军备，并上书给杨镐，请他给予更换武器。

明万历四十六年（1618年）冬，征辽的大军终于先后集结于辽东。加上当地原有的军队，能够投入战场的约有十万。

杨镐把将领们集合到辽阳，和他们商议进军之策。用现在的话来说，就是召开军事会议。他的官衔比起刘铤、杜松等大不了多少，他们也都是国内有名望的将领，而且个个骄横已久，他们会听他命令吗？

可是杨镐自有办法。

他把皇上的圣谕和亲赐的尚方宝剑供在香案上，率领将领们恭敬地磕了头，然后对大家说："努贼经营辽东已四十余年，除了蒙古、叶赫等部，他已统一了整个白山黑水，并且建立了后金国。现在的确已是我大明的心腹之患！"

杨镐还说了很多话，目的是为了给大家分析当前形势。

他是个五十出头的强壮汉子，胖胖的苍黄脸，似乎有点虚肿。可浓眉下有一双长长的丹凤眼，使他的面目增添了几分威严。他看看坐在下面的将军们听得还算专心，就继续说下去。他说："朝廷把这么重大的责任交给我们，我们就应当奋不顾身、义无反顾地去完成它！不知将军们怎样，本职自任事以来，一直战战兢兢、寝食难安，真不知如何才能报答主上的信赖于万一！我想各位将军也是这样吧！"

接着，他又委婉地说道："来到辽东后，有些不经事的将领可能有些轻敌，这是非常要不得的！"在训诫了将军们几句后，他提出当前的任务就是进一步整理军备，充分地秣马厉兵，一旦进剿战起，就应该做到能打硬仗、死仗，从而战胜敌人！那就对朝廷能有所交代了……

他的话太长，下面的将军有的轻轻地跺脚，有的咕噜咕噜地喝水，甚至有人小声地窃窃私语。

这时，杨镐忽然立起身来，转身恭敬地把尚方宝剑抱在怀里，把桌案一拍叫道："把两犯带进来！"

他的话音刚落，就有侍卫拖进两个用铁索锁住的人来，扔在将领们面前。

有几个人认识他们。

后金骁将

他们是清河总兵陈大道和游击将军高炫徇。

在抚顺失守、追兵覆没后，这两个人沉不住气了，就引兵往关内逃跑，半路上被出关的杨镐部下逮住。论其罪过，当时，杨镐就该把他们杀掉。可是，杨镐把他们关了起来，为的是这个当口使用。在狱中押了几个月，他们已被折磨得蓬首垢面，形销骨立，不成人样。

杨镐当着面前的十多位将军把他们的罪名数落了一顿。无非是国难当头，将兵者就应该为国死节，可是他们却做了贪生怕死之徒，鞑虏未至，却望风而逃。于国法军法，皆不容赦……

数落完了，杨镐喝问："陈大道、高炫徇，你们知罪吗？"

两个罪犯抬起头，却一句话也说不出来。

大家看到两张惨白的脸，又看到他们的嘴都被铁丝勒着，嘴角已渗出血……

大概是为了使这场面多停顿一会儿，以给将领们更深的印象，杨镐没有命令立刻把他们正法，这使大家都感到尴尬。

杜松发话了："杨大人，快把这两个可怜虫杀了吧。他们原就该死，还让他们活受罪干什么呢？"

他的几句话把凝固的气氛打破了。刘蜓等人也说："给他们个痛快的算了，他们和咱们同朝为将，谁也会有个一念之差的！"

杨镐没想到几个将军会这样说话，可他也无可奈何，就喝令把两个逃将推出砍了。

任务明了，血也见了，接下来就该说说进军的部署了。

杨镐先让将军们说话。大家七嘴八舌地说了一通，就请杨镐拿出自己的定案。杨镐清了清喉咙说："进攻的目标是后金的都城赫图阿拉，战法是分兵合击。"具体的部署分为四路口各路兵将配置及进攻路线如下。

原任总兵马林为一路。开原兵备道佥事潘宗颜监军。岫岩通判董尔砺赞理。以庆云游击窦永澄督率叶赫部协助。从开原出三叉口，攻其北。称为北路军。

以山海关总兵杜松率领一路兵马。保定总兵王宣、赵梦麟佐之。分巡兵备副使张铨监军。从沈阳出抚顺关攻其西，可称西路军。

以辽东总兵李如柏率领一路人马。分守兵备参议阎明泰监军，推官郑之范赞理。从清河出鸦鹘关，攻其南，是为南路军。

总兵刘綎率领一路人马。海盖兵备副使康应乾监军，同知黄宗周赞理。还有朝鲜援军一万划归该路军。他们从宽佃出发，攻其东，亦称东路军。

这样东西南北军都有了，即可把努尔哈赤的赫图阿拉包围起来。

四路中，以杜松率领的西路为主。十万兵力中，这一路就占了三万。

因为辽阳是根本重地，以原任总兵官秉忠、辽东都司张承基领兵驻守。总兵李光荣驻广宁策应。管屯都司王绍勋总管各路粮草供应。

杨镐自己却不在辽阳，他以全军总指挥的身份坐镇沈阳。

一切都安排就绪，杨镐却不进兵。转眼进了腊月，辽东像往年一样，大雪铺天盖地地下起来了！

内地的人没有见过那样大的雪。那不是雪花，不是雪霰，而是雪团，雪暴，真个像撕棉扯絮。只一个昼夜就把白山黑水全部用雪的殓衣包裹起来！可是它还不停歇，仍旧无日无夜地下着……下着……

这样的天气就是山林中的野兽也不出洞了，它们蜷缩干草窝里，安静地享受着秋天的积蓄。

人可没有野兽们的福分。他们得在雪天里奔波。

杨镐隔几天就向朝廷修书一封，那是“随况汇报”。派几匹快马送到京城。他向朝廷述说这里的情况，描述着这里的大雪。他说：在这样的天气里，是无法向赫图阿拉进军的。另外，他还说到军队的情绪，年关近

后金骁将

了，他们都思乡心切。他希望朝廷派大员带着东西、银钱来辽东犒军。

朝廷真的派人来了，而且不绝于途。朝廷用的也是快马，给他送来的却不是犒军的东西，而是命他立即向努尔哈赤进军的敕令！起初，朝廷的敕书还是温和的、体贴的，几封敕书之后言辞就激切起来，甚至是训斥、责骂和威胁。

明朝进军辽东的事，很快就传到了赫图阿拉。后金国的满朝文武没有着急。他们已经和那个几百年来压在他们头上的"圣朝"打了两次大仗。结果怎样呢？李永芳成了俘虏，张承荫等几员大将都成了刀下之鬼，而他们几乎毫无损伤！他们已经不怕那个"圣朝"了，而且巴不得他们赶紧来，好给他们源源不断地送来金银财宝和他们渴望得到的物资……

即使这样，只要有新的消息。他们还是拥到努尔哈赤的府第来。

可是每次都被努尔哈赤骂跑。

"你们跑来干什么？敌人还远着呢！你们给我把兵训练好，仗有你们打的！一听到消息，你们就随便地拥到我这儿来，还有个高低上下吗？这哪里是大金国的朝廷，简直是长白山上的獐子窝！"

努尔哈赤早就想仿照着大明的规章制定一套制度，可是还没有来得及。

这几天，他足不出户，忙得连饭都没有按时吃，他在干什么呢？

他在和两个汉人密谈。

这两个汉人一个是李永芳，另一个是范文程。

李永芳在抚顺城破投降金国后，一直竭尽全力为努尔哈赤效劳。他是第一位降金的将军，虽然职位并不高，可是，努尔哈赤却视为珍宝。为了使他死心塌地地归顺，竟把七子阿巴泰的女儿给李永芳为妻，这样，李永芳就成了努尔哈赤的女婿。

对于这桩出乎意料的婚事，起初，李永芳是坚决拒绝的。把一个十多岁的小姑娘硬塞给他，这的确不合乎汉人的风俗。他说：自己已经有了妻子，不知把这位娇贵的格格放在什么位置才好，还有年龄、身份也极不适当……

努尔哈赤听了哈哈大笑。他说："你既然归顺我大金，又剃了头，就是满人了！满人可不在乎有多少妻妾，你看我已经偌大年纪了，而且有了十几个女人。要是有机会，也许还要娶上几个！至于她的位置嘛，我的孙女贵为格格，你就看着办吧！"

李永芳仍然犹豫。一旁的人劝他道："这是大汗的赐婚。大汗就是天子，天子的旨意怎能拒绝呢？再说这是求之不得的荣幸，今后，你就是大汗的至亲，就是满身光彩、富贵无比的额驸。你连这一切都不顾，就不想一想后果吗？"

大汗的这一恩典，李永芳的原配夫人当然受不了，哭闹了几天，终于明白大汗的旨意是不能违抗的，好在格格虽嫁给了李永芳，但她并不到李家去。李永芳只能到阿巴泰家去当女婿。一月几次地在那儿留宿，就算是夫妻了。李家过去的日子怎么过，现在还是怎么过。

努尔哈赤把投降的汉兵挑出一千人交给李永芳率领，并给了一个总兵的职衔。就是这一千人马，后来发展成为满洲的汉军旗。

李永芳为了报答努尔哈赤的收留之恩，不到一年的时间，带领着这支汉兵活跃在汉族人居住的地区，为后金绥靖地方，征赋拉丁，平叛追逃，巩固边境，做了数不清的事。这些事情只有汉人才能给努尔哈赤做到。

另外，在军队的改革方面李永芳也提出了很好的建议。他对努尔哈赤说："八旗兵勇猛善战，这不必说。可是，他们没有节制和秩序。攻则一窝蜂地上，退则乱哄哄地跑。这样的军队往往打胜不打败，无法和大明的大军相对垒。"他带领自己的一千人马演练给努尔哈赤看，以使他心悦诚服。别的满洲将校却很不服气。他们说："你既然有这样的本领，为什么还做了我们的俘虏？"

　　但李永芳进退有据的战术还是打动了皇太极、代善等几个有见识的将军，他们听从努尔哈赤的命令，照着李永芳的样子练兵，大大地提高了满洲军队的战斗力。

　　现在，努尔哈赤已经对李永芳言听计从了，他希望李永芳能够给他笼络更多的汉族军人。就在这时，一个汉族的知识分子走上了后金的政治舞台。

　　他就是范文程。

　　范文程是辽东沈阳人，字宪斗。明朝生员。他本来跟着李永芳做个书吏，抚顺城陷后，他就混入军中，想瞅机会逃走。

　　当时，努尔哈赤的政策是：可以容忍明朝的将校士兵，但决不宽恕知识分子。努尔哈赤认为明朝最坏的就是这些文人。几十年来，他在关外悄悄兴起，对明朝阳奉阴违、瞒天过海。许多戍边将校都被他愚弄了，就是遮不了那些读书人的眼睛。他们看出了努尔哈赤的鬼把戏，一再地上书朝廷，揭露他的阴谋诡计，指出若不把建州女真中的坏头目如努尔哈赤等翦除干净，早晚会酿成心腹大患！因此，努尔哈赤恨透了那些舞文弄墨的人，只要被他捉住，他就决不心慈手软，坚决杀掉！

　　努尔哈赤令人把李永芳的降兵细细地筛选，把里边真正的军人一一放过，却把稍微识几个字的人抓了起来。代善把他们押解到赫图阿拉后，请示努尔哈赤把这些人如何处理？

　　代善之所以有点犹豫，就是因为李永芳曾向努尔哈赤一再地建议：对汉人知识分子不能一概而论，他们中有许多人是可以为大金服务的。

　　"照过去的老办法，杀掉！"努尔哈赤吩咐道。

　　就这样，包括范文程在内的十多个人就绑到位于市中心的小广场去了。

　　也是范文程命不该死，正在这时，努尔哈赤从一旁经过，他看见正在杀人，就走了过去，把犯人逐个地问了一下。走到范文程面前时，他端详

了好多时候。

这个仪表堂堂的汉族青年吸引了他的主意。

"你叫什么名字？"努尔哈赤问道。

"我叫范文程。"

"范文程？没听说过……"努尔哈赤的意思是：你是个无名之辈，该死！

这是生死攸关的时候，只要努尔哈赤离开，他的头就掉了。

"大汗，我的祖上，您一定知道的……"范文程的脑袋转着。

"他是谁？"

"他是宋朝的名臣范仲淹。"

努尔哈赤愣住了。他不识几个汉字，当然也就没有读过范仲淹的文章，但他知道这个人。他几岁时，就跟着父兄到抚顺赶集市，有空儿就到书场、戏园听书、看戏。书中、戏中的历史故事和人物深深地吸引了他，也感动了他。在他崇拜的那些忠臣良将中就有这个范仲淹。

"噢，范仲淹是你的先祖……他有两句要紧的话，你知道吗？"

"知道。大汗指的是'先天下之忧而忧，后天下之乐而乐'吧？"

"正是，正是！"努尔哈赤高兴地说，"我问你，要是我把你宽恕了，你能够像范仲淹忠于宋皇帝那样忠于我吗？"

范文程立刻跪了下来，一边磕头一边涕泪交流地说："大汗，那是自然的。我们读书人信守的是：士为知己者死。大汗，您这样赏识奴婢的先祖，如果您也像宋皇帝信任先祖那样信任奴婢，我会为您肝脑涂地的！……"

"好了，你起来吧，跟我走……"

范文程跟着努尔哈赤走了不多远，就听到身后噗哧噗哧地响，回头一看，只见那几个汉族小文吏已被砍下了脑袋，那鲜红的血光连天空都

染红了。

是努尔哈赤把范文程从死亡的边沿拉回来的。他哭起来，不知是为了自己侥幸不死还是为了感激大汗的大恩大德。

从此以后，范文程就一直留在大汗的身边，死心塌地地跟定了努尔哈赤。

范文程觉得自己是幸运的。他做大明的臣民时，孜孜于十年寒窗，一举成名。可是，翻破了《四书五经》，也没有捞得什么功名。现在好了，他从死亡线上一步走到了大汗的脚下。目前虽没有什么名分，可是他自忖了一下，位置相当于进士及第后的翰林学士。要是弄得好，将来还会有更大的前程……

范文程把老祖宗也卖给努尔哈赤了！

现在的范文程已不是一年前刚从刑场上放回来的那种猥琐的样子，他穿一身女真文官的装束，那是比起箭衣来稍微宽大一点的长袍。虽然只有二十三岁，在嘴唇上也留起来一小撮胡须，显得温文尔雅。说话、做事，很有点装腔作势的味道。如果大明的那些正派文人看见他，一定觉得他小人得志，令人作呕。

不过，范文程也真有一套，否则，他不会得到大清几代皇帝的信任，一直做到大学士、太子太傅的显赫职位。

努尔哈赤进来了。

"两位先生久等了。"努尔哈赤说，以汉礼捧着手向他们问候。

李永芳和范文程站起来，向努尔哈赤深深一揖。那时候，他们君臣见面也就是这样的礼节，全没有大明朝廷里的繁文缛节。

"坐吧，坐吧……"努尔哈赤说。

李永芳、范文程坐了下来，望着努尔哈赤。

他们在一起议论时局已经几天了。

努尔哈赤开始改变自己，不再像发布"七大恨"时的骄横了。他和两位汉臣一再地权衡着敌我双方的力量。

大明在努尔哈赤心目中仍是一个庞然大物。尽管大明王朝十分腐朽了，好像经不起狂风暴雨，他也曾率领八旗子弟把它的十几个边将打得落花流水，可是，努尔哈赤仍觉得有点怕它，它有着成百上千的文臣武将，有着几十万经过训练、拥有先进武器的大军，还有着幅员辽阔的广大国土……在大明面前，努尔哈赤觉得自己就像那不经事的猴儿，围着那个巨人打转，有时也搔挠他几下，甚至还能够骑在他头上撒尿。但真的要下定决心撕咬他的时候，自己却害怕了。

努尔哈赤觉得要战胜大明，那就得了解它。尽管，他为此做了几十年的准备，仍觉得不够充分。他不愿再听自己的子侄和大将们的叫嚷了，他要的是冷静的思考和万无一失的决策。目前，汉人谋士就只有李永芳和范文程，努尔哈赤觉得他们能够帮助他。

当然，他也不全听信他们。

使努尔哈赤意外的是明军主帅杨镐派使者送来一封战书。内容说：大明军即将发起攻击，领兵的将帅以及监军的文臣业已齐至。四十七万大军定于三月十五日乘月明之夜进剿。并命令努尔哈赤迅速率众投降……

这封不伦不类的战书摆在努尔哈赤书案上的时候，是二月二十六日的夜间。

努尔哈赤端详了好久，不明白杨镐是什么意思。是威胁吗？可这又能吓着谁？再说，出兵的时间大多是秘而不宣。哪有公开地告诉敌人的？这位身经百战的杨大帅，难道连这一点用兵常识也不知道吗？还有，杨镐的将士，早就声称十万，怎么一下子就涨到了四十七万？是吹牛呢还是又从关内调来了大量援兵？

努尔哈赤又坐了一会儿，还是没有悟出其中的"玄机"，就派面前的

侍卫把李永芳和范文程找来。

没多久，努尔哈赤就听到有脚步声传来，他吩咐侍卫把火炉烧旺，伺候茶点。

李永芳、范文程进屋来了。

"参见大汗！"他们给努尔哈赤行礼。

努尔哈赤抬头一看，见面前站着两个雪人。问道："下雪了？"

"是呀，雪很大！"李永芳答道。

范文程从不简单地说话，他的话里总是带着点耐人琢磨的东西，显得莫测高深。他说："上天呵护大汗，派来白甲白马的大军，让杨镐的将士在大雪中跋涉吧！"

"怎么，先生知道我叫你们来的意思了？"

范文程笑笑说："不然，大汗怎会深夜找我们来呢？"

"是呀，是呀！"努尔哈赤拿起靠墙几案上的拂尘，给他们拍打身上毛茸茸的雪，可刚拍打了几下，就被侍卫们把拂尘接了过去。

等李永芳和范文程在努尔哈赤对面坐定，努尔哈赤指指桌上的战书对他们说："你们看看吧，这是杨镐派人送来的！"

李永芳和范文程伏在桌案上，静静地看了起来。战书并不长，只一会儿就看完了。他们抬起头来望着努尔哈赤。

努尔哈赤问他们："杨镐这是什么意思呢？"

李永芳皱起眉头，范文程竟仰首大笑起来。

"这战表是迷惑人的，不过也太拙劣了！"李永芳说，"他以为是对待三岁的小孩子呢！一个统率三军的主将，下这一招'拙棋'，真让人瞧不起！"

"是呀，"范文程抑制住笑声，对努尔哈赤说，"大汗，咱们对杨镐他们已经了如指掌，他还以为咱们什么也不知道呢！竟在咱们面前胡说八

道！"

努尔哈赤放了心："这样说，不用理他？"

"不……"范文程忽地拉长了脸，说："我认为他们要立刻来犯了！"

"杨镐说是三月十五日，趁月明之时……"努尔哈赤说。

"那是迷惑我们的！"范文程一副胸有成竹的样子。

"就在这冰天雪地的时候？"李永芳有点怀疑。

"对杨镐来说，在这大雪封路的时候，他是一步也不想离开自己的窝巢的，可是万历皇帝不准他！朝廷不准他！"

"范先生，"努尔哈赤恭敬地说，"你认准了他们要在近几天出兵？"

"也许现在杨镐的各路大军已经出动了！"范文程说得更加骇人听闻。

"李将军，你怎么看呢？"努尔哈赤指的是范文程的揣测。

李永芳想了一会儿，点了点头。他不敢否定范文程的预料。

李永芳和范文程初次交往时，还是在他做抚顺游击的时候。那时，范文程只是一名小文吏。李永芳没有注意他，范文程也没有显示出有什么才能。一年前，由于命运的捉弄，他们在努尔哈赤面前同朝共事了，李永芳也没有十分看得起这个有点傲气的小伙子，可是，已经几次了，范文程那些看似不着边际的言语却常常应验，李永芳再也不敢小觑这个后生了！

努尔哈赤又待了一会儿，蓦然回头吩咐侍卫说："你们分头去传，把四贝勒、五大将都给我找来！令他们立刻就来！"

"是！"侍卫们齐声应答，飞奔出去了。努尔哈赤到内间去换服装，自从后金国建立后，他的朝廷虽没有大明的规制，可是他每临朝议事，总是穿上特制的大汗服装，那是一种稍微宽大的袍子，紫色，在领口、袖口和大襟边沿镶着金绦，其他的和贝勒们的服装没有大的区别。只是帽子高些，在周围的帽檐上，前后镶着绿玉。

趁这时候，李永芳拉着范文程的手走到一边，小声地问他："文程，你说明军已经开始向我们进犯，有根据吗？"

"放心，李将军，我没有说错。"

李永芳看了范文程一眼，等了一会儿，看看范文程不想说什么了，就走开去，等待努尔哈赤出来。

范文程自从得到努尔哈赤的赏识后，就殚精竭虑地把自己塑造成像三国时诸葛孔明的形象，使努尔哈赤信赖他、依靠他，从而离不开他！为了这，范文程的一言一行总是摆出个莫测高深的样子，还网罗了一批人，专门为他四处打探消息，使他的每一句话都有根有据。几天前，他就得到消息：杨镐已经被朝廷催促得坐不住了。

作为曾经经略过辽东的将军，杨镐没有做出李成梁那样的成绩，可是他深知努尔哈赤和女真人的脾性，知道敌之所长和我之所短，知道建州一带的山川地理，还明白雪天进军意味着什么。因此，杨镐能拖就拖，他想把进军的时间拖到明年春暖花开的时候，就是到了那时，他也不会贸然出兵，和努尔哈赤野战。他要像民谣中唱的那样，挖壕建垒，步步为营，把努尔哈赤逼死、挤死……

可是，杨镐虽为主将，却左右不了形势。他的上面有个朝廷，朝廷里有一帮整日喋喋不休、身居要津的大臣。他们每日都上书皇上，责备杨镐"拥兵自重""迁延时日"，甚至说他"视敌如虎""畏葸不前"，在辽东白白地"空耗粮饷"！朝廷催促杨镐进兵的敕令隔几天就来一封，而且措辞一封比一封强硬，几天前手执红旗的御使也来到了辽东，声称："杨镐若不出兵，他就决不回朝复命！"

杨镐当然也不愿坐在沈阳等待，他几次上书自辩，说明辽东的形势，苦口婆心地申述把军队摆在林海雪原上的危险……可是一切都没有用处。

原因是，在朝廷看来：努尔哈赤虽被一些臣僚说成是肘腋之患，但在

他们的内心，仍把女真八旗看成是流寇，是乌合之众，是疥癣小疾。只要圣朝出兵，即可一举荡平！所以没人理睬杨镐的叫喊。

终于，朝廷来了绝对命令。

敕书说：如果杨镐再抗旨不遵，朝廷就要收回给他的尚方宝剑，就要把他抓回来交刑部严加议处！

于是，杨镐只有往死扣里钻了！关于上面的这一切，都是范文程的私密消息，他是不会对任何人透露的。

很快，四贝勒和五大将也顶着一身雪花进来了。等把身上的雪花拍落，侍卫把他们拍落在地上的雪打扫干净后，四贝勒和五大将按照早已规定的次序坐了下来，李永芳和范文程坐在努尔哈赤的身后。

努尔哈赤看了子侄和将军们一眼，见他们个个睡眼惺忪，大概是刚从热被窝里钻出来。

"喝杯茶，醒一醒，有大事和你们商议呢！"他说。

听到有了大事，与会者已经大体上知道是沈阳明军那边的事了，他们开始活跃起来，交头接耳小声地谈论着，原来他们也听到了一些风声。

"是这样……"努尔哈赤先把明军的战书读了一遍，下边的人哈哈地笑起来。

"那是吹牛！"

"那是吓唬人！"

"杨镐要是有种，现在就来好了，何必虚张声势地说要等到下月十五日来！"

"你没听清楚吗？上面写着呢，人家要趁着有月亮的时候……"

"好看着自己的头是怎么掉下来的！"

他们你一言我一语地说个不休，越说越乐哈哈的。

努尔哈赤把手中的战书往桌上一摔，严肃地说："别说些没用的了，

看样子杨镐一定要来了，据范文程先生估计，他们已在路上了！"

一提到范文程，下面又开始嚷嚷。与会者大多不服气那个从他们的屠刀下逃生的小子。

"他懂什么！"

"叫他抱着他的书本滚到一边去！"

"胜仗是一刀一枪地拼杀出来的，凭嘴皮说不死敌人！"

努尔哈赤拉下脸来喝道："你们叫唤什么？但凭匹夫之勇，也许能够打一两次胜仗，可是能够建朝立国吗？"

下面没人敢说三道四了。努尔哈赤继续说下去，他讲起刘皇叔思贤若渴，三顾茅庐的故事。"要想建邦立国光靠武功是不行的，那得有智能之士运筹帷幄。什么时候大家懂得这一点了，什么时候我们大金国就可和大明分庭抗礼了！"

果然没出范文程之所料，就在努尔哈赤和他的子侄、近臣凌晨论兵的时候，杨镐已经下令对建州女真进击。

这一次，杨镐没有召集各路大军的将军前来沈阳议论，就下了绝对命令。

"违抗军令者，斩！"

"贻误军机者，斩！"

"畏葸不前者，斩！"

"临阵脱逃者，斩！"

军令上写了一连串的"斩"字。

过去，每逢杨镐要下令进军，就有将军前来阻拦，他们在杨镐面前挺着胸膛叫嚣，说出一大串的理由，要杨镐上报朝廷，延期行动。这一次谁也没敢到沈阳来。

明万历四十七（1619年）年二月二十九日，杜松率军从沈阳出发，星夜出抚顺关，他想在萨尔浒山下停一下，然后沿着苏子河转向赫图阿拉。

朔风凛冽，大雪扑面，将士连十几步前的景物都看不见。总兵王宣领前，赵梦麟殿后，杜松居中，协调全军，监军张铨和他走在一起。

一出沈阳城，他们就被抛在了冰天雪地中。队伍再也不是一伍一列地前进，爬过几道丘壑就乱成一团。他们不是故意这样，因为大雪蔽地，使人摸不清地形。看似平坦大道，却是一道山沟，看似结实的山脊，却是无底的雪岭，人马滚下山坡、陷进雪谷，有的能够挣扎出来，有的却被埋在沟底，要等明年大雪融化时才能看到尸骨……还没走出多远，各部已经有些伤亡。

萨尔浒，汉译名叫作"碗架"。建州女真中有萨尔浒部落，早几年就被努尔哈赤吞并了。这个地区，在今辽宁省抚顺东大伙房一带。地处浑河上游与苏子河合流处。萨尔浒山西距抚顺七十里，东距赫图阿拉百多里。东北靠近铁背山。铁背山上有天命三年后金在吉林崖上筑的界凡城。努尔哈赤把它当作后金的门户。

杜松觉得过了萨尔浒就算进了努尔哈赤家的后门了。

后金出兵时，雪下得很大，真像是抛撒鹅毛。努尔哈赤冒着大雪送主将于赫图阿拉的西门外，他放眼看了一下，只一会儿，竟看不到几个将士了。

"你的人马呢，孩子？"他问皇太极。

"他们已经出发了。"皇太极指着前面说，"父汗，您瞧——"

努尔哈赤揉揉眼睛："他们在哪里？"

这时，他听到战马咴咴的叫声，才看到在正前方的山沟里，八旗健儿像宽阔的河水一样，泛着白茫茫浪涛向前流动。原来，皇太极命令军队每人弄一件白袍穿上，没有白袍的就反穿皮袄或者弄匹白布把自己包裹起来，这样，他们一走进雪原，就融入白雪皑皑的山林中了，何况大雪还在

一个劲儿地下着呢……

努尔哈赤立刻领会儿子这样做的用意，笑着说："好好，八旗子弟就是塞北的山林。塞北的山林就是我们，明廷要来进犯，那千山万水都会站起来反击他们的！"

"父汗，您说得很对！"

"皇太极，你要在哪里堵住杜松的大军呢？"

"我想在萨尔浒把他们消灭。"

"好极了，我就站在萨尔浒界凡城的城墙上看你大战明军！要是明军突上萨尔浒山，你阿玛也就成了明军的俘虏了！"

"不会的，决不会！父汗就放心吧！"

"皇太极，你要我在萨尔浒上等几天？"

"一天，最多两天！"

"那，皇太极，你上马走吧！"

皇太极向父汗躬身施礼，回身跃上战马，飞驰而去。

除了留一部分给额亦都统率准备拦截明廷的其他各路人马外，努尔哈赤几乎把八旗大军都给了皇太极，在皇太极麾下集合的八旗，每旗约七千五百人，共六万多人。用这六万来阻挡杜松的三万兵马，可以说绰绰有余。

杜松的军队在离开沈阳后的第三天下午就到了萨尔浒的山下。他下令停止前进，埋锅造饭。他问张铨："大人，你是分管全军庶务的，咱们带了几天的粮草？"

"五天。"

"那就足够了。"杜松说，"咱们到这里是第三天，明天急行一天就到了赫图阿拉，到第五天一早，咱们就进城去吃女真人的饭了！"说完哈哈大笑，他那黑里泛红的虬髯抖动着。全军中大概只有杜松的脸庞上洋溢

着必胜的信念。突然，就像天兵从天而降似的，东面响起了一种怪异的呼叫声，这声音使人毛骨悚然。

张铨、王宣惊惶地望着杜松。

"是朔风突至吗？"王宣问。

"不，是一群夜枭！"张铨回答，还仰头向天上看。

天上又乌云四合，大雪旋转着下来了。

"都不是，"杜松说，"是女真人来了，你们按照咱们商定的办吧。"

杜松说得极为平静，就好像是说一件极为平常的事，竟使两个总兵没有反应过来。

士兵们大概也是这样，直到女真人的万千铁骑的马蹄击在山石上，迸射出飒飒的火星，他们才喊叫起来："女真人来了！鞑子来了！"

王宣、张铨跑开了，他们知道自己要去干什么。

明军起初当然是很混乱的，他们没有思想准备。这几天困扰他们的是大雪和寒冷，是大雪底下摸不清的山路。现在女真人来了，好像是从地里钻出来的，他们怎能不混乱呢！

女真人冲破了明军的第一道防线。

可是由于这里是一条山沟，女真人的万千兵马根本无法施展他们的威风。所以，头一批冲进山口的女真骑兵约一百余骑立刻失去了作为，勒马仰望着两边的山岭。

"上山，"杜松看到女真的马队后，立刻闪出这样一个念头，他对身边的侍卫叫道，"传令下去，占领两边的山头，快，你们一起呼喊！"

侍卫们呼喊起来。在中军帐周围的都是杜松的本部人马，是十分精悍和训练有素的。他们只是稍微迟疑了一会儿，便明白了主将的意思。于是，他们不顾一切地冲上山头，用弓箭、用石头向女真马队投射下来，眨

眼间，就把这批女真马队消灭了。

皇太极没有和大明的正规军队交过手，他以为就像对付张承荫那样，给对方来个迅雷不及掩耳，在他们还没明白是怎么回事的时候，就把他们冲乱了，打散了……

可是皇太极的这一招没有奏效。明军的阵地是一字长蛇，三万人的纵深有几里地。你一下子很难冲到底，也很难把它冲乱。

就是在前哨，明军的惊慌也没有持续多久，王宣是个很有经验的将军，他骑马驰到第一线的时候，就喊叫道："将士们，为皇上效力的时候到了！鞑子是叛贼，大明的子民和他们不共戴天！他们就像一阵风，只要顶住风头，他们就无法施其技了！"

皇太极的铁骑就像一泓泛滥的江水，在这里打了旋儿就把明军几百人吞没了！鲜血洒在雪白的山岭上……

一见到这一滩滩同胞的血，明军的健儿立刻变成了生龙活虎！

本来，这几天的急行军，寒冷、饥饿、疲惫把明军折磨得精疲力竭，他们对横在面前的万里雪原，对这滴水成冰的天气，对自己的长官心里都充满了怨怼之气。当女真人站在明军面前，而且杀了他们的同胞，同胞的鲜血一摊摊地出现在他们面前时，明军把一切都忘了，剩下的只有一股对女真人同仇敌忾的义愤。

"杀呀，杀女真人呀！"

"杀呀，杀鞑子呀！"

明军冲上前去，有的滚到敌人的马蹄下，用刀砍敌人的马腿，有的挺着钩镰刀把敌人从马上拉下来，当然他们大多死在了敌人的刀枪下。

这都是自发的抵抗。

在和女真人的战斗中，大明将士很少有人做降将的，除非将领带头投降、逃窜。为什么呢？虽然大明朝廷已经腐败透顶，对他们的压榨、盘

剥、搜刮无不用其极，但大汉族的自豪感仍是一种去除不掉的情结。明军自觉地珍视国土的完整，他们痛恨外族的反叛，更加憎恶边疆人对内地的抢掠和骚扰。这就是他们英勇奋战的难以摧垮的精神支柱。大概就是靠了这一点，尽管大明已经千疮百孔，女真人几十年都没有过了山海关！

王宣的挺身而出和他的大声激励，立刻激励了所有人的意志，各级将校开始组织有效的抵抗，前面的阵脚稳住了。

战斗互有胜负，战线犬牙交错，这就对明军大为有利了。王宣把手中的几门铁炮排放起来，立刻对准前面敌人的密集处开炮！

这是女真人没有的强大武器。大炮的火舌照亮了山谷，炮弹在马群里开花……

皇太极一看第一打击没有打出火花来，就对旁边的代善说："哥，看来要有一场恶战了。过去的一招没用了！"

"杜松不是草包，咱们要认真对付他，"代善说，"我领头再冲一阵！"

代善刚要拍马冲锋，被皇太极拦住。"咱们不能在这山沟里和他厮打，咱们要上山去！"

代善明白了皇太极的意思，那就是迅速占领萨尔浒山，使自己居高临下，进退都争取主动。"好，好，就照你说的办，吹喇叭发号令上山！"

与此同时，杜松也发出命令："上山！"

杜松的想法和皇太极是一样的，谁在山沟里，谁就要被动挨打。他通令各部抢占萨尔浒！

"上山！"

"上山呀！"

"谁爬得高谁就胜利！"

山陡雪滑，爬起来不易，但这是生死攸关的事，两军在萨尔浒的山

坡上互不相让地开始了爬山赛。明军爬得快些，他们已看见了界凡城的灯火，可是他们上来的人还不多。许多人几次地跌下去又爬上来，也有些人掉进山崖，葬身车沟底了。跌进深雪，也许不至于立刻就死，可是他们越挣扎，就陷得越深，直到深深地埋在雪下……

山沟里回荡着他们的呼救声，凄厉惨绝！

女真人是山林中人，就是大雪天也有人上山打猎，但他们也不愿在大雪封山后在山林中乱闯。现在马的用处不大了，而且成了他们上山的累赘。这时，他们接到了主将的命令，把马放到山林中，轻装上山！

"山林是我们的，马也是我们的，谁也拉不走！"皇太极说。

放弃了马，只带着武器上山，轻便了许多，半个时辰后女真人先到了界凡城。

界凡城建在山顶，城不大，但周围城高池深，整个像一大堡垒，努尔哈赤是用它来对付明军的，直到这时，还没有完全修成，城里除了少数女真的贵族外，还有一万多女真的搬运石材的运石工。八旗组织的特点就是军民一体，所以他们也是战士。

其时，努尔哈赤已经到了萨尔浒山顶，他料到萨尔浒山将是两军争夺的要地，他便和自己的一队侍卫把运石工组织起来。

首先到达界凡城的是大将扈尔汉。

努尔哈赤对他说："这里有一支队伍，你带领他们去占领吉林崖，在那里把明军挡住！"

扈尔汉得令后，便带领自己的本部人马和刚刚组织起来的运石工向吉林崖进军。

他到了吉林崖，明军也扑到那里了，两军在崖上展开了殊死搏斗。杜松激励将士说："有了吉林崖就可夺取界凡城，大家努力呀！"

明军明白主将的用心，如果在吉林崖站不住脚，他们将被赶下山去，

跌进山沟。女真人扔块石头也能砸死他们几个人！扈尔汉也知道吉林崖对女真的重要性，没有了吉林崖，界凡城保不住，所以下死命地争夺。

双方在血战中迎接了黎明。

起初，扈尔汉军抵不住明军的冲击，不一会儿，他们就死伤一半人，扈尔汉自己也受了伤，几乎要放弃吉林崖，就在这时，皇太极派来了援兵，两军的争斗呈现胶着状态。吉林崖上的积雪全被热血染红了。

明军被挡住了上山的路。

杜松可不想在这里被阻住。他和赶上来的王宣、赵梦麟商议，只留下一部分人马，由赵总兵和监军张铨指挥，在这里和扈尔汉部缠斗，他和王宣领大部人马绕过吉林崖去夺取萨尔浒的界凡城。

"努尔哈赤在那里，擒贼擒王，捉住了努贼，敌人就溃败了！"

王宣说："那会把皇太极的大军吸引过去的，他有我们人马的两倍还多！"

"是这样。但我们无路可退了，只能在这里和他们斗个鱼死网破！"

看到杜松那恨恨的样子，王宣小心地说："我是想拨出一部分人马在山下接应，一旦……"

"老弟，没有'一旦'了。"杜松瞅着王宣说，"要是咱们在这里把努尔哈赤逮住，那是千好万好，如果做不成这件大事，把他的八旗队伍撕烂打垮也好！那可能把咱们的三万人拼个净光……"

王宣抬头望着漫天大雪，眼睛里闪耀着泪光。

"老弟，"杜松拍拍他的肩膀，"有道是将军百战死，咱们弟兄也许今日就把骨头扔在这里了！"

王宣仍不言语。

"别多想了，你看将士们都看着咱们呢！"杜松又说。

王宣回头望着杜松，微笑着说："将军既然下了必死的决心，我还顾

虑什么呢？能和将军一起为国殉职，是件幸运的事，走吧！"

杜松他们的马也大都留在了山下。可是，他们的侍卫死拉硬拽地弄上了几匹，杜松和王宣上了马，带领明军向界凡城驰去。

北风凛冽，把山上的乌云刮净了。蓝天、白雪、鲜血，互相映照。天气更冷了，可是每个人的身上都热气腾腾。明军把满腔热血继续泼洒在雪原上……

皇太极却没有把自己的人马都赶到山上，他人马多，一半上山去保卫界凡城，另一半留在山下，由莽古尔泰指挥围住了萨尔浒。从整体上看，他已经把明军包围起来了。

杜松和王宣没有到达界凡城。当他们带领人马向山上爬去时，扈尔汉已经把和他缠斗的赵梦麟部打垮，赵梦麟死在乱军中。扈尔汉没有让他的军队稍歇，立刻指挥他们把正在上山的明军拦腰截断，并由上而下地冲杀，和山下的莽古尔泰部实行夹击，近五千明兵挣扎在这把"铁钳"中。

皇太极到了界凡城，见到了在城堡中观战的努尔哈赤。

皇太极向父汗报告了战场上的大体态势，踌躇满志地说："父汗，大概不用等到太阳落山，我们就把杜松的三万人吃掉了！"

"孩子，我相信你的话，"努尔哈赤说，"但我问你，杜松这块骨头硬不硬？"

"硬，没想到的硬！"

"硌下了几颗牙来？"

"……"皇太极没有回答，只轻轻地叹息了一声。

"孩子，你和你的兄弟们都要记住，决不能轻敌，大明军不是关外的部落！"

"大明朝廷昏庸腐朽，他们的将士还这样为他们拼命……"

"你能想到这一点很好，"努尔哈赤伸手拍了一下皇太极沉重的铠

甲，语重心长地说："他们不都是为那个僵尸一样的皇帝打仗，他们是为了那个有几千年历史的国家拼命。他们看不起我们，认为我们就该俯首贴耳地在他们的手掌下面活着，一不听话，连大明的一个小小百姓也会站起来大喝一声：'不准！'你不是常说要打进关内，征服中原吗？那路程长着呢！"

皇太极琢磨着父汗的话。

"现在没时间让你多想，仗还没打完呢，"努尔哈赤望着远处的雪原，那里闪耀着红光，有时还传来隆隆的炮声。明军正用女真人没见过的大炮轰击……"你不该平均用兵，杜松向界凡城来了，你得在这城下和杜松决战！你只要把杜松的本部兵马收拾了，这一仗就算打赢了。"

"是，父汗！"

皇太极告别了努尔哈赤，上了马，在侍卫的护卫下向战场驰去。

此时，扈尔汉和莽古尔泰已经完成了对明军的夹击，冲上山来。杜松的军队还没有到达界凡城，就被比他们多出几倍的女真兵马团团包围起来。

明军占领着几个小山包，要不是地形对他们还有利，女真人只要一人一箭就把他们消灭了。

几个千总集合在杜松身边，他们没有说话。因为他们都知道最后的时刻已经来临，脸上都有绝望的神色。

"这就是努尔哈赤的高明处，他知道三路军决不会同时到来，他吃掉我们后，再回头吃其他也不晚！"

"不管那些了……"

"是的，不管那些了！"杜松说，"我们在这里就义后，一辈子的功业就算完成了。"

有个千总伤心地说："看样子就要死在这里了……"

　　杜松喝斥他道："如果后悔，你就从这里走出去，向努贼投降吧，他会给你留一条命的，李永芳也就是你这么个官儿……"

　　听了杜松的话，那千总痛心疾首地说："将军，你也太看不起属下了！投降？那是比死更可怕的事！

　　杜松向那位千总拱拱手："兄弟，我不该说那话，请你原谅！"

　　沉默了一会儿，王宣说："咱们食君之禄、忠君之事。为国而死是应当的，可是那些大兵呢？是不是允许他们离开战场？"

　　杜松想了想说："现在死到临头了，就不要侮辱他们吧……"

　　"将军，"几个千总一齐说，"我们怎么死呢？"

　　杜松说："不投崖，不自戕，尽量多杀几个贼人，然后看着青天死去！"

　　"好，我们跟将军去！"

　　清点人数，这几个山包上的明军还有三千来人，除了手里拿着的刀枪外，还有十多门大炮和抬枪。

　　杜松激励将士们说："好，好，皇太极要消灭咱们，他还要洒下五千人的血！"

　　他和王宣把军队分成两个梯队，火器和弓刀两相配合，组成交叉的反击网，他和王宣也站到了第一线。他们开始轰击靠近的女真人。

　　可是杜松的打算几乎没有用处。

　　皇太极看透了杜松的用心，他才不和杜松在界凡城下鏖战呢。这时，他们的战马逐渐地上了山，皇太极一声令下，上千铁骑呼啸着冲杀进来，一阵大杀大砍，杜松的明军就溃散了。

　　明军曾依靠炮火扫倒了成片的八旗兵，可是，等不到他们装填上第二轮的火药，就做了刀下鬼！

　　杜松、王宣和几个千总抵抗到最后，王宣被冲来的骑兵扑倒，接着被

削去了头。杜松身中数箭，仍战斗了好久，直到一刀从他后脑劈进，他仰面倒在雪地里，眼望着湛蓝的青天……

杜松军的残余几乎没人向女真人投降，他们且战且往山下退走，在路上又汇合了好几股溃兵，一直杀到浑河岸边。当他们想过河时，被女真人追上，就在那里，他们无一例外地都战死了！

女真人没有明军那样好的刀枪，他们下了马，贪婪地捡取死者的武器。他们还翻弄死者的衣袋，除了金钱外，还有许多他们稀罕的小物件，那都是他们珍贵的战利品。

这场大战十分惨烈，据《明史》记载："……死者漫山遍野，血流成渠。死尸与兵器冲入浑河，如解冰旋转而下！后金兵追杀明军直至硕钦山下……"

辽沈先锋

皇太极自从出奇计攻破抚顺，打开进入明朝直接统治的地区大门以后，早已有占据辽沈的思想。萨尔浒之战的决定性胜利，扭转了努尔哈赤对明朝斗争的整个被动局面。当努尔哈赤从此决定同明朝争夺辽沈时，皇太极也就在其父的统率和指挥下，成了驰骋辽沈大地的后金军的骁勇先锋。

明朝在萨尔浒之战的惨败，使满朝文武惊骇，沮丧，埋怨，朝廷笼罩在一片恐惧和不安之中。辽东难民像潮水一样涌向内地。民逃，兵逃，官

也逃。开原游击陈维翰胆小如鼠，城未陷，先令家丁驮运私人财货逃走。开原空了，铁岭空了，沈阳也空了。人心不稳成了明朝面临的最大问题。

努尔哈赤最善于利用战机。他看到萨尔浒之战以后，可以乘胜进兵，就在当年六月，亲自领兵攻向开原。明总兵马林事先没有防备，仓促应战，被一举打败，马林及副将于化龙等战死，开原城被攻破。七月，努尔哈赤又领大军攻铁岭，城内外的明兵或逃或降，只有少数人坚持抵抗，努尔哈赤轻而易举攻取铁岭城，杀死守城游击喻成名、史风鸣。与此同时，他们也对沈阳进行了试探性的攻击。

天命五年（明万历四十八年，1620年）八月二十一日，皇太极随其父努尔哈赤掳掠明朝懿路、蒲河，得胜而回。明朝驻沈阳的军队出城迎战，努尔哈赤掉转矛头，大杀回马枪，沈阳总兵贺世贤等遁去。皇太极率精锐轻骑追击，想杀入沈阳城内，被其兄代善等勉强劝止。

第二年二月十一日，皇太极随其父努尔哈赤再次统率大军，分兵八路攻掠奉集堡（沈阳城南苏家屯区奉集堡），守城总兵李秉诚闻讯领三千骑兵出城六里安营，以两百兵为前探，与后金左翼四旗兵相遇，追杀至山上，展开一场激战。皇太极率精兵至黄山，明将朱万良见后金兵这样威武，自觉不如，惊慌逃跑。皇太极策马追击，直至武靖营。这就正式揭开了后金大军进攻辽沈的序幕。

萨尔浒之战的血雨腥风，吓昏了一些明朝的文武将吏，也给另一些人注入了清凉剂。他们冷静地分析形势，认识到努尔哈赤已不是什么"跳梁小丑"，他是能征惯战的统帅，是拥有十万铁骑的一国之主。俗话说，"女真满万不可敌"，何况十万众了。努尔哈赤不是当年的李满住。自攻占开原、铁岭以来，筑城驻牧，休养兵力，联络朝鲜、蒙古，还继续造船运粮，广布奸细，这也不是蒙古也先、俺答可比。种种迹象表明，努尔哈赤的志向不小。他是有意识要向内地侵犯，进占辽沈，威逼京师，夺取大

明江山。明辽东巡按御史陈王庭指出："贼谋不在抢掠，而在攻克；志不在村屯，而在沈、奉。"他们为国担忧，献计献策，寻找一切办法阻挡努尔哈赤率领的八旗铁骑深入内地蹂躏。因萨尔浒之战失败，明朝主要处置了两个重要人物，一是李如柏，二是杨镐。李如柏靠他父亲李成梁的关系当了总兵官，怯懦无能，纵情酒色，根本不能领兵打仗。四路出师，三路败北，独他一路得全，舆论纷纷，怀疑他表面作战，暗里通敌。杨镐急令他的一路撤军也巧得出奇。万历看在他父兄份儿上，下诏撤回李如柏，听候处置。舆论不服，要求严惩，李如柏害怕，自杀而死。杨镐身为四路总指挥，丧师辱国，罪责难逃，遭到弹劾，开原失守以后免去经略，逮下诏狱，论死。明崇祯二年（1629年）伏法。

为了收拾辽东败局，经过许多人的荐举，明朝提升熊廷弼为兵部右侍郎兼都察院右金都御史经略辽东，代替杨镐。熊廷弼，字飞白，湖北江夏人，明末杰出的名将，有胆有识，熟悉辽东边境情况，有一套安边的计划。他提出，辽左为京师肩背，要保住京师，就不能丢弃辽东。河东是辽东的腹心，要保住辽东，河东也不能失掉。开原是河东的根底，要保住河东，开原更不能丧失。熊廷弼强调不守辽沈，就不能保住辽东，守住京师。把开原、辽沈和京师看成一条紧密相关的锁链，既顾全整体，也能照料到局部。他认为所有人们谈论对付努尔哈赤的办法不外三种：一是恢复，二是进剿，三是固守。熊廷弼反对轻易主张进剿，而是主张"坚守进逼之策"，即又守又战，守稳再战。针对后金拥有十万精骑，人强马壮，他请求调集十八万官兵，九万马匹，一个不能少。

熊廷弼颇想振作一番。明万历四十七年（1619年）八月，受命进入辽阳，他积极布置防守，沿途见到逃跑的难民就劝他们返回家乡，裨将刘迁节、王捷、王文鼎临阵脱逃被捉拿问斩，祭抚顺、清河、开原、铁岭死难将帅军民。还诛杀贪官贪将陈仑，劾罢总兵李如桢，代之以李怀信。督

军士造战车，冶火器，溶壕缮城。熊廷弼刚到辽东时，命令开原道佥事韩原善往抚沈阳，朝原善害怕不敢去；继命佥事阎鸣泰，到虎皮驿（沈阳城南十里河），痛哭而返；熊廷弼便亲自从虎皮驿到沈阳，再到抚顺，顶风冒雪，不避艰险，巡视边防。由于他采取了这些必要的措施和本身的实际行动，稳定了人心，提高了保卫边防的战斗力。后来他受到反动腐朽势力的攻击被迫辞职，辽东人民痛哭流涕说："数十万生灵，皆廷弼一人所留。"

努尔哈赤在熊廷弼经略辽东近一年间不敢发动大规模进攻。但是熊廷弼敢作敢为的行动遭到了两种人的反对，一种是碌碌无为的朝贵，他们反对熊廷弼雷厉风行，处死逃将、贪将，修筑防御工事等行为；另一种是孜孜以求的言官，这些人不满意熊廷弼刚强独立，不与他们同流合污。有个人叫刘国缙，同姚宗文结成一伙，刘国缙以兵部主事赞画军务，主张招募辽人为兵，招了一万七千人，逃了一大半，熊廷弼反对他的做法，两人便互相攻击。姚宗文出于刘国缙门下，为求补官，托熊廷弼代请，没有满足要求，与熊廷弼结下仇怨。明万历四十八年（1620年）五月，后金兵攻略蒲河，明朝将士失亡七百余人，时姚宗文已任吏科给事中，乘机大肆诽谤熊廷弼。逐熊之议愈演愈烈，攻击他出关一年，漫无定画；荷戈之士，徒供挑溶；尚方之剑，逞志作威；拥兵十万，不能斩将擒王，等等。壮志未酬，熊廷弼就被缴还尚方剑，席藁待罪。

后金天命六年（明天启元年，1621年），努尔哈赤发动了攻取沈阳的战争。这是继开、铁之后，由后金发起的又一次大战，是辽沈之战的开始。努尔哈赤又找了个好的战机。前一年，明神宗死去，明光宗即位仅一个月又死，现在的明熹宗刚刚即位半年。最高统治者易人，宦官专政，党派纷争，坚持战守的熊廷弼被罢了官，"用兵非所长"的袁应泰出任辽东经略。熊廷弼"严"，袁应泰"宽"，已有的许多防御设施变更了。对于

所有这些，努尔哈赤真是求之不得。

沈阳在明朝统治下号称"坚城"。为了保住这座城市，在它的外边挖了壕沟，伐木为栅，埋伏火炮。当时在沈阳城周挖了一道道沟堑，设下陷阱，井底插上尖尖的木桩，上面铺上秫秸，掩上土。可是再坚固的城堡，也怕从内部攻破。沈阳城尽管修了几道防线，岂能抵挡大批蒙古降人进入城里，于是祸起萧墙。袁应泰认为招降蒙古人可以少树敌，没有料到，正是他们帮助了努尔哈赤。

三月十日，努尔哈赤倾国出兵，亲自统率诸贝勒、大臣领大军向沈阳进发，带着板木、云梯、战车等顺浑河而下，水陆并进。因为防守坚固，不敢近城，暂住城外，栅板为营，就地驻扎。然后用轻兵引诱明军出城。三月十二日，后金兵临沈阳城下，明驻沈阳总兵贺世贤、尤世功分兵守城，在后金引诱下贺世贤率家丁千余人出城迎战。贺世贤久以勇猛著称，但是非常寡谋。打了几次小胜仗，更助长了他的轻敌思想。他一出战就想消灭敌人，宣称"尽敌而返"。其实后金挑选的都是精兵，引诱贺世贤，就是利用他的弱点。后金兵佯装失败，贺世贤"乘锐轻进"，到了一定时候，后金"精骑四合"，贺世贤奋力抵御，也因力疲败退。

三月十三日，后金兵披甲上阵，发起攻城。从东北角挖土填壕，明兵从城上炮击，发多炮热，装药即喷。后金兵不避炮火，蜂拥过壕，急攻东门。尤世功战死城下，城内收降的蒙古人砍断桥绳，放下吊桥，后金兵开门而入，进占了沈阳城。贺世贤先在南门外杀敌很多，力不能支，从西门退却，这员猛将身中十四箭，突围欲出，被敌兵杀死。在保卫沈阳城的这场战斗中，明兵丧生七万人。

后金夺取沈阳以后，在浑河南岸与明军进行了一场野战。援辽总兵官童仲揆、陈策等领川浙兵赴沈阳，大军行至浑河，欲与城内兵夹击，听说沈阳已被攻陷，陈策下令还师，游击周敦吉等坚持请战。他们说："我

辈不能救沈，在此三年何为！"明军即分为两大营，周敦吉与秦邦屏先渡河营桥北；童仲揆、陈策及副将戚金、参将张名世统浙兵三千营桥南。在秦邦屏结营未就之时，后金右翼四旗兵，精锐在前，推着楯车追来，与明军遭遇，明军杀死后金兵二三千人，后金兵"却而复前，如是者三"，经过激烈的交锋，明军终于饥饿疲劳，难以支持，在后金猛烈攻击下，死于陆地、河中，全军覆没。周敦吉、秦邦屏及参将吴文杰、守备雷安民等皆战死。明军桥北营先败，其余残兵败将归入桥南浙兵营，继续坚持战斗。他们在浑河之外五里地方布阵，列置战车枪炮，掘壕安营，用秫秸为障子，外涂泥巴。后金兵进战，明守奉集堡总兵李秉诚、守武靖营总兵朱万良、姜弼来援，大军足有三万人，行至白塔铺，观望不战。遣兵一千为哨探，遇到后金将雅松带着二百健卒，也前来探视。这名不争气的后金小将领，一见明兵就走。明兵放鸟枪紧追。努尔哈赤听到报告，气愤至极，到皇太极所部兵营相告，然后亲自领兵上阵。皇太极立即上马，领着骁勇的骑兵奔到努尔哈赤面前请示："父汗何必亲往，我愿领兵前去抵挡。"努尔哈赤高兴地批准他的要求。皇太极策马飞驰，把明朝追兵立刻冲得东逃西散，乘胜追杀至白塔铺。皇太极又见李秉诚、朱万良与姜弼军布阵，来不及等待后兵至，即率百骑杀向敌营，明朝三总兵不能敌，一个个败下阵去。正追杀时岳托和代善先后来到，追出四十里，沿途死者三千余人。收兵回营时，天色已晚。努尔哈赤再战浑河南明军，用战车冲破敌营，尽杀副将童仲揆、参将张名世及众官兵等人。后金集中火力攻浙兵营时，激烈无比，一度胜负未分，后金靠增援部队才获得胜利。明军步兵无弓、撒袋，都持三尺长的竹竿长枪和腰刀，披上甲胄，外面套一层厚绵，刀、箭不入，但是最后仍被打垮。明军将士至死坚持战斗，给人留下极深印象。时人说："自奴酋发难，我兵率望风先逃，未闻有婴其锋者。独此战，以万余人当虏数万，杀数千人，虽力屈而死，至今凛凛有生气。当时亡归残

卒有至辽阳以首功献按臣张铨者，铨命照例给赏，卒痛苦阶前，不愿领赏，但愿为主将报仇。"天黑，后金收兵回营，当夜命令诸贝勒领精兵于沈阳城东门外教场安营，众将官率大军屯城内。

第二天，努尔哈赤责备雅松说："我的儿子皇太极，父兄依赖如眸子，因你败走，使他不得不杀人敌兵中，万一他遭到不幸，你之罪必千刀万剐。你为何率领我的常胜军望风而走？你把我军队的锐气都给丢光了！"怒斥之后，定罪削职。后金攻取沈阳，在城东、城内和浑河经过三次交战。浑河野战虽在攻得沈阳之后，但是没有这次胜利，沈阳也会得而复失。就在这一仗中，皇太极骁勇善战，为雅松不战而逃雪耻，为夺取全胜做出巨大贡献。

攻占沈阳之后，后金就准备夺取辽阳。努尔哈赤进沈阳城，住了五天，整顿兵马器械，论功行赏，以前的作战告一段落。三月十八日，发兵攻辽阳。行前，努尔哈赤召集诸贝勒、大臣动员说："沈阳已拔，敌兵大败，可率大军乘势长驱，以取辽阳。"经过商议，做了决定，立即行动。当晚，后金军渡过浑河，至虎皮驿扎营。八旗迎风起舞，大军列队向南，后金又一次大规模进军。明朝哨探见之，飞报辽阳城守文武官员说，后金大军攻取沈阳之后，现在已来攻辽阳，"旌旗蔽日，漫山塞野，首尾不相见"，已经虎皮驿下寨。后金军果真来了，如此人数众多且神速，听者无不大吃一惊。

辽阳在明代是东北首屈一指的重镇，政治、经济与文化的中心。明朝重视保卫辽阳比沈阳更甚。先后经略辽东的熊廷弼、袁应泰都驻在辽阳，把保住辽阳作为对付后金的重点。他们的一切防务，都以辽阳为中心。熊廷弼经略辽东时，在辽阳挑堑挖壕，修筑工事最多。据载，当时辽阳周边挖了三四层城壕，沿壕列火器，环城四面分兵把守。袁应泰听说沈阳失陷，尽撤奉集堡、威宁营诸军，并力守辽阳。哨探来报后，又

放太子河水于壕内，增加了一道新的防线。然而明末的辽阳与沈阳是共命运的。沈阳失守，辽阳如撤屏障。辽阳外围撤得越多，越显得它孤立无援。

三月十九日中午，浩浩荡荡的后金大军进到辽阳城的东南角，尚未全部过河，全力防守辽阳的经略袁应泰督催总兵官李秉诚、侯世禄、梁仲善、姜弼、朱万良等领五万兵出城，与后金来兵对垒。后金兵发现他们，努尔哈赤立即率左翼四旗兵前往迎战。恰在这时，皇太极领着精锐健卒赶到，要求带兵进战。努尔哈赤告诉他，已派兵上阵，他可不必去打。命皇太极率右翼四旗驻扎城边，注意瞭望。皇太极提出让后来的两红旗兵瞭望。说完，他领兵就往上冲。努尔哈赤命令阿济格上前劝阻，皇太极坚持冲上去。努尔哈赤爱护他的积极勇敢精神，把自己亲身统率的两黄旗兵派去协助。皇太极奋力冲杀，击明兵大营左侧，明兵放炮还击。皇太极杀到敌营内部，把他们打得落花流水。后金左翼四旗兵亦杀来，两相夹攻，明兵大败逃跑，皇太极乘胜追击，杀出六十里外，直到鞍山地界才返回。又有明兵一营，从城西门出，遇到后金两红旗兵，掉过头就往回返，争相入门，人马自相践踏，积尸不可数计。这是以皇太极为急先锋的后金兵攻辽阳，首战告捷，为攻取辽阳打开了局面。当晚后金兵回到城南七里地方安营。

明兵以为用一道太子河水会把敌兵难住。二十日，迎着冉冉升起的红日，努尔哈赤激动地对诸贝勒、大臣说："看了绕城的河水，西有闸门，东有水口。我现在命令左翼四旗兵掘开西边的闸门，右翼四旗兵塞住东边的水口。"他自己亲率右翼四旗兵布战车，在城边防御，命令士兵抬土运石堵塞水口。这时见明兵三万人出东门外安营，排列枪炮三层，连发不止。左翼四旗遣人来报告，西闸门难以掘开，如夺桥而入可能达到目的。努尔哈赤说，桥可夺则夺之，如夺到手，定来告我。说完，命来人返回。

堵塞水口既已完毕，便命令绵甲军排车前进，攻击东门明兵。明兵发枪炮还击，后金兵走出战车外，过壕，呐喊向前，两军酣战。明兵的阵式是，步兵在前，骑兵在后。后金兵攻一阵，明兵没有退。后金有红号的精兵二百杀进来，接着又有两白旗兵一千也杀来，明朝骑兵先动摇，后金各贝勒部下的白号精兵都杀来了，反复夹攻，明朝步兵又败。他们争先恐后向城内败退，后金兵随后追击，大批人马蜂拥过河，不少人掉到水里淹死。死者满积，河水尽赤。

袁应泰在辽阳危如千钧一发之时，与巡按御史张铨登城分陴固守。但是，监司高出、牛维曜、胡嘉栋及督饷郎中付国等却畏敌如虎，城未破，就先逾城逃走。他们的怯懦行为动摇了人心，影响了士气。而后金军越攻越猛，他们在小西门夺了桥，过桥入城，冒着炮火登上城墙。这天夜里，明军一直坚持战斗到天亮。三月二十一日，后金军发起冲锋，八旗所有官兵一致行动起来，沿城追杀。袁应泰督诸军列楯抵御，又兵败如山倒。傍晚，小西门弹药起火，烧到城楼上，各军窝铺、城内草场全部焚毁。守城部署土崩瓦解。袁应泰见城楼火焰冲天，知大势已去，在城东北镇远楼上，与妻子奴仆一起自焚而死；分守道何廷魁携妻子投井亦死；总兵官朱万良及众多副将、参将、游击等战殁。张铨被活捉。广大的城内居民削发归降。全城张灯结彩，用黄纸写"万岁"的标语牌，抬着轿，迎接努尔哈赤。中午，红日高悬，鼓乐齐鸣，官民人等深深地鞠躬，站在街道两旁，恭恭敬敬地欢迎这位新主人入城。经略衙门变成了金国汗的临时行宫。

辽阳城被后金攻占后，动人心弦的不完全在于大街小巷上的欢庆胜利。张铨壮烈殉国的那个场面更使人心动。张铨是一位无限忠诚于明朝、看重民族大义的封建官僚。他在辽阳城被后金攻占时，衣绣裹甲，下城，随从的人们拥他出小南门，让他换去这套装束，他不听，又返回到官

署。李永芳来拜访他，张谢绝说："你对我说，我对谁讲，今天没有可谈的！"把他推了出去。李永芳同张铨一起走，劝张铨投降，张铨卧地不起，把脸面都碰伤了。李永芳命令张铨拜见努尔哈赤，他挺立于庭，左右压着他跪拜，张铨瞪着眼睛大叫："我身为天子大臣，岂能屈膝！"张铨臂力很大，谁也扭不过他。好言相劝，希望他投降，终不屈服。张铨从容说道："我受朝廷厚恩，如降你们，遗臭万年。你们虽想我活，而我却只想一死。养人，这是你们做的好事；死，则我的美名流芳千古。"张铨宁死不降的事被努尔哈赤知道，他说，若不战而降，理应优养，捉到的战俘，既然不愿活着，难道还能收养他吗？下令推去斩首。皇太极对这位大明忠臣十分敬仰，可怜他，不忍心这样杀死。皇太极引证古代历史，劝张铨说："过去宋朝徽、钦二宗，为以前的大金天会皇帝所擒，尚且屈膝叩见，受封公侯，我想使你活下去，特地说说此事以提醒你，为何还执迷不悟，迄今不屈服？"张铨回答他："王的一番教诲，终生难忘，然而无非劝我活着。但是徽、钦二宗乃是乱世的小皇帝。我们现在是皇帝一统，天下独尊。我怎么能屈膝投降，而失掉大国的体统？即使留我十天，不过迟十天不死而已。没有再活下去的道理。我之所以苟延一时，为的是替后来的人民着想。以前，决策人愚昧无知，不识时务，人民遭殃，死者很多。我见你们大兵也这样打杀，没有什么好处，白白地使人民断送生命。我要把这些事用奏疏报告给我的朝廷。两国和好，人民得以免死，我也有了美名传于后世。如我已死，我的母亲、妻子及五个子女都在家得以保全。我如贪生怕死，连宗庙也会断祀。所以除死之外，别无选择。"努尔哈赤知张铨终不能降服，便用绳子将其勒死，埋葬了他的尸体。

后金占据辽阳，影响到周围许多地方官弃明投金。此后数日间，金、复、海、盖诸州，"悉传檄而陷"。据清朝文献所载，包括的城堡如下。

辽阳既下，其河东之三河、东胜、长静、长丁、长定、长安、长胜、

长勇、长营、静远、上榆林、十方寺、丁字泊、宋家泊、曾迟、镇西、殷家庄、平定、定远、庆云、古城、永宁、镇夷、清阳、镇北、威远、静安、孤山、洒马吉、瑷阳、新安、新奠、宽奠、大奠、永奠、长奠、镇江、汤站、凤凰、镇东、镇夷、草河、威宁营、奉集、穆家、武靖营、平房、虎皮、蒲河、懿路、汎河、中固、鞍山、海州、东昌、耀州、盖州、熊岳、五十寨、复州、永宁监、栾古、石河、金州、盐场、望海埚、红嘴、归服、黄骨岛、岫岩、青台峪等大小七十余城，官民俱自发而降。

后金与明朝争夺辽阳、沈阳的战争，虽然在两个城市及附近打仗，加上中间休整五天，经过十余天，总之是一次重要的大战，可称为辽沈之战。这次战争以后金胜利告终。同以前最大的区别是后金攻下辽阳、沈阳之后，占为己有，再也不想退出。明朝本有正当理由动员广大人民支持他们保卫辽沈，也完全可能调动数十万大军为保卫辽沈而战，但是，他们没有这种能力和气魄，他们非常艰难地组织了毫无胜利希望的抵抗，最后以惨败结束。这是战机不利，统治者缺乏必胜信心造成，也是士气不振的结

清代晚期的木刻本

果。从抚、清之战以来，明朝的士兵就厌战、怯战，情绪低落。特别是萨尔浒之战的失败，对明朝军民影响极大。大学士方从哲曾说："三路丧师之后，人心不固，兵气不扬，一则失去广大人民和士兵的支持，明朝的失败是注定的。沈阳之役，援兵没有及时相救。沈阳失陷，辽阳立即孤立，辽阳被包围，再也没有来援兵，反映了明朝在辽沈的十余万军队不能在需要时发挥应有的战斗作用。再则，用将也不当。沈阳守将贺世贤，有勇无谋，被诱陷计。辽阳守将袁应泰'用兵非所长'，岂能抵挡身经百战的努尔哈赤及皇太极。"

皇太极奋勇当先参加战斗的辽沈之战，使后金从明朝统治者手里夺得了东北地区的头等城市和辽河以东的全部地区。从此后金的战争转向了基本以争城夺地和掠夺明朝统治区内的财物为目的，与明朝对峙，分地而治。后金天命六年（明天启元年，1621年）后金迁都辽阳，五年后又迁都沈阳。皇太极做后金汗和大清皇帝的都城，也是他亲自参加浴血奋战夺取的。

继登汗位

第三章

生殉天妃

后金天命十一年（明天启六年，1626年），努尔哈赤已经六十八岁了。这年初，他率皇太极诸子，统领十三万大军，向明将据守的宁远（今辽宁兴城）发起了进攻。很不幸，他遇到了袁崇焕率领的明军的顽强抵抗，在遭到重大伤亡之后，被迫撤兵返回沈阳。

宁远之役，是努尔哈赤用兵四十余年来遭到的一次最惨重的失败。努尔哈赤一向战无不胜，攻无不克，唯有宁远一城没有攻拔，心中满怀愤恨，无功而返。回到沈阳后，他情志不舒，为军事的严重失利而感到内疚。努尔哈赤无论如何也不明白，凭自己征战数十年，多少强敌、捍将都败在他手下，如今却败在一个不知名的明朝儒将袁崇焕之手，于是不甘心，遗憾、悔恨一阵阵袭上心头，搅得他痛苦不安。此次征伐的失败，导致努尔哈赤精神上遭到打击，这对一个年近七十岁的老人来说，是难以承受的。

这年的七月二十三日，距宁远之败仅半年，努尔哈赤便感到身体不舒服。他的背部生了个痈疽。凡生这类病，大抵是毒火攻心所致。这与他败归沈阳后心情一直压抑、愤懑有关。努尔哈赤不得不停止一切军政活动，去清河温泉疗养，利用天然矿泉洗去身上的毒火。八月初一日，努尔哈赤派亲侄二贝勒阿敏到他父亲的神主面前祷告，希望保佑自己的身体早日康复。这一举动，说明他的病情已经变得严重起来，以至于向神灵求助。延

至初七日，努尔哈赤的病情恶化，便下令起驾回沈阳。他与随从臣属乘船顺太子河而下，命大妃前来迎接。船进入浑河，大妃也自沈阳匆匆赶来，见到了病危中的努尔哈赤。船继续行驶，至叆鸡堡，距沈阳四十里，努尔哈赤终于没能赶回到他创建的沈阳宫廷，就悄然去世了！这位咤咤风云、威震华夏的一代天骄，结束了他丰富多采而极富传奇的辉煌一生，标志着后金一个时代的结束，从此，后金进入一个崭新的历史时期。

努尔哈赤去世了，他留下的一份丰厚遗产，究竟由谁来继承，摆在了皇太极和他诸兄弟的面前。可是，努尔哈赤死前并没有留下遗言，更没有指定他的儿子中哪个来继承汗位。在这个问题还没有解决之前，就发生了逼迫父亲的大妃、皇太极的继母生殉的重大事件。

大妃，名叫阿巴亥，或习惯叫乌拉纳拉氏，她是乌拉部首领满泰的女儿。她十二岁那年，即明万历二十九年（1601年）十一月，叔父布占泰把她送给努尔哈赤为妃。她年轻貌美，很受努尔哈赤的宠爱，先后生了阿济格、多尔衮、多铎三个儿子。在皇太极的生母叶赫那拉氏死后被立为大妃（即皇后）。她心地不纯善，怀有嫉妒，常使努尔哈赤不高兴。她处事很机灵，头脑聪明，都被努尔哈赤觉察，及时加以制止。

乌拉那拉氏画像

努尔哈赤于途中病危时，曾召大妃前来迎接。他们两人说了什么，特别是努尔哈赤有何遗言，史书都没有留下任何记载。努尔哈赤的遗体运回

沈阳，也就是他死后第二天即八月十二日，大妃万万没有想到的是，皇太极、代善等诸兄弟竟逼她自杀！

原来，努尔哈赤于去世前已给皇太极等人留下遗书，专门谈如何处理大妃的事。因为努尔哈赤了解大妃的为人，恐怕在他死后，她操纵最高统治权力，会给国家造成祸乱。努尔哈赤嘱咐诸子：他死后，一定让大妃殉葬，陪他一起死，到"阴间"去侍奉他。

以次子代善为首，皇太极诸兄弟都坚决执行父亲的遗愿，把父亲死前留下的遗言向大妃宣布。大妃顿时震惊得说不出话来。她才三十七岁，正值盛年，根本就没有想到死。她的两个幼子多尔衮、多铎才十几岁，他们需要母亲扶养，而她也不愿离开他们。所以，大妃向诸王贝勒表示不愿死，又不敢明着反对努尔哈赤的遗言，说话吞吞吐吐。但代善、皇太极等诸兄弟坚决执行父亲的遗言，坚持请大妃从死。大妃被逼无奈，起身至内室，穿上盛装礼服，戴上金玉、珠翠、珍宝等装饰品，出来面见他们，不禁痛哭流涕，边哭边说："我十二岁侍奉先帝（努尔哈赤），丰衣美食，至今二十六年，怎能忍心离开他？但我的两个幼子多尔衮、多铎，还请你们施恩扶养，我也就没有牵挂了。"代善、皇太极诸兄弟都表示一定照办，不会辜负母后的嘱托。

大妃交待完毕，接受了诸贝勒的跪拜，于当天自尽而死。她死后，遗体与努尔哈赤一起装殓，安厝在沈阳城内西北角。

大妃是被逼而死，这是没有疑问的。努尔哈赤死前是否留下这个遗诏，还很难确定。但逼她死，是有政治背景的，也就是与汗位的继承紧紧地联系在一起。皇太极对这一事件起了主要作用。他也领有一旗的实力，权势重，最有条件继汗位。但大妃的三个儿子各领一旗，如受大妃操纵，皇太极就难以取得汗位。大妃一死，最大的障碍扫除，就不再有人敢同皇太极抗衡了。

扫除障碍

以皇太极为首的实力派逼死了大妃，为他谋取汗位扫除了最后的障碍，他终于成为获胜者，如愿以偿。

努尔哈赤的汗位继承问题，却经历了长期的酝酿，几番明争暗斗。早在努尔哈赤创业之初，他按照历代父死子继的传统制度，一度想把长子褚英作为自己的未来继承人，有意进行培养，多方训练。但是，褚英很不争气，完全辜负了父亲的希望，又不知改悔，以至于被逮捕监禁起来，最后被处死。父杀其子，未免过于残酷无情，但在那个时代，只要在政治上发展成政敌，是不讲亲疏骨肉关系的，必欲连肉体加以消灭。政治斗争的残酷和野蛮，由此可见一斑。继褚英之后，做为次子的代善自然是继承人的正当人选。使父亲深感失望的是，代善的所作所为，也违背了他的意愿，特别是代善行为不检点，与父亲宠爱的大妃阿巴亥的关系暧昧，造成消极影响，使自己的声望下降。代善作战很勇敢，辅佐父亲创业，功劳卓著，可在政治上显得平庸、懦弱，处事不机警，以致频频出错。所以，努尔哈赤在进行了反复考察后，也放弃了培养代善为继承人的打算。

在褚英、代善相继失宠的过程中，皇太极都参与其中，起了推波助澜的作用。他巧妙地抓住时机，不动声色地进行活动，置对方于不利的地位，并达到保护自己的目的。同时，他在重大的军事行动中，处处表现自己，暗中与代善争功。如在萨尔浒之战、辽沈大战中，父亲让他留在自己

身边，他偏要出战；让代善当先锋，他却争在代善之前，成了进攻的急先锋。皇太极的确能征惯战，善于用兵，所以，他每次出击都大获胜利；他每次提出作战方略，总被父亲接受，实践证明也是正确的。这一切，都给父亲留下深刻印象，并给予充分信任，从心里赏识他的才干。

尽管如此，父亲却没有表现出让皇太极做继承人的意向。

后金天命七年（明天启二年，1622年），努尔哈赤虽已六十四岁，但仍不谈汗位的继承问题，代善他们都想知道父亲对未来的打算。有一次，代善、皇太极等八位兄弟觐见父亲，问及什么样的人可以继承汗位。努尔哈赤回答："继我之后嗣登大位为君的，不能选择那种恃强力的人，因为这种人往往依恃暴力行事，必得罪于上天。你们八王中应选择既有才能又善于接受劝谏意见的人继承我的汗位。推选时，一定要合谋共议，谨慎择贤，特别要防止品德不端的人侥幸被荐举。嗣位后，若发现才能浅薄，不能主持正义，甚至坐视不管，应经过众议，把他换掉，在你们的子弟当中选取贤者为君。"

努尔哈赤逝世前一个月，还给诸子写了一份训词，仍没有指定自己的继承人，提出他们集体执政，他已年老，不愿再参与日益浩繁的政事，让自己的心情略为舒展，但他可以观察和监督他们的行为。不料，过了一个多月，努尔哈赤就去世了。他的训词竟成了临终遗言。努尔哈赤的想法是，他不指定继承人，也许是接受褚英、代善的教训，让诸子在他死后，集体共议，推选出他理想的人为君，如果发现他不称职，还可以撤换，再选他的儿子辈中的人继任。总之，努尔哈赤强调集体执政，集体共议国政。也就是在说，他的思想还停留在原始军事民主制阶段，从长远看，显然是行不通的。但在他生前没有指定继承人的特殊情况下，也只能通过诸子同大臣共议推举。皇太极去世前也没立继承人，及至去世，他的继承人也是各派较量后确定的。这往往造成一场纷争，严重时，会导致内乱。清

入关后，就改变了这种情况，皆由皇帝生前选定继承人，因而较少纷争，更没出现内乱的严重情况。所幸皇太极继位时，避免了内争，皇太极之所以顺利登汗位，是因为他的两大竞争对手都先后失宠，如褚英早已被处死，他的势力已不复存在。到努尔哈赤去世时，皇太极个人的威望和实力已经远远超过诸兄，特别是他联络了子侄辈中新崛年轻贵族将领，诸如代善的儿子岳托、硕托、萨哈廉等人，还有他的长子豪格，都是据有实力的将领，依附在他的势力之中。所以，代善等人已无力同皇太极抗衡。

事实是：除了皇太极具备登汗位的条件，其他兄弟心里也清楚都逊于皇太极，也就不敢出面竞争，但他们谁也不肯出面推举皇太极。结果还是代善的长子岳托和三子萨哈廉两人出面，首先向父亲提议："国家不可一日无君，应该早定大计。四贝勒（皇太极）才德冠世，最符合先帝的心愿，大家对他心悦诚服，应该赶快继登大位。"代善颇有自知之明，既然自己的儿子都拥戴皇太极，他也就顺水推舟，马上表示赞同，说："这本来也是我早有的想法，符合众人与天意的一致愿望，还有谁不同意呢？"代善的表态至关重要，因为在一个封建家庭里，父亲去世，作为长子就成了家庭的主宰，何况他也是个实力人物，他一同意，其他兄弟就无话可说了。代善表态后，马上找二贝勒阿敏、三贝勒莽古尔泰商量，很快达成了一致意见。处于最高权力核心的四大贝勒，除了皇太极，三大贝勒统一了认识，推选皇太极已成定局。但他还是通告诸兄弟子侄，自然没遇到任何障碍。第二天，在代善的倡议下，他们共同起草了一份劝进书，请求皇太极即位。

皇太极虽早有谋取汗位的想法，但他想到父亲生前没有遗命，有哥哥在，出于慎重，也向众兄弟表示谦让之意，不敢贸然接受，就推辞说："父亲没有立我为君之命，如果舍弃兄长而立我为君，既害怕自己不能很好地继承父亲的遗志，又害怕自己不符合上天之心，而且统率群臣，抚绥

百姓，这件事对我来说，是很难做到的。"他说的也是实话。他不是不想登大位，也不是认为自己的能力不够，只是顾虑到嗣位后的种种难处，诸兄是否真心拥戴，所以辞让再三。代善率领诸兄弟子侄再敦请，据说僵持了三天，最后一天从上午卯时（5～7时）一直相持到申时（15～17时），代善等人坚请不已，最后，皇太极感到时机已经成熟，才表态接受请求，同意即位。汗位继承问题，只用了十余天时间，便顺利解决。

继位盟誓

后金天命十一年（明天启六年，1626年）九月一日，皇太极举行盛大而庄严的即位大典。这天，风和日丽，天朗气清。天刚放亮，以代善为首的三大贝勒，诸贝勒大臣及文武百官齐聚于大政殿等候，备好了一切登基大典所需的法驾卤簿。皇太极身着盛装礼服，率群臣先祭堂子，焚香，向天跪拜行礼。礼毕，返回大政殿，群臣行三跪九叩首礼，然后，皇太极登上汗位宝座，标志着正式即位。这年，他正好三十五岁。他宣布：他的年号称"天聪"，明年为天聪元年。为表示万民同庆，他发布第一道诏令：大赦国中自死罪以下罪犯，重罪减刑，无罪释放。从此，后金进入皇太极即清太宗的时代（以下，改称清太宗，简称太宗）。

即位的第二天，太宗亲率代善以下大小贝勒十四人，向天地誓告。太宗首先祷告："皇天后土既然保佑我的皇考创立大业，今皇考已逝，我的诸兄弟子侄以国家为重，推我为君，我唯有以继承并发扬皇考之业绩，遵守他的遗愿为唯一天职。我如不敬兄长，不爱弟侄，不行正道，明知非义之事而故意去做，或因为弟侄微有过错就削夺皇考赐与的户口，天地无情，必加谴责；如敬兄弟子侄，行正道，天地就给予保佑、爱护，国祚昌盛！"祷告完毕，将书写的誓词焚烧，表示送予天地知道。

接着，大贝勒代善、二贝勒阿敏、三贝勒莽古尔泰率诸兄弟子侄阿巴泰、德格类、阿济格、多尔衮、多铎、济尔哈朗、杜度、豪格、岳托、萨哈廉向天地宣誓："我等兄弟子侄合谋一致，奉皇太极嗣登大位，作为宗社与臣民所依赖。如有心怀嫉妒，将损害汗位者，一定不得好死！我代善、阿敏、莽古尔泰三人如不教养子弟或

多尔衮像

加诬害，必自罹灾难。如我三人好好待子弟，而子弟不听父兄之训，有违善道的，天地谴责；如能守盟誓，尽忠良，天地爱护。"

三大贝勒说完，阿巴泰、德格类、济尔哈朗、阿济格、多尔衮、多铎、杜度、岳托、硕托、萨哈廉、豪格等接着誓告："我等如违背父兄之训而不尽忠于上，扰乱国事，或怀邪恶，或挑拨是非，天地谴责，夺削寿命；若一心为国，不怀偏邪，克尽忠诚，天地爱护保佑。"

满族人有拜天的习俗，这是北方游牧渔猎民族古老传统的遗风。凡有关人生大事、国家重大活动，都要举行拜天的仪式。国与国、民族与民族、政权与政权之间，遇有政治或军事缔盟，也以拜天、祭天的形式，共同宣读誓词，以昭信守。推而广之，在一家族中，同样以此形式表明各自的决心和信念，借以维系家族内部的秩序和上下和谐。太宗要求并率领诸

兄弟子侄采取拜天的仪式也出于同样的目的。精明的太宗深知自己即位未必人人心服，自感地位并不巩固，所以，要他们各说自己的心愿，实际是向他表忠心，赌咒发誓，利用人们畏天命的心理，兑现自己的诺言，也就是服从他的治理，说到底，就是用天的意志来约束他们的言行。达到上下同心同德，人心安定，维护他地位的目的。

盟誓结束，太宗亲率诸贝勒向代善、阿敏、莽古尔泰行三拜礼，向他们宣布：他虽登上汗位，不以君臣相论，不以臣礼相待。他的意思是把他们置于与自己同等地位。这一举动，非同小可。原来，太宗明面上即位称汗，但在努尔哈赤时代就握有实权的代善、阿敏、莽古尔泰，仍在以太宗为首的最高统治集团中处于举足轻重的地位。太宗有今天，嗣登大位，主要取决于他们三人的拥戴。太宗既感激他们的拥戴之功，又畏惧他们的势力。另外，他们三人都是太宗的兄长，从家庭关系上说，居于指导地位。那时，还没有形成君主专制的体制，父亲留给他们的是"共议国政"，也制约太宗初即位不能南面独尊。的确，太宗很精明，虑事周详，在考虑了各方面的情况后，采取上面的做法，显示了他政治家的胸怀，三兄长皆大欢喜。

佯装和谈

后金天命十一年（明天启六年，1626年）八月，努尔哈赤去世，各友好国家纷纷派使者前往沈阳吊唁。十月，明朝宁远巡抚袁崇焕也派都司傅

有爵、田成及李喇嘛（即喇嘛镏南木坐）等三十四人来为努尔哈赤吊丧，并祝贺新君皇太极继位。这个举动，多少令人感到意外。后金与明一直处于交战状态，双方并无吊死问疾的交谊。原来，袁崇焕此举却别有打算。自从他守宁远击败后金兵，深受朝廷信任，累次升迁。这时，朝廷废除经略，把山海关内外的防务全数交给他负责。他一意要恢复关外失地，很想探听后金的虚实。正好努尔哈赤去世、太宗继位给他提供了一个机会。所以，他名为吊唁，实则是借机刺探后金内部军政情报。太宗也有清醒的头脑，他完全明白袁崇焕的意图，便来个将计就计，对这些来客热情地款待，处处表现大方，财用丰盛。这时，恰好大贝勒代善出征喀尔喀孔鲁特部落凯旋，太宗有意要让明使观看他的军容之盛，邀请他们随同他出迎十五里，阅示胜利战果，还赏给李喇嘛一峰骆驼，五匹马，二十八只羊。傅有爵一行在沈阳住了将近一个月才走。临走时，太宗派方吉纳、温塔石带七个人随明使去宁远，回访袁崇焕，献上貂、参、银两等礼物，另有他的一封信，大意是：你停息干戈，遣李喇嘛等来吊丧，祝贺新君继位。我岂有它意，你既以礼来，我当以礼往，所以遣官向你致谢。关于两国和好之事，我父汗往宁远时，曾给你致书，要求将此信转达给你们的皇帝，但至今未见答复。你们如对这封信做出回答，想要两国和好，我才考虑表示我的态度。

后金遣使来访时，袁崇焕立即报告了朝廷。明熹宗下达旨意："骄则速遣之，驯则徐间之，无厌之求，慎勿轻许……严婉互用，操纵并施，勿挑其怒，勿堕其狡。"袁崇焕据此旨意，很快就把方吉纳打发走，也不接受太宗的信，理由是，信的封面书写"大金"与"大明"字样并列，有失"天朝"尊严，无法向朝廷转达。他连信也没看，就让方吉纳原封带回，既不复信，也不派使者。第一次接触便毫无结果地告吹了。

太宗对此不以为然。他打算再给袁崇焕写信，商谈停战讲和。此

时，他正要用兵朝鲜，非常需要暂停对明朝的战争，以和谈来牵制明军，可使他无后顾之忧。太宗指令达海、库尔缠与三大贝勒代善、阿敏、莽古尔泰会议，起草书信。过了一个月，已经是后金天聪元年（明天启七年，1627年）正月，他令方吉纳、温塔石为使共九人再次去宁远，送上致袁崇焕的一封信。信的大意是：

我们两国之所以打仗，是因为当年你们辽东、广宁的守臣高视你们的皇帝如在天上，自视其身如在霄汉。天生诸国君王，都不能自主，倍受你们藐视欺凌，难以容忍，因此向"天"奏明，兴师致讨。唯有"天"公正，不论国家大小，只论事情的是非。我国按理行事，才得到"天"的护佑，而你国处处违理，非止一端，我可以为你们说清。如，癸未年（1583年），你国无故兴兵害死我的两位祖宗，这是一。癸巳年（1593年），叶赫、哈达、乌拉、辉发四部与蒙古会兵攻打我国，你国并未前来支援，以后哈达再次侵犯我，你国又不来相助。己亥年（1599年），我出兵报复哈达，上天把哈达交给了我，你国却庇护哈达，逼我把俘获的人口归还给它，却被叶赫部掠去，你国则置若罔闻。你们既然餮中国，应秉公主持正义，但对我国不援助，对哈达则支援，对叶赫听之任之，竟如此偏私，这是二。你国虽然挑起事端，我仍然愿意修好，故于戊申年（1608年）双方刻碑划界，杀白马黑牛，向天地宣誓说：两国的人不得越过疆界，违者定遭惩罚。然而，癸丑年（1613年），你国出兵保护叶赫，侵入我界，这是三。双方又曾立下誓言：凡有越边境者，见而不杀，必受牵连。你国的人偷出边界，扰乱我疆域，我据誓约将其杀死，你国却说我擅杀，扣我使臣纲古礼、方吉纳，索要我方十人，在边界处杀死，以图报复，这是四。你国不但出兵保叶赫，还把我国已聘的叶赫女人改嫁给蒙古，这是五。你国还发兵焚烧我守边的房舍，又将界碑私移到我方三十里外，夺我疆土，我方人民赖以生存的人参、貂皮、五谷都被你国夺取，这是六。甲寅年

（1614年），你国听信叶赫之言，遣使欺凌，这是七。我的大恨，有此七件，至于小愤，一言难尽。现在你们如认为我对，愿意两国友好，应拿出黄金十万两、白银百万两、缎百万匹、布千万匹作为和好的礼物。和好之后，两国往来通使，每年我方赠送东珠十颗、貂皮千张、人参千斤，你国以黄金万两、银十万两、缎十万匹、布三十万匹回报我方。两国如能建立友好关系，应向天地立誓，永远遵守不变。你即以上述条件转奏给你们的皇帝。不然的话，我就认为你仍愿意战争不愿和平。

太宗在这封信里，仍坚持努尔哈赤"七大恨"伐明的方针，重申战事发起之端，责任完全在明朝方面。为了表明承认错误和友好的诚意，他要求明朝必须拿出大批金银财物给后金，实际是要明朝赔偿损失。如果明朝不答应他的条件，他就继续对明朝发动军事进攻。

三月，袁崇焕和李喇嘛各给太宗回了一封信，派杜明忠为使，随同方吉纳等去沈阳面谒太宗。袁崇焕的信写道：从上次来信，知汗（指清太宗）渐渐恭顺天朝（即明朝），愿息兵戈，使部落百姓得到休养。这一好心，将来一定得到上天的保佑而使汗强大起来，前途不可限量。往事七件，汗家抱为长恨，而我能无动于衷吗？但追思往事，穷究原因，不过是我边境不法之人与汗家的不良部落口舌相争，致起祸端。作孽之人，即遭刑戮，难逃天怒。我不必一一列举，而汗亦知。如果都说得清清楚楚，那只有问问那些长眠地下之人，这些口舌之争，我不但希望我皇上把它忘掉，而且也希望汗同样把它忘掉。然而汗家十年战斗，驱赶夷夏百姓，肝脑涂地，血洒辽东，天愁地惨，极悲极痛之事，都为此七宗（即"七大恨"），难道我就无一言可说吗？今南关、北关何在？（辽）河东、河西死者就仅是你方十人？辽沈界内之人生命不保，还问地里的禾苗吗？所以，汗的怨恨已雪，正是得意志满之日，可我天朝却是难以容纳不平之气。如今，想要修好，已占城池作何退出？已俘官民男妇作何送还？这就

看汗之仁明慈惠、敬天爱人了！然而，天道无私，人情忌满，是非曲直，明明白白，各有良心，偏私不得。我愿汗再深思。一念杀机，就会给人间带来无穷灾难；一念生机，给自己带来多少好处！我又愿汗考虑而后行。像来书中所列诸物，以中国之大，我皇上之恩养四"夷"，并不在乎这些东西之多少。但无此先例，多要东西违背天意，恐怕连汗自己也会知道该怎么办。汗刚遣使往来，又进兵朝鲜，这是为什么？我文武将士因而怀疑汗说的话言不由衷。兵未撤应立即撤回，已经撤回来的不要再去，以表明汗的盛德，停止战争，将前后事情讲明白。汗信中取动气之言，我不便向朝廷报告。但信使往来，我皇上还是知道的。

李喇嘛的信，盛称佛教，要求后金停止战争。当然他是帮着明朝说话的。

袁崇焕的信，完全拒绝了太宗的"七大恨"，把双方的多年战争归结为边疆之民相互口舌争执引起的。他断然拒绝太宗的赔偿要求，相反，他要太宗将辽东和人民一并归还明朝。这种针锋相对的意见，太宗是不能接受的。这时，他已派大军进入朝鲜，无暇西顾，袁崇焕则乘机修复锦州、中左所、大凌河三城的防御工事。工程正在加紧进行时，接到镇守皮岛的毛文龙和朝鲜告急文书，袁崇焕派水师援毛文龙，派赵率教等九将率精兵逼近三岔河，作为牵制之势。很快朝鲜被征服，赵率教等也领兵退回。袁崇焕要求太宗从朝鲜撤军，并保证以后不得加兵朝鲜。这也是太宗所不能答应的。四月间，太宗又致答书一封，逐条驳斥了袁崇焕上封信中的所有论点，坚持弄清是非为讲和的首要条件。其次，明朝必须付给后金讲和"礼物"。不过，这次太宗也做了一定程度的让步。在政治上，他愿意降格，把自己列在明朝皇帝名之下，但不得与明臣并列。经济上，将上次信中所开列的礼物数目减半，规定明朝方面出黄金五万两、银五十万两、缎五十万匹、绫布五百万匹，这是"初和之礼"。后金以东珠十颗、黑狐皮

二张、元狐皮十张、貂鼠皮二千张、人参一千斤作为回报。和好之后，明朝每年送后金黄金一万两、银十万两、缎十万匹、绫布三十万匹。后金给明朝为东珠十颗、人参一千斤、貂皮五百张。

这封信刚抄写完，使者就要出发，这时有从明朝逃来的人说，明军正在抢修塔山、大凌河、锦州等城的工事。恰巧察哈尔部的使臣来到，也证实了这个消息。太宗很生气，马上又写了一封信，指责袁崇焕诈称和好，乘机备战，不守信义。他提出，如真心讲和，应先划定双方的疆界。为了表示抗议，太宗决定不派和谈代表，只把这两封信交给明使杜明忠带去。袁崇焕也抗议后金入侵朝鲜，停止遣使，罢和议，对太宗所提的各项要求和建议置之不理，因此双方中止了和谈。这年十月二日，太宗直接写信给明朝皇帝，呼吁停战讲和，但毫无回应。

和谈中断了将近两年。到后金天聪三年（明天启九年，1629年）正月，太宗主动给袁崇焕写信，提出恢复和谈，他在信中就征朝鲜的事做了解释，希望不要因为朝鲜问题而误了两国大事。为表示诚意，太宗做了一个重大让步：去掉天聪年号，奉明朝为正朔，只书写"己巳年"（即天聪三年，明崇祯二年）。

到了四月，袁崇焕才复信，信写得极简单，不提议和的条件，只含糊地声称：和也有"道"，"非一言可定也"。太宗马上回信，说明和好之"道"的四项条件。（一）令满汉人因战乱离散的，应归于一处合居；（二）划定国界，明以大凌河为界，后金以三岔河为界；（三）明朝给铸大金国汗印；（四）明朝纳讲和礼物数目可以重新考虑。太宗派了一个叫白喇嘛和另外几个人持书前往宁远，去了很长时间，不见回来。听明朝逃来的人说，白喇嘛等已被扣留。太宗于六月间连续两次写信，要求袁崇焕迅速放人，以七月五日为限，如不见人回来，便认定袁有意扣留。果然，到限期前，白喇嘛等回到沈阳，还带来袁的两封信。其中一封谈到，原辽

东人逃到辽西，其先人坟墓均在你占的一方土地上，他们能不思念吗？你的想法脱离实际，我不敢向朝廷报告。礼物之事，只要修好，可以答应你的要求，至于铸印封典，不是一句话就能决定下来的。另一封信只是解释使者迟归的原因，没有实质性的内容。

这两封信使太宗很气愤，他立即答复，就辽东人坟墓事，斥责袁的本意仍在图谋夺取辽东，坚决予以拒绝。更使他恼怒的是，这两三年来，他给袁崇焕及明朝的信件，提出的和谈条件，袁都没有向朝廷报告，使他始终不得派使臣去北京面见明朝皇帝。他写道，你这种做法，"较大辽之欺金，殆有甚焉"。最后，他强硬地表示，事情既然如此，"我岂能强令和好乎？"

袁崇焕复信，答复："你如诚心，我岂能骗人？你如实心，我岂能虚伪？一代兴亡，都是天意所定，岂能欺骗虚伪所为？但是，十年争战（按：1619年萨尔浒战役到1629年正好是十年），今天想一朝解决，即使能力再大，也非三四人所能决定，又非三两句话就能结束。总之，都取决于皇上明断罢了。"谈了这么久的和平，结果又都推到朝廷方面去了。

这也不怪袁崇焕。起初，他主持议和并没有报告给朝廷。他的本意，是以议和为缓兵之计，争取时间，以加强关外宁锦等重镇的防御。不久，他将议和的事奏报朝廷，明熹宗曾表示同意。但很多朝臣反对议和，认为是重蹈宋金议和的覆辙。因此明熹宗又改变主意，屡次下达旨意，不准议和，说："边疆以防御为正，款事不可轻议。"袁则坚持议和，反复说明他的策略。当太宗进兵朝鲜，群臣纷纷弹劾袁崇焕，说后金敢于入侵朝鲜，是"和议所致"。袁不服，上书辩解："关外四城虽延袤二百里，北负山，南阻海，广四十里尔。今屯兵六万，商民数十万，地隘人稠，安得所食？锦州、中左、大凌三城，修城必不已。业移商民广开屯种，倘城不完而敌至，势必撤退，是弃垂成之功也。故乘敌有事江东，姑以和之说缓

之。敌知，则三城已完，战守又在关门四百里外，金汤益固矣。"这段话再清楚不过地说明了袁崇焕议和的真实意图。经此辩解，明熹宗表示谅解。不难看出，从明朝方面来说，议和一开始，就毫无诚意可言，它对后金所提议和条件，一是敷衍，二是拖延。凡太宗的信件都被袁扣压，不上奏朝廷。因为不是真和，也就没有必要把对方的要求转报朝廷。

崇祯继位后，袁崇焕提出"守为正著，战为奇著，和为旁著之说"的战略。议和作为一种策略，崇祯并不反对。他说："朕思讲和不过是羁縻之术，并不是长策，如须要严兵固守，不然就与他战。"一句话，议和是明朝对后金战守的一种辅助手段。后来，崇祯连这个策略手段也不要了，指示："逆奴罪在必歼，屡谕严拒，不许接字。"极力反对议和。

从后金方面来说，也是出于同样的目的，毫无议和诚意。经过群臣讨论，太宗认识到，和谈对后金有利，它不只是个权宜之计，更具有长远的战略意义。太宗要通过和谈，稳定局势，取得足够的时间，来巩固和积蓄自己的力量。如达成协议，从明朝获取大量物资财富，就会有助于增强后金的国力，一旦时机成熟，他便撕毁协议，兴兵伐明，一举成功。这就是以和谈的手段来达到"自固"的战略目标。因此太宗和谈的心情尤为迫切，也显得心诚意坚。为了诱使明朝上钩，太宗一再让步，明确表示，他可以去天聪年号，奉明朝为正朔，接受封典，讲和礼物从减，等等。他只坚持一个条件，即保留他的辽东地盘，别无它求。但是，明朝不是北宋，它始终以宋金议和为戒，决不上太宗的当。结果，谈了三年，双方信使往来十余次，信件交换频繁，毫无丝毫进展。尽管如此，太宗一直把和谈当作一面旗帜高举着，一面进行战争，一面要求明朝与他和谈。明朝越是不理睬，他越是高唱和谈，表明他伐明是不得已之举，以争取政治上的主动，取得社会舆论的同情与支持。自袁崇焕死后，崇祯下令，有敢言和者死。从此，再也没有人敢谈论议和了。

新政治国

第四章

压制汉民

即位后的皇太极面临的国内形势极其严峻，满汉民族矛盾尖锐，一触即发。以努尔哈赤为首的后金奴隶主集团，对辽东的汉民采取了极其野蛮的高压政策。后金奴隶主把他们征服的对象都视为奴隶。昭梿《啸亭杂录》记道："国初时，俘掠辽沈之民，悉为满臣奴隶。"奴隶主对奴隶有生杀予夺之权。因此，后金奴隶主对辽东的汉民实行了惨绝人寰的野蛮政策。主要是大抢掠、大焚毁、大屠杀、大迁徙。

第一，大抢掠。抢掠是后金国积累财富的主要手段。任何落后野蛮的狩猎游牧民族，积累财富基本是依靠抢掠其邻近发达文明的农业民族的。努尔哈赤的女真族也是如此。狩猎游牧民族靠狩猎采集为生，严重缺乏生产资料和生活资料。诸如人口、牲畜、粮食、布匹、财物、盐油等，都是其抢掠的目标。他们发动战争最初的目的，就是抢掠财物，而不是占领土地。

这方面有很多记载。后金天命三年（明万历四十六年，1618年）四月十六日，努尔哈赤下令烧毁抚顺城。抚顺战役后，俘获人畜三十万，奖赏给有功的将士。归降的人民抚为一千户。努尔哈赤派兵将所获人口和归降人民送回赫图阿拉基地。八旗兵又战胜广宁援军，获马九千匹、甲七千副，兵仗器械不可胜数。这还不算，他们什么都要。抚顺的守将游击李永芳投降后，努尔哈赤对他们采取了优待俘虏的政策，据《满文老档》记

载："使从抚西城随从来的千户（游击李永芳）的父子、兄弟、夫妻不分离。在战斗中，没能相见的父子、兄弟、夫妻、亲戚、家的阿哈等一切人，回家后（一个半月的时间里），都清查出来相见。不仅如此，还完全地、充足地给牛马、网哈、衣服、衾褥、粮食，给杀吃十头，给各家养的大母猪各两头。还有犬各四头，鹅、鸭各五只，鸡各十只（吃饭的桌子，盛水的缸，大木桶、槽盆、有把的槽盆、每户各两个。每户又给碗十只、碟子五只、芦席四张、水桶一对、瓢一个、斧一把、镰刀两把、小刀一把、剪子一把、锥于一个、针五十个、纺线的白麻五绺、做饼的小黄米、榨油的豆子、小且、芝麻等等），还有其他器具。依照过去尼堪国（明朝）的旧制委任了大小官员，归他们原来的官员李永芳管辖。"

努尔哈赤赏赐给李永芳等的奴隶阿哈及各样财物，都是他们从战争中抢掠的。这里除奴隶阿哈和牛马等生产资料外，主要是大量的生活必需品。而这些必需品，当时的建州女真是很难大批生产的。生产资料和生活资料，建州女真主要是依靠抢掠。

在攻占开原后，据《满文老档》记载："退出尼堪境，住二宿分俘虏，以功的大小赏给。汗说：破坏大城，财宝、牲畜、金、银、缎子、蟒缎、毛青布、翠蓝布等物都充足地获得了。"

这里记载的也是抢掠到的生活资料。

粮食奇缺，夺取粮食是抢掠的重要目标之一。《满文老档》随处可见抢夺粮食的记载，"遂进入抚西路，让军马吃田里的没成熟的庄稼，（给兵背负牛驮），全部运走以前窖藏的粮食"。"入南路，破一堵墙和碱场城，将那里的窖藏粮食全部运走，种的庄稼全部让马吃了"。天命五年六月十二日，"派兵人抚西路，夺取粮食。奔驰到距沈阳十里的地方……挖出窖里的粮食带回来了"。

第二，大焚毁。女真人认为城堡房屋如果自己不用，就必须焚毁。攻陷抚顺城，大肆抢掠后，努尔哈赤下令焚毁抚顺城；攻陷开原城，大肆抢掠后，"破坏了世代久远生活的开原城。返回时，放火烧了房屋、衙门、楼、石台"；努尔哈赤占领广宁（今辽宁北镇），大肆掳掠，将投降的官民，抢掠的人口、粮食、牲畜及财物，都掠去辽河以东。后金天命八年（明天启三年，1623年）三月二十四日，一把火烧毁了广宁城。

第三，大屠杀。奴隶主从来不把奴隶当作人，而是视为物。因此，对战俘、奴隶的生杀予夺，努尔哈赤等奴隶主阶级认为是完全正常的。他们对待汉人充满了民族压迫、民族歧视。最严重的是进行毫无节制的大屠杀。

他们在对明朝征服的战争中，对汉人的大屠杀是屡见不鲜的。后金天命三年（明万历四十六年，1618年）五月二十日，"松山墩城投降，包围那周围的四城，说要投降，而又不投降，攻破城，全杀了"。七月二十二日，攻破清河城，"杀死全部兵丁，杀死的人压着许多受伤的人，也死了许多"。后金天命八年（明天启三年，1623年）六月初九日，发现复州原有男丁七千人，现有一万一千人，认为多出的人全是奸细，让人检举，否则全杀。最后，大贝勒代善及诸贝勒宰桑古、多铎、硕托、阿济格率兵去了，"叛变是真实的，男人全杀了，俘虏子女、牛马"。

这一次就杀了一万一千人。后金天命十年（明天启五年，1625年）十月初三日，努尔哈赤命令他的下属到各村去"鉴别"明朝归附的官员，如果发现有问题，就要"加以处分"，处分就是杀掉的意思。经过严格的"鉴别"，杀掉了很多人，剩下的有文化的秀才就很少了。后来努尔哈赤都"惋惜之至"，因为经过考试选拔，只"选拔三百余名秀才"。绝大部分秀才都被杀掉了。

努尔哈赤在进入辽沈地区后，就颁布了剃发令。剃发不剃发，成为屈服不屈服的标志。"南卫豪杰，甘死不剃发"。凡是不剃发的汉人一律处

死。镇压镇江（今丹东）暴动，"建兵三万屠镇江，余民三万浮渡朝鲜梅洋以免"。对镇江是采取了屠城的残酷手段。

第四，大迁徙。强迫汉人迁徙，是努尔哈赤的既定国策。游牧民族的女真人习惯迁徙。而对于农业民族的汉人来说，迁徙却是灾难性的。努尔哈赤强迫汉人迁徙的目的，是为了加强对汉人的民族统治，是为了圈占汉人的土地。他一共强迫辽东的汉民进行了三次大迁徙。

第一次是将辽东半岛东海岸的汉人内迁六十里。在辽东半岛实行"海禁"，目的是割断汉人同来自海上的明军的联系。以后，又强迫鸭绿江下游的汉人北迁到奉集堡女真人的聚居区。扶老携幼，路途遥远，千里跋涉，历尽艰难，勉强到达目的地，却"官员们安排田、房、粮，没有落实"。汉人叫天天不应，叫地地不灵，大多病饿而死。

第二次是将辽河以西的汉人强迁到辽河以东。分别归明朝降将佟养性、李永芳、刘兴祚管辖。这次迁徙后，实行了同住同食政策。所谓同住同食政策，就是规定女真人同汉人，"大家并于大户，小家并于小户，房同住，谷同吃，田同耕"。这个同住同食政策，给汉人造成了更大的灾难。田地被侵夺、房屋被霸占、粮食被夺食、妻女被奸污，汉人每时每刻都生活在水深火热之中。

第三次是将辽南四卫（金州卫、复州卫、海州卫、盖州卫）和鸭绿江下游的镇江（今丹东）等地的汉人北迁到鞍山一带。目的是扑灭此地汉民族日益旺盛的抗金斗争怒火。《山中闻见录》记载："建州尽徙诸堡屯民出塞，以其部落分屯开铁辽沈，驱屯民男女二十万北行，男子不得携赀，女子不得缠足，道死相属。"

大迁徙给辽东汉人带来了极大的痛苦。

努尔哈赤实行的一系列错误做法，遭到了广大汉民族的激烈反抗。反抗的方式很多。

其一是逃亡。辽东地区的汉民恐惧努尔哈赤军队的野蛮屠杀，大量逃亡。据《满文老档》记载："占领辽东后，瑷河的人离散，朱吉文去收容入城。在凤凰、镇江、汤山、长甸、镇东的五城，空着没有人。"辽南四卫的汉民大都逃往海岛，皮岛是其中一处落脚点。明朝在皮岛设东江镇，任毛文龙为都督，驻守抗金。据粗略统计，辽东汉民逃到关内的达百万人，逃到朝鲜的有数十万人，逃到海岛上的也有数十万人，还有数万人逃到了山东。

其二是投毒。投毒是汉民反抗金人的一种积极的手段。努尔哈赤发现他居住的辽阳都城水井里，有人投毒。后来，在水、盐和猪肉里都发现了毒药。努尔哈赤到海州，宴会时发现汉人向井里投毒，企图毒死女真人。

努尔哈赤草木皆兵，他规定，凡是开店的，必须在门前写明姓名；女真人买东西，必须记住店主姓名。

其三是叛杀。汉民原来降顺后金，但不堪凌辱，又背叛杀害后金官兵。这是一种忍无可忍之后的反抗方式。努尔哈赤气愤地说："我占领辽东后，没有杀害你们，没动你们住的房、耕的田，没有侵占你们家的任何东西，加以收养。即便那样，你们也不顺从。古河的人杀我派去的人，叛变了。马家寨的人杀我派去的使者，叛变了。镇江的人逮捕我任命的佟游击，送给尼堪叛变了。长岛的人逮捕我派去的人，送到广宁。双山的人定约，带那边的兵来，杀了我方的人。魏秀才告发岫岩的人叛变了。复州的人叛变，定约带尼堪的船来了。平顶山麓的人杀了我方的四十人，叛变了。"

从这个讲话里，我们可以得知古河、马家寨、镇江、长岛、双山、岫岩、复州、平顶山等地的汉人拿起武器，杀掉金兵，进行了坚决的斗争。努尔哈赤十分恐惧，规定女真人凡出行必须携带武器；女真人不许单独到汉人家里去；收缴汉人兵丁的一切武器；禁止汉人工匠出售武器等。

　　其四是暴动。怒尔哈赤疯狂地推行剃发令,遭到镇江(今辽宁丹东)等地汉人的激烈反抗,反抗的最高形式就是武装暴动。镇江曾经发生了两次武装暴动。

　　第一次暴动。"(镇江)有大姓招兵数万,欲为我歼奴(努尔哈赤)。"五月五日,努尔哈赤派武尔古岱和李永芳率兵二千,前来镇江镇压。激战二十余天,才镇压下去。将俘虏一千余人带回辽阳,分赏女真官兵为奴隶。

　　第二次暴动。后金天命六年(明天启元年,1621年)七月二十日,镇江再次发生暴动。原辽阳守备毛文龙,在辽沈失守后,率兵二百,从海上进击镇江。降金镇江中军陈良策从中接应,"令别堡之民诈称兵至,大呼噪,城中惊扰。良策乘乱执城守游击佟养真,杀其子丰年"。跟随暴动的汉民有六十余人。里应外合,明军一举夺取了镇江城。辽南四卫汉民纷纷响应,复州降将单尽忠重归明朝。汤站、险山汉民造反,执守堡官归明。

　　此外,反剃发抗金兵的武装暴动还在辽南四卫展开。暴动的主力军是当地的矿工。"有盖州诸生李遇春与其弟李光春等聚矿徒二千余人自守"。他们在辽阳的东山和盖州的铁山举起义旗,反抗残暴的金人。"南卫民众聚铁山,敌兵仰攻者多杀伤"。努尔哈赤派重兵才将铁山矿工的暴动镇压下去。

　　努尔哈赤对辽东汉民实行的高压政策,是完全失败的政策。满汉民族矛盾极其尖锐,汉族民众走投无路,进行了多种形式的反抗斗争,以争取自身的生存地位。这时的辽东地区成了汉民的人间地狱。

　　皇太极面临的就是如此严峻的辽东形势。

安定民心

　　摆在皇太极面前的第一个议题是必须立即调整国内政策。其父努尔哈赤原来实行的国策，实践证明是失败的。歧视汉人的国策，制造了尖锐激烈的满汉民族矛盾。汉人受尽煎熬，走投无路，被迫逃亡，铤而走险。辽东的汉人生活在人间地狱之中，他们无时无刻不在思谋着，或逃亡，或暴动。辽东成为随时随地可能爆发的活火山。

　　皇太极对此心中有数，了如指掌。为了稳定政局、安定人心，解决迫在眉睫的满汉民族矛盾问题，继任后的皇太极连续颁发了三个上谕。

　　皇太极颁发的第一个上谕就是关于调整国策、安定民心的。后金天命十一年（明天启六年，1626年）九月甲戌（初五日），即登基后的第五天，皇太极急忙颁布上谕："治国之要，莫先安民。我国中汉官、汉民，从前有私欲潜逃及令奸细往来者，事属已往。虽举，首渠置不论。嗣后惟已经在逃而被缉获者，论死其未行者，虽首告，亦不论。"

　　这个上谕是针对努尔哈赤颁布的《逃人法》的。努尔哈赤为了阻止辽东汉人的大量逃亡，制定了《逃人法》。该法规定，凡是逃跑的人，一旦抓住，统统处死；检举告密者，给予奖励。这个严酷的刑法，并没有有效地抑制逃跑的势头。告密者甚多，涉案者更多。人心惶惶，不可终日。皇太极的这个上谕，主要是对原来被检举的人放宽了界限。

　　这个新规定里说，以往想要逃跑，但没有具体行动的，一概不论。即

使涉及"令奸细往来者，事属已往"，就是有人检举揭发说是"头头"也一概"置不论"。原来有逃跑的想法，即便有人揭发，只要没有逃跑的具体行动，都不论。处死的，只是"已经在逃而被缉获者"。

就是说，有逃跑想法和言论的人不治罪，治罪的是有逃跑行动的人。这就大大减少了打击面。"由是，汉官汉民皆大悦。逃者皆止，奸细绝迹"。后来，皇太极进一步放宽限制，允许逃走，但不许返回。这就等于辽东的汉官汉民有了去往关内的自由。

这个上谕，对于安抚辽东汉人起了很大的作用。

九月初七日，皇太极颁布了第二个上谕。谕曰："工筑之兴，有妨农务。从前因城郭边墙，事关守御，故劳民力役，事非得已。朕深用悯念。今修葺已竣，嗣后有颓坏者，止令修补，不复兴筑。用恤民力，专勤南亩，以重本务。其村庄田土，八旗移居已定，今后无事更移，可使各安其业，无荒耕种。如各牛录所居，有洼下不堪耕种，愿迁移者，听之。至于满汉之人，均属一体。凡审拟罪犯，差役公务，毋致异同。其诸贝勒大臣，并在外驻防之人及诸贝勒下牧马管屯人等，有事往屯，各宜自备行粮。有擅取庄民牛、羊、鸡、豚者，罪之；私与者，章京、屯拨什库，亦坐罪。若屯拨什库，有欲徇情供给者，以己所畜鸡、豚供之，毋得于牛录下敛取。其田猎采捕之事，立有规条，须先告之本旗贝勒，与贝勒属下人同往。凡边内狼、狐、貉、獾、雉、鱼等物，各听其采捕；惟狍、鹿，不许逐杀，恐疲马力，有妨武事。并禁止边外行猎，违者均罪之。至通商为市，国家经费所出，应任其交易，漏税者罪之。若往外国交易，亦当告之诸贝勒，私往者罪之。"

这是一个关于工筑、农耕、迁移、司法、差役、田猎、交易等一揽子事务的安民告示上谕。这个上谕的实质是强调"至于满汉之人，均属一体。凡审拟罪犯，差役公务，毋致异同"。所有事关司法和事关差役的事

情，"满汉之人，均属一体"，一样对待；"毋致异同"，没有不同。这是政策上的重大变革，正式宣告汉人从此取得了与满人一样的法律地位，一样的经济地位，同满人平等了。这个上谕如同安民告示，对于安定汉人起了很大的作用。

九月初八日，《清太宗实录》记载："先是，汉人每十三壮丁，编为一庄。按满官品级，分给为奴。于是，同处一屯。汉人每被侵扰，多致逃亡。上洞悉民隐，务俾安辑，乃按品级，每备御止给壮丁八、牛二，以备使令。其余汉人，分屯别居，编为民户。择汉官之清正者辖之。又凡有告讦，所告实，则按律治罪。诬者反坐。又禁止诸贝勒大臣属下人等，私至汉官家需索马匹、鹰犬或勒买器用等物及恣意行游，违者罪之。由是汉人安堵，咸颂乐土云。"

我们可以把这个记载理解为皇太极颁布的第三个上谕。这个上谕是对以前努尔哈赤谕旨的一个否定。皇太极担心将壮丁分给为奴，"分给日久，或受凌虐"。因此，改变了"按丁编庄"的做法。努尔哈赤早在后金天命十年（明天启五年，1625年）十月初三日，颁布"按丁编庄"谕，《满文老档》第六十六卷记道："若收养的人放在公中，那么也会被诸申侵害，全部编入汗、诸贝勒的庄中。一庄男子十三人，牛七头，田百亩。其中二十亩为贡赋的东西，八十亩是你们自己吃的东西。八旗的大臣们分派到各路，去到每个村堡，或留或杀后，鉴别收养的男子十三人，牛七头，编为一庄。总兵官以下、备御以上，一备御各编一庄。"

这就是后金的"按丁编庄"。编庄的男丁都分配给了满族官员为农奴，同满人生活在一起。"房合住，粮合吃，田合耕"，实行"三合"。这个"三合"制度，将汉人打入了万劫不复的深渊。从此，汉人的田宅被霸占，粮食被侵夺，人身被役使，妻女被凌辱。汉人每时每刻都处在满人的压榨和欺凌之中。此外，把汉人编入田庄，规定每十三个男丁编为一

庄，给牛七头，田一百亩。其中八十亩供庄丁自己食用，二十亩作为官赋。还规定按满官品级，每备御各赐一庄。这些庄丁就变成了满官的奴隶。生杀予夺之权，全都掌握在满官的手中。庄丁从此被打入了十八层地狱。因此，辽东的汉人被迫或大量逃亡，或铤而走险。

皇太极早已看出了"按丁编庄"的弊端，此次做出了根本性的改变。

撤销编庄，编为民户。照顾到满官的利益，每备御只给八个庄丁、两头牛，供其使用。"其余汉人，分屯别居，编为民户。"从此，辽东的汉人恢复了自由人的身份。这是一个重大的政策调整，"由是，汉人安堵，咸颂乐土云。"根据实践，否定父汗努尔哈赤的错误政策，皇太极是需要很大的勇气的。

以上三个上谕的精神实质是强调满汉平等，"满汉之人，均属一体"。这就一改努尔哈赤时期歧视汉人的错误政策，给予汉人平等的法律地位。这就从根本上保证了后金政局的稳定，社会的稳定。

密折用匣

初定官制

皇太极即位之初，就关注国家官制的改革。原来八旗官制，《皇清开国方略》做了一个简要说明。其文曰："（天命十一年九月）丁丑（初八日），分设八旗大臣。初，太祖（努尔哈赤）创制八旗，每旗设总管大臣（旧称固山额真，十七年改称都统）各一，佐管大臣（旧称梅勒额真，亦称梅勒章京。顺治十七年改称副都统）各二（见乙卯年）。特设议政五大臣、理事十大臣（见天命元年）。后或即以总管一旗、佐管一旗者兼之，不皆分授。又有总兵官、副将、参将、游击、备御诸名，论功加授（见天命五年）。"

此处对八旗官制的历史及现状，做了一个简明清晰的介绍。其意是说，目前的八旗官制比较混乱，有的分授，有的兼职，还有的加授。各自为政，没有统一。皇太极早已看出其中的弊端，因此对八旗官制做了必要的改革，增加职务，明确责任，任命官员，提携新秀。这是即位国汗皇太极在军事上的一个重要动作。其目的是提拔新人，培植势力，整顿军队，巩固君位。

后金天命十一年（明天启六年，1626年）九月初八日，刚刚继位八天的皇太极，召集诸贝勒共同议定，做了三项调馨。

第一项，八旗旗主兼任议政大臣。《清太宗实录》记道："上以经理国务，与诸贝勒定议，设八大臣。正黄旗以纳穆泰、镶黄旗以额驸达尔

哈、正红旗以额驸和硕图、镶红旗以侍卫博尔晋、镶蓝旗以顾三台、正蓝旗以拖博辉、镶白旗以车尔格、正白旗以喀克笃礼为八固山额真。总理一切事务。凡议政处，与诸贝勒偕坐，共议之。出猎、行师，各领本旗兵行。凡事皆听稽察。"

每旗各设一名总管大臣，总称为总管旗务八大臣，参与国政，"凡议政处，与诸贝勒偕坐，共议之"。出猎、行军各领本旗兵士行动，本旗的一切事务皆听其调遣、指挥，"凡事皆听稽察"。这就是说，八旗旗主全都兼任议政大臣了。从前，只有部分八旗旗主兼任议政大臣，现在扩大了范围，凡是八旗旗主（即固山额真）都兼任议政大臣，有权参加最高国务会议。从而提高了八旗旗主的政治地位，八旗旗主也更加拥戴皇太极，也使军权更加统一集中。

第二项，每旗仍设两名佐管大臣。《清太宗实录》记道："又设十六大臣，正黄旗以拜尹图、楞额礼；镶黄旗以伊孙、达朱户；正红旗以布尔吉、叶克书；镶红旗以吴善、绰和诺；镶蓝旗以舒赛、康喀赖；正蓝旗以屯布禄、萨璧翰；镶白旗以吴拜、萨穆什喀；正白旗以孟阿图、阿山，为之。佐理国政，审断狱讼。不令出兵驻防。"

每旗又设两名佐管大臣，八旗一共设十六名佐管大臣。明确他们的任务是协助管理本旗事务，"佐理国政"。并负责司法，"审断狱讼"。他们等于过去的梅勒额真兼理事大臣，"不令出兵驻防"，即不必出兵打仗。

第三项，每旗又设两名调遣大臣。《清太宗实录》记道："又设十六大臣，正黄旗以巴布泰、霸奇兰；镶黄旗以多内、扬善；正红旗以汤古代、察哈喇；镶红旗以哈哈纳、叶臣；镶蓝旗以孟坦、额孟格；正蓝旗以昂阿喇、色勒；镶白旗以图尔格、伊尔登；正白旗以康古礼、阿达海，为之。出兵驻防，以时调遣。所属词讼，仍令审理。"

每旗又设两名调遣大臣，八旗共设十六名调遣大臣。他们负责出兵驻防，听从调遣，是军事指挥官。此外，对管辖区的刑事案件，仍有审理之责。此职，后来成为驻防副都统、前锋统领或护军统领等。

努尔哈赤时代的后金，其国家政权尚不完善。八旗军制代替了国家政权。八旗旗主名固山额真，固山额真为每旗的总管大臣，管理全旗军政事务。另设两名梅勒额真为佐管大臣，协助总管大臣管理旗务。后金天命元年（明万历四十四年，1616年）之前，特设议政五大臣、理事十大臣。议政五大臣参与国家最高决策，"参决机密"。理事十大臣管理各项庶务，"分任庶务"。"国人有诉讼，先由理事大臣听断，仍告之议政大臣，复加审问，然后言于诸贝勒。众议既定，犹恐或有怨抑，令讼者跪上前，更详问之，明核是非"。努尔哈赤每五天接见诸贝勒大臣一次，处理朝政。

后金天聪十年（明崇祯九年，1636年）四月二十八日，皇太极又添设了八旗议政大臣。此前，有大贝勒代善、二贝勒阿敏、三贝勒莽古尔泰，其下还有议政十贝勒、八大臣，又有佐管十六大臣及调遣十六大臣。现在每旗添设议政大臣各三员，计二十四员。

关于添设议政大臣的原因，皇太极做了说明，谕曰："议政虽云乏人，而朕不欲轻令干预者，以卑微之人参议国家大政，势必随事唯诺，取悦其主，其贻误国计民生者不小。国家安用此谄谀之辈为也？今特加选择，以尔等为贤，置于议政之列。尔等殚心为国，匡辅其主。"

皇太极想要让更多的有识之士参与国家政权。

皇太极将努尔哈赤时代的国家政权进一步完善化，并创建了具有后金国特色的国家政权。皇太极创建后金国国家政权的指导思想，是以明朝为模式，结合满族的特点，创建了自己的国家政权机构。他指示，"凡事都照大明会典行"。时人认为："极为得策。"

他在任内相继设立了合乎后金国实际的国家机构，机构设置先后如下。

设文馆。后金天聪三年（明崇祯二年，1629年）四月初一日，皇太极旨命成立文馆。文馆的任务有两条，一是"翻译典籍"，二是"记注政事"。文馆有十名儒臣，分作两班轮值。命儒臣达海等翻译汉文典籍，目的是"以历代帝王之得失为鉴"，取得汉族王朝的资政经验；命儒臣库尔禅记注本朝政事，"以昭信史"，便于总结自己的经验教训。文馆成为皇太极的咨询机构、顾问机构和权力机构。

设六部。后金天聪五年（明崇祯四年，1631年）七月八日，皇太极仿照明朝，在后金国中央设立六部。这六部是吏部、户部、礼部、兵部、刑部和工部。每部由一名贝勒管理，其下设满人承政两员、蒙古承政一员、汉人承政一员。承政之下设参政八员。只有工部特殊，设满参政八员、蒙古参政两员，汉人参政两员。各部均设启心郎一员。六部办事的笔帖式，根据各部事务繁简，酌量设置。六部由贝勒主持，但他们听命于国汗，这就加强了中央集权。

皇太极后金国所设的中央政府的六部，是向明朝中央政府的六部学习而来，但又有自己的特点。

其一，名称不同。六部内所设官职的名称与明朝不同。明朝六部内的官职设尚书、侍郎、郎中、员外郎、主事等。而后金国的六部官职，似乎贝勒兼任部务，有尚书之实，却无尚书的具体官名。各部承政相当于侍郎，编制为四员。参政相当于司局级干部，但有八员之多。各部特设的启心郎，似乎是秘书长之类的官员，这是明朝没有的。后金国六部的笔帖式，是秘书类的官员，大体与明朝同。

其二，性质不同。明朝六部保证汉族的绝对优势。而后金国的中央六部保证的是满族的绝对优势。这从六部的最高长官为贝勒一级即可看出了。管吏部事的贝勒多尔衮是皇太极的第十四弟，管户部事的贝勒德格类是皇太极的第十弟，管礼部事的贝勒萨哈廉是大贝勒代善的第三子，管兵

部事的贝勒岳托是大贝勒代善的长子，管刑部事的济尔哈朗是贝勒舒尔哈齐的第六子，管工部事的阿巴泰是皇太极的第七兄。即是说，六部的最高长官全部是皇太极的近亲，是后金国的高等贵族。

其三，内涵不同。后金国官员的设置特别注意民族的构成，明确规定，满族、蒙族、汉族各自的比例。部长由满族贵族贝勒担任。副部长承政的比例为满族两员、蒙族一员、汉族一员。这就在中央机关中保证了蒙族、汉族官员的一定比例，有助于政权的稳定。当然，六部官制随着时间的推移，其内涵也在不断变化，即官职的级别、人数都有相应的增减。此时的各部官职只分三级，即部级、副部级和秘书长级。部长由贝勒兼任，承政相当于副部长，满蒙汉各一员，启心郎相当于各部的秘书长。其后，贝勒不再兼任部务，承政升为部长，参政成为副部长，启心郎仍为司级干部了。

设内三院。崇德元年（明崇祯九年，1636年）五月初三日，皇太极命设立内国史院、内秘书院和内宏文院。以刚林为内国史院大学士，以范文程、鲍承先为内秘书院大学士，以希福为内宏文院大学士。其顶戴服色及随从人役，俱与梅勒章京同。同时，罗硕、罗锦绣为内国史院学士，詹霸仍为内秘书院学士，胡球、王文奎为内弘文院学士。其顶戴服色及随从人役，俱与甲喇章京同。

设都察院。崇德元年（明崇祯九年，1636年）五月十四日，皇太极命设立都察院。清太宗皇太极面对新授都察院各位大臣，谕曰："尔等身任宪臣，职司谏诤。朕躬有过，或耽游畋，迷声色，信任奸佞，废弃忠良，黜有功，陟有罪，俱当直言进谏。至于诸王贝勒大臣，如有旷废职业，黩货偷安，及朝会不敬，冠服违式，部臣容忍者，尔等即据实核奏。或六部听断不公及事未结而狂奏已结者，亦惟尔等察究。凡人在部控告该部未经审结，又赴告于尔衙门者等，察其虚实，应奏者奏，不应奏者惩禁之。明

朝陋规，尔衙门亦通行贿赂之所，尔等当互相防检。若以私仇诬劾，经朕察出，定加以罪。其余章奏，所言是，朕即从之；所言非，朕亦不加罪。必不令被劾者与尔面质。至于无职之人，小节过犯，当加宽宥。我国初兴礼制，多未娴习，尔等教诫而释之可也。"

这是说，皇太极给予都察院大臣以谏诤弹劾权，用他们来监督各级官吏。五月二十六日，即命大凌河城降将张存仁为都察院承政。

设理藩院。崇德三年（明崇祯十一年，1638年）六月二十九日，将原来的蒙古衙门改为理藩院，专门负责蒙古方面的事务。

更定官制。崇德三年（明崇祯十一年，1638年）七月二十五日，大学士范文程等奏，请更定八衙门的官制，得到皇太极的批准。八衙门是指六部和都察院、理藩院。皇太极颁布谕旨，决定八衙门各设满洲承政一员，下设左右参政、理事、副理事、启心郎、主事等官，共五级，并依此任命了八衙门的所有官员。这些官员满、蒙、汉都有任命，以满为主，参差错落。

需要指出的是，经过此次改革的八衙门官制的官员品级，几乎同明朝完全一致了。各部承政相当于尚书，左右参政相当于侍郎，理事相当于郎中，副理事相当于员外郎，启心郎相当于司级干部，主事相当于处级干部。

三院八衙门。到此，就形成了三院八衙门的完整的官僚体制。三院是内三院。皇太极的后金国家机关的设立，有三个特点：一是以明为主，兼顾后金；二是满族执政，汉蒙参加；三是体系完整，规模初具。

总之，皇太极创建的国家机器，以明朝为圭臬，照顾到后金的特点，具有后金自己的特色。其性质是满、蒙、汉贵族地主阶级的联合执政。其意义是标志着皇太极的政权，在政治上已经完成了向封建国家的过渡。

深度汉化

努尔哈赤时代尽管已经"沾染汉俗"，在汗位继承方面想用汉人的立嫡立长制度，在大汗用色方面以黄为正色，张黄伞、在黄纸捺印做文书、他自己领有二黄旗，等等。不过当时各种制度尚属草创，他自己又仇恨汉人，因此具体的"汉化"政策根本谈不上。

皇太极是个倾心于汉族文化的人，他不但不以狭隘的心态对待汉人文化，相反，他是以宽广的心胸学习、借鉴汉人文化，特别重视汉人的政治经验。

后金天聪三年（明崇祯二年，1629年）四月，他命令设立文馆，任命了一批文臣，分两班在其中服务：一班负责翻译汉文典籍，一班每日记注本朝政事。前者是想通过汉人的古书汲取过去宝贵历史教训，后者则是由当时行政记事中看出执政的得失。这些都是为后金汗国推动各项改革措施做思想与实质上的准备。

在翻译汉文书籍方面，文馆的秀才王文奎就向他说过："帝王治平之道，微妙者载在《四书》，明显者详诸史籍。"他建议皇太极要加以吸纳，"日知月积，身体力行，作之不止"。另外一位汉官宁完我后来也向皇太极说：帝王"如要知正心、修身、齐家、治国之道理，则有《孝经》《学庸》《论孟》等书；如要益聪明智识，选练战功之机权，则有《三略》《六韬》《孙吴》《素书》等书。如要知古来兴废之事迹，则有《通

鉴》一书"。宁完我认为可以从上述诸书中汲取良法美意，解决施政中的各种难题。由于皇太极重视汉人文化，在他执政期间还翻译了辽、金、元各朝的正史及《三国演义》等汉文书籍，以做治国理政的参考。

皇太极从汉官建议与汉文翻译的中国古书中，知道治国"以人才为本"，有了好的人才佐理，"才能稳坐江山"，而"金之兀术、元之世祖，皆能用汉人以成事业者也"。同时他也了解发现与使用人才的途径有推荐、考试、自荐等。后金天聪三年（明崇祯二年，1629年），他下达命令，要大臣们积极推荐人才。他说：满、汉、蒙古各族人中，具有谋略可胜任军、政职事的人，你们大臣将所见的写成报告，我可从中选任。后金天聪九年（明崇祯九年，1635年）也下过类似的命令，要大臣们推荐有"真知灼见、公忠任事"的人，以备他任用。选拔人才常有嘱托、亲故关系、互相标榜，甚至营私结党的弊端，所以后来又制定了"功罪连坐法"，以防止奔竞、取巧的不实荐举。同时推荐的人数毕竟不多，因此在天聪三年，皇太极又首度举办了汉人行之已久的科举考试。这一年的九月初一，正式举行考试，参加的满、蒙、汉各族知识分子好几百人，结果录取了二百位。这次考试皇太极下令不分民族、不论地位，凡有实学才能的都可以参加，所以他允许他的属下及诸贝勒手下的奴隶，还有在满洲、蒙古家为奴的人，都可参加考试，一经录取，就可以从原来的奴隶地位升格出来，免除为奴的身份，按录取的等级获得奖赏和优免差徭，并赐给缎布物品，然后等待录用。后金天聪八年（明崇祯七年，1634年），在皇太极的指示下，又举办了第二次科举考试，结果得一等十六人，二等三十一人，三等一百八十一人，总计录取二百二十八人。后金汗国办科举，不论门第，不分民族，不论出身，唯才是举，实在难得；不仅有公平、首创的意义，同时也使后金得到大批人才，这对巩固当时的政权及推动满族社会的发展具有十分重要的意义。皇太极确实是个怜才爱才的君主，他对于自荐的人

也十分重视，当时有汉族生员刘其遇、刘宏遇久未得官，向他写了报告自荐。皇太极命范文程考核他们，结果录用了刘宏遇，也免去了他们兄弟二人的部分徭役。

皇太极不但用汉人的方式选录人才，他更了解这种治标的方法不够，还应该进一步地培育人才才好，因此他在后金天聪五年（明崇祯四年，1631年）降谕说："朕令诸贝勒、大臣子弟读书，所以使之习于学问，讲明义理，忠君亲上，实有赖焉。"他并规定："自今凡弟子十五岁以下，八岁以上者，俱令读书。"在后金汗国做官的汉人非常赞赏皇太极的这一政策，纷纷上书喝彩支持，其中胡贡明的报告最为具体，他说："皇上谕金、汉之人，都要读书，诚大有为之作用也。但金人家不曾读书，把读书极好的事反看着极苦的事，若要他们自己请师学习，愈发不愿了，况不晓得尊礼师长之道理乎！以臣之见，当于八家各立官学，凡有子弟者，都要入学读书。"

胡贡明又建议聘请"有才学可为子弟训导者"为老师，教学内容"小则教其洒扫应对进退之节，大则教其子、臣、弟、友、礼、义、廉、耻之道"。他的上奏得到皇太极允准，这就是清朝八旗官学的由来。

皇太极即位不久，便调整治理汉人的政策，设文馆、六部，办科举、官学，这表示了他对汉人文化的倾心仰慕，也说明了他有远见卓识，能顺应历史潮流。他的目的不仅是安定政权，增强皇权，同时还有消灭明朝，主宰中国的长远目标，正如宁完我所说："日后得了蛮子地方，不至于手忙脚乱。"

定边除忧

第五章

突袭蒙古

皇太极登基后面临的外部形势，亦十分严峻。后金的西面是蒙古，东面是朝鲜，南面是明朝。皇太极的战略目标是征服明朝，这同其父汗努尔哈赤是完全一致的。但是，皇太极登基后，原来的蒙古喀尔喀扎鲁特部蠢蠢欲动，朝鲜也不十分驯服。为此，皇太极高屋建瓴，在稳住明朝的前提下，先后发动了对蒙古和朝鲜的战争，以图进一步稳定后方，彻底解决后顾之忧。

皇太极把进军的矛头，首先指向了喀尔喀扎鲁特部。主要的原因是，后金天命十一年（明天启六年，1626年）正月，努尔哈赤在攻打明朝宁远城（今辽宁兴城）未遂而退回时，遭到喀尔喀扎鲁特部贝勒鄂尔寨图等的突然袭击。他们袭击努尔哈赤遣往科尔沁部的使臣，劫掠财物。这使努尔哈赤极为愤怒，也给皇太极留下了屈辱的深刻印象。于是，皇太极在即位仅一个多月之时，就决心发重兵袭击喀尔喀扎鲁特部。

后金天命十一年（明天启六年，1626年）十月初十日，皇太极下令袭取喀尔喀扎鲁特部。皇太极命令大贝勒代善、二贝勒阿敏及德格类、济尔哈朗、阿济格、岳托、硕托、萨哈磷（萨哈廉）、豪格诸贝勒，率兵一万人，征讨扎鲁特部。皇太极亲率三贝勒莽古尔泰及多尔衮、多铎、杜度孳贝勒，欢送至都城沈阳之北的蒲河山冈，"命声讨扎鲁特背盟之罪"，并公开发布了战书。

袭击喀尔喀五部之代善大军取得了完全的胜利。后金天命十一年（明天启六年，1626年）十月二十五日，大贝勒代善派遣使者自军中而还，先期奏报胜利的消息。此次战果颇丰：擒获了喀尔喀部扎鲁特贝勒巴克及其二子，并喇什希布、戴青桑葛尔寨等十四位贝勒。杀掉了劫夺财物的贝勒鄂尔寨图。尽获其子女、人民、牲畜。大获全胜，即将凯旋。

十一月初二日，皇太极率领诸贝勒大臣，从沈阳出发，到铁岭樊河界驻扎，等待欢迎往征扎鲁特部的大贝勒代善等凯旋。十一月初四日，凯旋的诸贝勒率领八旗兵，列队而至。队伍整齐，剑戟拥立，兵威隆盛，士气飞扬。皇太极兴致勃勃地率领诸贝勒大臣，出到城外迎接。竖立八纛，祭拜天地。然后，皇太极回到临时搭建的黄幄，登上宝座。此时，凯旋的诸贝勒大臣进入黄幄，向皇太极行跪拜礼。皇太极表现谦恭，对大贝勒代善和二贝勒阿敏的拜见，不予承受，"不欲坐受"。皇太极率领三贝勒莽古尔泰及诸大臣答礼。接着，君问臣答，分别行隆重亲密的抱见礼。皇太极追忆太祖努尔哈赤的功德，叨念诸位兄弟远征的劳苦，心情感伤，"怆然泪下"。初五日，论功行赏。初九日，皇太极率众回到都城沈阳。

这一次，皇太极也命明使李喇嘛等参与了这个重要的外事活动。

皇太极即位不久，就命重兵远袭喀尔喀扎鲁特部。这是父汗努尔哈赤对西虏蒙古政策的继续。努尔哈赤对待蒙古的是"顺者以德服，逆者以兵临"的"恩威并行"的正确策略。扎鲁特部由"顺者"转为"逆者"，皇太极就采取了"逆者以兵临"的策略。这个策略显然是成功的。

当然，皇太极对待西虏蒙古的策略，是父汗努尔哈赤对待蒙古策略的继续。

明朝中叶以前，明帝对待北方的蒙古和东方的女真采取了"以东夷制北虏"的战略方针，希望联合女真抑制蒙古。满族兴起后，明朝的这个战略方针有了根本性的改变，极力联合蒙古抑制后金。

努尔哈赤的战略目标是明朝。为此，他对蒙古也是采取了联合的方针。这就是说，蒙古处于明朝和后金双方极力争取的有利地位。为此，蒙古就采取了实用主义的做法，巧妙地从双方获取既得利益。有鉴于此，努尔哈赤对蒙古采取了联合斗争、联姻结亲、馈赠赏赐的策略，取得对蒙古的战略主动。皇太极继承了努尔哈赤对蒙古的策略，并有所发展。主要措施如下。

第一，斗争联合。对蒙古不能只是一味地联合，也要有必要的斗争，应该是既斗争又联合。联合斗争中，斗争是第一位的。没有必要的斗争，联合完全是空中楼阁，不堪一击。皇太极坚信这一点。但在军事进攻奏效的前提下，皇太极注意运用招抚劝降的策略。

对投向明朝的蒙古军队，皇太极即采取招抚劝降的策略。后金天聪五年（明崇祯四年，1631年）八月，皇太极攻打明朝大凌河城，城内有蒙古兵。皇太极就书写劝降信，用箭射入城内，劝其投降。信曰："我满洲与尔蒙古，原系一国，明则异国也。尔等为异国效死，甚无谓，予甚惜之。尔等之意，恐我诱降复杀，故不相信耶。予不惟不杀尔蒙古之人，即明人为我仇敌，其拒战而被杀者则有之，来降者无不恩养之。肆行屠戮，予所不忍；一体推恩，是予素志。惟善养人，故人皆归附。予之善养与否，尔辈岂不稔闻？若谓予言为诈，人可欺，天可欺乎？"

皇太极在另一封致明朝大凌河城守将祖大寿的劝降信中，也以蒙古归降为例，说明降者不杀反而恩养的道理，信曰："朕若无故诛戮良善，则如察哈尔汗之兄弟敖汉耐曼、乌鲁特喀尔元太祖后裔，何以皆率部众归我？亦因朕养人之故，望风来附耳！即今日之役，各蒙古贝勒及科尔沁土谢图汗，每部拨兵百名从征，如心不相信，肯随朕出师乎？不惟顺我者不杀，即阵获蒙古贝勒塔布囊等，并尔国麻登云、黑云龙等，一经归顺，朕即加恩，尔等岂未之闻耶？"

以上两封劝降信的中心内容是，我皇太极对蒙古投降官兵的政策不仅不杀，还要"恩养"，还要重用。空说无凭，有例为证。现在攻打你们的部队当中，就有归附的蒙古军人。这两封信确实起到了瓦解蒙古军队的作用。他们最后同明军一起，也举手投降了。

第二，联姻结亲。采用联姻结盟的方法与蒙古联合，这是从努尔哈赤时代开始的。明万历四十年（1612年），努尔哈赤迎娶科尔沁贝勒之女博尔济锦氏为妻；明万历四十三年（1615年），努尔哈赤又迎娶科尔沁孔果尔贝勒女博尔济锦氏为妻。不仅如此，他的六个儿子也先后迎娶蒙古王公的女儿为妻。

皇太极继续贯彻实行了与蒙古联姻结亲的政策。皇太极本人和子侄，以及贝勒大臣也都和蒙古贵族联姻结亲。皇太极的孝端文皇后、孝庄文皇后、宸妃都是蒙古科尔沁人。皇太极的儿子顺治皇帝的皇后孝惠章皇后，也是蒙古科尔沁人。有些蒙古王公要求娶后金宗室的女儿，皇太极也尽量满足他们的要求。

皇太极对婚礼仪式很重视，亲自接见，予以祝福。后金崇德七年（明崇祯十五年，1642年）九月七日，蒙古科尔沁部东果尔的儿子多尔济偕其妻，亲自送女儿出嫁，欲嫁给多罗郡王阿达礼之弟勒克德浑为妻。皇太极谕命阿达礼、勒克德浑等，皇太极本人设宴欢迎他们。东果尔因为到沈阳来祝贺皇太极征明四城大捷，先期到达，也谕命一同参加欢迎宴会。于是，阿达礼率勒克德浑，进清宁宫，朝见皇太极，行三跪九叩首礼。又以同样的礼节，叩拜了皇后。皇帝、皇后接见完毕，诸贝勒大臣集中到阿达礼府，大宴成婚。皇太极对于同蒙古联姻给以特殊的礼遇，使蒙古王公非常感动。

第三，馈赠赏赐。蒙古是游牧民族。他们盛产牛羊等畜牧产品，但缺乏很多生产资料和生活资料。许多生产资料和生活资料的取得，或靠贸

易，或靠掳掠，或靠馈赠，或靠赏赐。皇太极深知，对蒙古贵族的馈赠和赏赐是联合蒙古的必要手段。为此，皇太极利用各种场合和机会，对蒙古贵族大量地馈赠和赏赐。

努尔哈赤时期，对来归的蒙古将士给予优厚的待遇。一个典型的事例是：后金天命六年（明天启元年，1621年）十一月，蒙古喀尔喀部台吉古尔布什、莽果尔，率民六百户并驱畜产来归，努尔哈赤给予高度礼遇。《清太祖高皇帝实录》第八卷记道："上御殿，二台吉朝见毕，大宴之。各赐：貂裘三，猞猁狲裘二，虎裘二，貉裘二，狐裘一，貂镶朝衣五，镶獭裘二，镶青鼠裘三，蟒衣九，蟒缎六，缎三十五，布五百，金以两计者十，银以两计者五百，雕鞍一，沙鱼皮鞍七，玲珑撒袋一，撒袋兼弓矢者八，甲胄十，僮仆、牛马、房舍、田亩及一切器具等物毕备。上以女妻台吉古尔布什，赐名青卓礼克图，给以满洲牛录一，凡三百人，并蒙古牛录一，授为总兵。又以族弟济白里杜济获安，妻台吉莽果尔，亦授为总兵。"

努尔哈赤对来归的蒙古贵族的赏赐非常丰厚，包括华服、缎匹、金品、雕鞍、撒袋、弓矢、牛马、房舍、田亩、僮仆等，还有名号、官爵、牛录，甚至爱女。从中可以看出，努尔哈赤为了实现征服明朝的远大目标，能够舍得一切。

皇太极也是如此。皇太极优待来归的蒙古贵族的信息四处散播，因此来归的蒙古贵族很多。他们往往是一小股一小股地来投奔，皇太极都耐心地对待。后金天聪元年（明天启七年，1627年）六月，蒙古察哈尔林丹汗的部下欲叛逃，派人询问皇太极他们来了能够安置在什么地方。皇太极答复："尔等来归我国，我国可居之地，任尔居之。"他们到来后，皇太极做了妥善的安排。到了十一月，察哈尔贝勒昂坤杜棱率众来归，皇太极"命迎宴抚辑之"。原先八月，蒙古察哈尔部的贝勒，"率所属户口、乘

马四十五匹来归，宴之。赐庄田、户口、牛羊、金银、衣裘器用具备"。这个消息传出，到了十二月，又有察哈尔部的"贝勒多尔济伊勒登携妻子，率众来归，御殿受贺，设宴"。这个欢迎蒙古贵族来归的策略，对与他为敌的察哈尔部起到了瓦解的作用。

皇太极对待蒙古的政策，使蒙古变成了他的盟友，为他获得了一个稳固的后方。这对皇太极未来征明的大战略，是个很好的铺垫。

他随即将目光移向了东邻的朝鲜。皇太极想要教训一下朝鲜，使它远离明朝，成为自己的盟友。

征服朝鲜

朝鲜是明朝的属邦，同时又深受儒学的影响，所以朝鲜政府一直视满洲为蛮夷、野人或是虏贼。无论努尔哈赤在世时对他们如何拉拢，甚至对萨尔浒山大战中被俘的朝鲜将官"待以宾礼，五日一小宴，十日一大宴"，朝鲜始终不肯背弃明朝这个"君父之国"，与后金建立正式关系。同时由于后金与朝鲜仅一水之隔，边界的问题也很多，如两国人民越界采参、捕兽，常起冲突。辽东土地被后金取得后，大量汉人逃亡朝鲜，并由朝鲜转往中原。在后金贵族的观念中，奴隶的逃跑无异是财富的丧失，令后金很不满。贸易问题也是双方另一个冲突焦点，后金被明朝封锁，物资非常缺乏，希望朝鲜能适时供应。朝鲜则以不能违反"父国"明朝的法令，碍难照办；而边界上的私商交易，经常高抬物价，以劣充优，缺斤

短两，欺骗后金政府与人民，这些做法，颇令后金气愤。更使后金愤怒的是朝鲜拨土地、供粮食，让明朝将军毛文龙驻军在皮岛，牵制后金军事行动，收容逃亡的辽东军民，并不时出兵偷袭后金，成为后金南向明朝的最大后顾之忧。可是朝鲜国王李倧则对毛文龙说："寡人与贵镇，事同一家，肝胆相照。"根本没有把后金视为重要的邻邦。

后金八旗的领袖们都有一种共识："毛文龙之患，当速灭耳，文龙一日不灭，则奸叛一日不息，良民一日不宁。"毛文龙也对明朝皇帝说过："奴酋之恨臣掣尾，每转恨于朝鲜之假地。"由此可知：后金攻打朝鲜，消灭毛文龙是势在必行的。皇太极即位后，又多了一些出兵的理由：如努尔哈赤死亡，明朝都"遣使来吊，兼贺新君即位"。而朝鲜"竟不遣一使吊问"，实在有违情理。另外，朝鲜发生内乱，先是武将李适、韩明琏逼光海君退位，拥其侄李倧为国王。后来李适与韩明琏又起内讧，李适被杀，明琏子韩润等逃入后金，愿为向导，请八旗长官挥兵征讨。后金众贝勒都以时机难得，决意征讨朝鲜。其时正值与明朝袁崇焕议和，因而明方不致兴兵，而后金国内灾荒严重，"斗米价银八两，人相食"。在这种种因素下，后金征讨朝鲜的事就拍板定案，付诸行动了。

后金天聪元年（明天启七年，1627年）正月初八日，皇太极命大贝勒阿敏，贝勒济尔哈朗、阿济格、杜度、岳托、硕托等，统领大军三万人征讨朝鲜。临行前，皇太极还特别声明：此行既要问罪朝鲜，又有征剿毛文龙的重大任务，希望大军能"毕其功于一役"。

正月十四日，后金兵渡鸭绿江，进逼朝鲜义州城，城内明兵一万，朝鲜兵两万，实力本不算弱。可是后金兵先用韩润化装入城，作为内应，而守城节度使李莞醉酒，士兵军心不振，营伍废弛，加上八旗用云梯勇猛先登，因而很快地攻陷了城池，据说这一仗"数万民兵，屠戮无遗"。毛文龙因天冷移驻皮岛，逃过一劫。

定边除忧

第二天，阿敏与济尔哈朗乘战胜余威，合兵东进，直逼定州，攻克之，守城的文武官员非降即死。其后郭山等城也被后金兵攻破，八旗兵进展迅速，真如破竹之势。阿敏于是又带兵渡江攻安州，由于朝鲜守军"只知战与死而已"，安州发生激战，后金"万骑骈进，云屯雷击，城中炮射，一时俱发。坠骑落壕，死者山积"。最后朝鲜兵还是因为"孤立无援，城陷人亡"。后金兵也损失很重，阿敏遂决定"驻军安州，息马四日"。正月二十五日，八旗兵再度出发，次日抵达朝鲜旧京城平壤，"城中巡抚、总兵以下各官及兵民等，皆弃城走"，阿敏等未遇抵抗，即取得平壤。随即八旗大军渡大同江，于二十七日抵中和，阿敏派人与朝鲜中央联络，试探谈和的可能性。

此时，朝鲜国王李倧已显得惊慌失措，虽召开廷臣紧急会议，但主和、主战双方争论不休。军方想用拦截战略阻断后金来兵，但终未能实行。另外也想到请明朝派兵援助，但明朝当时也无能为力，袁崇焕确应毛文龙派兵，并进逼三岔河岸以牵制后金，同时又致书皇太极，促"急撤犯鲜之兵"，但几乎没有效果。结果李朝统治集团的贵族高官们，为了自保身家性命，"或入海岛，或上山城，或称扈卫，或除检察，皆占便安自全之地"，先行逃跑了。

阿敏驻军中和时，已与朝鲜国王李倧有书信往来，但不得要领。二月初二日，阿敏再致书李倧提出议和具体条件，包括要朝鲜断绝与明朝的关系，尊后金为兄，"告天盟誓，永为兄弟之国"。三天之后，阿敏见李倧提出先退兵的要求，于是便再发动军事行动，率兵占领了黄州。李倧无奈，只好遣使来谈判，阿敏则改和谈条件为三项：一曰割地，二曰捉毛文龙，三曰借兵一万，助伐明朝。当然这些都是李倧不能答应的，阿敏因而再进兵南下，在距江华岛百里外的平山扎营。这时李倧一面携王妃、子女逃到了江华岛，一面再派出重臣求见阿敏议和。阿敏了解如果不以大兵压

境王京汉城，李倧很难就范，于是命令大军前进，直趋汉城。在兵威恫吓下，李倧终于备厚礼与阿敏的代表议和了。后金也派出刘兴祚（一称刘海）与巴克什库尔缠于二月初八日前往江华岛议和。

当时后金提出三大要求是：一，永绝明朝；二，去明年号；三，告天盟誓。朝鲜对于与明朝断绝关系认为万万不可；去明朝年号事也视事情或可"不书年号"；告天盟誓因李倧正在居丧期间，不能杀生，后来双方妥协由李倧焚香，宰牲可不必参与；永绝明朝最后也得到后金让步，"不必得要"。由于双方都有停战之意，江华岛的"江都盟约"终于缔结。三月初三日，朝鲜国王李倧率领群臣与后金纳穆泰等八大臣，焚书盟誓。双方同意各遵誓约，各守封疆；今后彼此以兄弟相待，不以细故而起争端，共享太平。这份"江都盟约"是平等的，是兄弟之邦间的缔约。

阿敏认为这份盟约便宜了朝鲜，因为他自己未参与盟誓，因而他不予承认，并与岳托、杜度等贝勒发生不和与争论。最后他命令"八旗将士，分路纵掠三日，财物人畜，悉行驱载，至平壤城驻营"，要求与朝鲜重订盟约。

本来按照"江都盟约"，后金应该在告天盟誓后退兵的；可是阿敏却违约不撤兵，反而纵兵抢劫，并要求重订新约，实在野蛮无理。朝鲜王李倧无可奈何，只好派王弟李觉去平壤，于三月十八日再与阿敏重开谈判。后来阿敏与李觉杀白马乌牛，设酒、肉、骨、血、土等物，按满洲旧俗，焚香告天，再缔和约，称为"平壤之盟"。

"平壤之盟"与"江都盟约"的不同处是阿敏在誓文里规定朝鲜要按时送礼，对后金之尊敬应与明朝相同，不得对后金怀恶意或兴兵；不得接纳逃人，据为已有，等等。很明显这已经不是平等的盟约，也不是兄弟之邦，而是要朝鲜对后金像对明朝一样尊敬，实际上已有降朝鲜为属邦的意味了。

　　皇太极即位后不到半年即对朝鲜用兵，并取得重大的胜利成果。对朝鲜而言，此举确实是一次严重的侵略行为，并给朝鲜的社会经济与人民生活带来很大的破坏与灾难。然而对后金发展来说，却有着重大的帮助与作用。因为后金借着此次战争的胜利，化解了内部的政治危机，冲破了多年来明朝的经济封锁，解除了军事上的后顾之忧，重振了八旗兵对明失败的颓丧士气。第一次征朝鲜对后金真是一场关系到存亡的战役！

对明战争

第六章

重整旗鼓

努尔哈赤不仅是一位满族的民族英雄，而且是我国历史上杰出的政治家、军事家。他的死，无疑是满族的一个重大的损失；与此同时，不可避免地引起了汗位之争。最后，三十五岁的皇太极以其智慧和勇敢，以及长期从事战争的经验，战胜对手，登上了汗位，称清太宗。

皇太极深知自己继承汗位，面临来自后金内部和明朝军事进攻的两大威胁。足智多谋的皇太极首先考虑的是内部的巩固，其次是缓和与明朝剑拔弩张的关系。而这两者又是互为依存的，没有稳固的后金，难以对付明朝官军的袭击；若不与明朝缓和关系，也难有时间处理和调整自己登上汗位之后所引起的诸种冲突和矛盾。因此，当袁崇焕为实施议和而探听后金虚实，以给努尔哈赤吊丧，庆贺新汗皇太极为名，派遣都司傅有爵、田成及李喇嘛一行三十四人赴沈阳时，皇太极一眼就看出这一出人意料的举动背后所掩藏的真实意图，心想若能付诸实践，对后金的稳固也能争取到有利的时机。所以，他对来使盛情款待，且令其参观军兵营帐。一月之后，皇太极派方吉纳、温塔石等随傅有爵等回访袁崇焕，借以达到其预期目的。

皇太极在稳固统治过程中，一改努尔哈赤时期"共议国政"的格局，提高汗位，削弱八旗贝勒权力，重新任命总管大臣和辅佐大臣，形成以清太宗为中心的统治集团，使后金统治内部渐渐趋于稳定。与此相联系，皇

太极于天聪元年（明天启七年，1627年）正月，为解除后顾之忧，出兵朝鲜，迫其屈服，历时两月余，结束战斗，皇太极如愿以偿。这是皇太极利用议和争取到的时间所取得胜利。

袁崇焕提出与后金议和以争取时间，加强兵备的初衷并没有得到朝廷的理解和支持，反而"以为非计，频旨戒谕"。尽管如此，袁崇焕一面上书朝廷，予以解释；一面加紧防御设施的建设，修复山海关外锦州、中左、大凌等城堡。虽有朝中大臣在魏忠贤的操纵下，上书反对袁崇焕的议和之举，但"三城已完，战守又在关门四百里外，金汤益固"。朱由检才放下心来，表示谅解。大臣也不再为此说三道四。

皇太极与袁崇焕表面上对议和的热情，并没有使对方上当受骗，双方都以此为手段，各自打着自己的算盘。袁崇焕借机修复城池，加强兵备，目的在于进一步进击后金，收复失地；皇太极有了时间稳固内部，逼服朝鲜，解除了后顾之忧。而当皇太极的兵马从朝鲜凯旋，在沈阳设宴庆功时，得到情报，方知袁崇焕修城筑堡、屯种自给、选将练兵的计划进行得十分顺利且迅速，卓有成效，志不在小，直接构成了对自己的威胁。于是，便在没有充分准备的情况下，决定率兵清除这一威胁。后金军于五月六日从沈阳出发，抵达广宁，分三路进军，先后攻占大小凌河和右屯卫等城堡，会师锦州，四面合围。不料，锦州城防坚固，且有大将雄兵驻守，连攻十余日，锦州岿然不动。皇太极无奈，只好撤围进攻宁远。袁崇焕等将帅率兵等待已久，宁远城坚不可摧。皇太极仍不分析形势，一味进攻，被代善等人劝阻，仍不为所动，气愤地说："昔皇考太祖攻宁远不克，今我攻锦州又未克，似此野战之兵尚不能取胜，其何以扬我国威耶？"看来，皇太极有其难言之隐和苦衷。尤其是在他登上汗位之后首次向明朝开战，胜与负，都关系重大。然而，当其愿望与现实相背离时，只有仔细分析背离的原因，方可达到目的。皇太极在当时并没有如此考虑，挥师进攻

锦州，疲于奔命的士兵，哪有战斗力可言！终于由于死伤惨重，无可奈何地撤围返回沈阳。这就是使皇太极南侵受挫的所谓宁锦大捷。在明朝与后金的战争史上写下了辉煌的一页。可是，当皇太极得知因魏忠贤专权，排斥异己，迫使袁崇焕去任时，掩饰不住内心的喜悦，决计重振旗鼓，与明王朝展开新的较量。

宁远之捷与宁锦之捷，阻遏了后金军的南下，明朝廷也感到振奋，因有较为坚固的防线，得到了片刻的安宁。然而，由于魏忠贤的作祟，迫使大将袁崇焕离去，取而代之者又表现无能，辽东防线及战斗力不仅没有增强，反而有所削弱。与此相反，后金在皇太极的整顿下，政治稳定，军力大增，而且跃跃欲试，再次向明王朝发动进攻。这就是崇祯皇帝继位后所面临的来自后金皇太极的严重威胁。

年轻的崇祯皇帝对任何事件的认识总是那么肤浅，处理时又显出绝对的自信和简单，从不考虑形势的变化及力量的消长。面对后金的骚扰袭击，其刚愎自用的性格，视皇帝权力为万能的意识表现得淋漓尽致。

袁崇焕苦心建立起来的，且实践证明较为坚固的辽东防线，因其被迫

袁崇焕画像

致仕回家，又引起了朝廷个别大臣的不同意见和争论，他们提出放弃锦州，防线内移的主张。身为蓟辽总督的阎鸣泰，也随之附和，上书侈谈"锦州退僻奥区，原非扼要之地。当日议修已属失策，顷以区区弹丸，几致挠动乾坤半壁，虽幸无事，然亦岌岌乎殆矣。窃意今日锦州止可悬为虚著，慎弗狙为实著；止可设为活局，慎弗泥为死局"。具体负责

锦州守御的尤世禄也说锦州城池受风雨摧剥，垣墙营舍崩坏，万万不能久居，乞请暂且移居杏山。奉命守御塔山的侯世禄，以其地低洼，又靠近高山，不是容易守御之所，最好移到别处。上至总领蓟辽重务的封疆大臣，下到城池的守御指挥官，都如出一辙地主张放弃锦州，认识不到塔山重要的战略地位，无不反映出武臣军事素质的低下和见解的浅薄。事实上，位于锦州与定远之间的塔山，是一个极为重要的军事要地，它的存在和作为防御之处，可以把两座城池紧紧地联系在一起，使之声息相通，防线更为坚固。若弃锦州，弃塔山，其结果不言自知，无异于向后金敞开大门，引狼入室。这一主张理所当然地遭到朝廷正直而有远见的大臣的否决。时署兵部事右侍郎的霍维华就此上书说："锦州一城，为奴所必争。"阎鸣泰进言："轻兵以防，小修以补。贼至则坚壁清野以待，则智臣所谓'虚着''活局'之意。臣部以为，锦州已守有成效，决不当议弃。倘临时设谋饵敌出奇，应听新督师熟计而行。今奴虽屡挫，狡谋叵测。……至蓟门各路宜守，兴水口兵将宜添，尤为绸缪急着。"明熹宗朱由校最后裁夺，下达圣旨："关门之倚宁远，宁远之倚塔山、锦州，皆层层外护，多设藩篱，以壮金汤。"为此，重申杜文焕驻守宁远，侯世禄驻守塔山，尤世禄驻守锦州，"酌量地方，拨与兵马"。都要"各守信地，修筑城池，操练军士，实心料理以战守急图。不得妄分彼此，推诿观望，自取罪责"。数日之后，霍维华在一份关于边塞兵务的奏疏中，又进一步强调："锦州不可不守。夫全辽疆土期于必复咫尺，锦州岂可异议？况向以修筑未完之日，尚能据以挫贼。今乘此战将已胜之余，何难凭以自固！"又说："塔山不可不城。锦州既在必守，而联络于锦、宁之间者，惟塔山是恃。即无城犹与增置，有城何难修葺！"再次肯定了塔山战略地位的重要。

皇帝的圣旨，兵部的态度，固然起到了阻止辽东将帅放弃锦州、塔山的行动，使宁锦防线之议暂时消弭。然而并没有从根本上解决问题，对朝

廷"多设藩篱以壮金汤"的意旨亦未完全付诸实践。暂时的平静，只是后金皇太极正在总结宁锦之役失利的教训，整顿内部，操练兵马，无意进击的结果。因此，严格地说，需要加强的薄弱环节所在多有，《三朝辽事实录》所称宁锦防线"旗鼓相望，可谓极一时之盛"，实属夸大溢美之词。

明朝崇祯皇帝朱由检于天启七年（1627年）八月登上皇位后，便以霹雳手段变革朝政，挽救危亡的明朝。九月，他将干预朝政的客氏撵出乾清宫，迁入外宅，使阉党头子魏忠贤失去了内廷依恃；十月，他借云南道御史杨维垣对阉党兵部尚书崔呈秀的弹劾，罢了崔呈秀的官，使崔呈秀自缢于家，翦除了魏忠贤的手臂；十一月，他借兵部武选主事钱元懿对魏忠贤的弹劾，诏斥魏忠贤"盗弄国柄，擅作威福"，将其撵出朝廷，安置于安徽凤阳，魏忠贤行至阜城自杀而死；十二月，他借朝廷部、院官吏的群起弹劾，处斩了客氏及其子侯国兴；崇祯元年（1628年）正月，他以戮魏忠贤、崔呈秀的尸体，处斩许显纯等阉党人物的强硬举措启动了他的年号，表示了他"立志中兴"的决心；二月，他下发诏令，为被阉党诬陷的官员昭雪冤情，"今应褒赠即与褒赠，应荫恤即与荫恤，应复官即与复官，应起用即与起用，应开释即与开释"。前大学士韩再次入阁，成为首辅，东林官员钱龙锡人阁为次辅，孙承宗复为兵部尚书，东林官员李柯、成基命、刘鸿训等成为朝廷的文武重臣。明朝露出了一丝希望之光。就在崇祯元年（1628年）四月，罢官贬居广东故里的袁崇焕，被崇祯皇帝朱由检起用为兵部尚书兼右副都御史、督师蓟辽兼登莱、天津军务所司，其权力不仅遍及全辽，而且扩展到蓟州、登莱、天津。

崇祯元年（1628年）七月一日，袁崇焕由广东快马奔驰抵达北京。当晚即被崇祯皇帝接见。君臣的"平台答对"，展示了两颗雄心的交流与撞击。

夏日深夜，平台宁静，凉风习习，万点繁星的清辉照映着静谧平台上

的藤椅、竹几、折扇、清茶，照映着血气方刚、立志中兴的年轻皇帝和几经沧桑、以身许国的中年将领的初次会见。今夜的崇祯皇帝，身着白绸长衫，盘发于顶，朝气勃发，举止潇洒，显得亲切而随和，由于继位半年多来，诛灭客魏阉党的果敢胜利和朝政的初露转机，神情漾溢着刚毅、自信和沉稳。而这简朴清爽、免去一切繁褥朝制的召见臣下，更显示出朝廷百年来不曾有过的新风，励精图强之风啊！今夜的袁崇焕，因刚抵京都，仍着布衣黑衫，形容黑瘦，风尘未消，显得意倦精疲，但皇恩浩荡，东山再起，报国有路，重任在肩的喜悦、感激和这简朴亲切召见的新奇，拂去了他神情上的疲惫，爆发了心志的激昂和气概上负重不累的坚定、力挽狂澜的自信和喜遇明主的忠贞，在大礼参拜中，他确已泪湿双颊了。

君臣相会的互致问候之后，进入了有关辽事的答对。崇祯皇帝以折扇授袁崇焕消暑："先生两个多月来鞍马劳顿，未得片刻歇息，就被朕召入宫内，太过意不去了。然朕心焦于辽事，非先生莫解其忧。敢问先生治辽方略如何？"袁崇焕急忙从怀中取出拟定的一份疏奏呈上："臣感念陛下特眷，治辽方略已在这疏奏之中，乞陛下审察圣裁。"

崇祯皇帝接过"疏奏"连声叫好，并为袁崇焕斟茶，急切而语："先生可先论'疏奏'之要，以慰朕心。"

袁崇焕拱手禀奏："陛下，今日辽事之危，更甚于昔日。宁远之战，努尔哈赤因炮伤而亡，但东房兵马损失并不惨重，皇太极继位一年多来，其举措皆有深意，比努尔哈赤的横刀跃马更为可忧。他首先着眼于内政，悄悄匡正努尔哈赤的失误，已使辽沈汉民的反抗停息；他突然出兵奇袭朝鲜，又突然退兵而回，使朝鲜背我而附房；他于去年年尾，利用蒙古喀喇沁部反对林丹汗吞并的战争，突然与蒙古喀喇沁部结盟，把触角伸向漠南蒙古，获得了蒙古敖汉部、奈曼部、札鲁特部、喀尔喀部的好感；并以'议和'与我周旋。凡此种种，皆为谋略所使，有章有法。臣以为：东房欲先安定背后、侧翼而后与我决战，故臣治辽之策，仍然是'先主守而后动'。守为正着，战为奇着，款为旁着，以'守'积蓄力量，以'款'与敌周旋，以'战'消灭敌虏兵力，既打刀枪之战，也打口舌之战，三着并用，收复全辽，以解陛下之忧。"

崇祯皇帝听得认真。他明白，朝廷长期党争不断，国势破坏，国库拮据，中空外竭，要一战而灭东虏是不可能的，"三着并用"之策，或可收制虏之效，遂拊掌称赞："好！先生知虏，故所谋足以制虏，朕忧释减了。先生复辽之日，朕不吝封侯赏，先生当努力解天下倒悬，先生的子孙亦受其福了。敢问先生，复辽之功，何日可成？"

袁崇焕闻声而心惊：师未出能预知功成之日吗？皇上年轻而不知兵事啊！他抬头向崇祯皇帝望去，遇到的是皇帝焦灼的目光：圣心焦劳啊！于是回答道："臣蒙陛下信赖，五年之内，当为陛下收复全辽。"

崇祯皇帝大喜："五年？好，五年为期，五年之后的今天，朕将在这平台之上，为先生设宴庆功。"

崇祯皇帝的许诺，反而使袁崇焕的心境怅然了：这五年之期，原是为宽慰皇上焦劳的心绪说出来的，战场变幻莫测，五年之内真能消灭东虏吗？他为自己的一时浪言而后悔沉默了。

袁崇焕的沉默引起崇祯皇帝的注意，但这"注意"却落错了地方，他以为袁崇焕要提条件了，便抢先询问："先生有什么为难之事，可坦直讲出。"

性格倔犟的袁崇焕不肯吞食"五年为期"的浪言，便借机提出防止朝臣中阁掣肘的请求："陛下，臣今所求之事有三，乞陛下恩准。"

"先生请讲。"

"其一，辽事本不易竣，陛下既委臣以责，臣安敢辞难，但五年内户部转军饷，工部给器械，吏部用人，兵部调兵选将，均须中外事事相应，方可有济，若互相中阁，事事掣肘，臣则处于绝境了……"

崇祯皇帝慨然允诺："先生放心，朕当亲饬户部、工部、吏部、兵部，如先生所言行事。"

"谢陛下。其二，臣浪言禀奏，以臣之力，制全辽有余，调众口不足，一出国门，便成万里，忌能妒功，夫岂无人，即不以权力掣臣肘，亦能以意见乱臣谋，臣心存惊悸啊！"

崇祯皇帝起立而倾听，郑重地说："先生勿疑虑，有关辽事，朕自有主持。"

"谢陛下。其三，臣斗胆禀奏，治辽之法，在渐而不在骤，在实而不在虚，此臣与诸臣所能为，至用人之人与为人用人之道皆陛下司其钥，何以任而勿疑，信而勿疑，盖驭边臣与廷臣异，其中可惊可疑者殊多，但当论成败之大局，不必摘一言一行之微瑕，事任既重，为怨实多，诸有利于封疆者，皆不利于此身者也。况图敌之急，敌亦从而间之，是以为边臣甚难。陛下爱臣知臣，臣何必过疑惧，但中有所危，臣不敢不告。"

崇祯皇帝踱步而听，至袁崇焕面前停步而拱手致谢："先生所言，乃君王当诫之语，朕受教了……"

袁崇焕急忙离座跪倒，叩头触地，咽泪高呼："陛下英明天纵，臣以身许国家，以身许陛下啊！"

崇祯皇帝谕令侍立于平台一边的太监取来尚方剑、蟒玉、银币赐于袁崇焕："'任而勿疑，信而勿疑'，朕以这八个大字待先生，以辽事全权付先生，五年为期，先生可便宜行事！"

袁崇焕接过尚方剑叩头触地："谢陛下九天之恩，臣将借尚方剑的声威为陛下收复全辽，这蟒玉、银币，留待全辽收复之日，臣再拜领。"

崇祯皇帝双手扶起袁崇焕，纵声赞誉："先生，真将军也。"

袁崇焕离开平台，走出皇宫，带着与崇祯皇帝"五年为期"的重压，

于七月二十日奔赴辽东就任，八月一日抵达山海关。

他首先平息了宁远驻军的哗变。八月一日，驻守宁远城的川、湖兵，因三个月不发军饷而哗变，十三营官兵起而应之，缚系巡抚毕自肃、总兵官朱梅、通判张世荣、推官苏涵淳于谯楼，关外防御濒于瘫痪。袁崇焕至山海关得知，便匹马只身奔赴宁远，以其声威权谋处理其事。他宽宥了带头哗变的张正朝、张思顺，处斩了失职的中军吴国琦，责罚了参将彭簪古，罢黜了都司左良玉，重奖了拒不哗变的将领程大乐，并逮捕了哗变中图财害民者十五人，斩弃于市，平息了这场哗变，赢得了军心民心。

他依据"兵部尚书兼右副都御史、督师蓟辽兼登莱天津军务所司"之职改组了防务。合宁远、锦州为一镇，命祖大寿驻守锦州，以中军副将何可刚为都督佥事驻守宁远，调蓟镇总兵官赵率教驻守山海关，以三层防御部署对付皇太极的西进。

他开始集中辽东四镇的指挥权。报请皇帝撤销山东登莱巡抚一职，以减少层次，直接掌握登莱天津舟师；他鉴于东江镇皮岛地居关枢，北可攻击后金，南可联络朝鲜，西可与登莱结为一体，便把目光投向东江镇左都督毛文龙……

袁崇焕的重返辽东，引起了皇太极的极大关注。袁崇焕重返辽东后的调整部署——三层设防，引起了皇太极的极大不安。他与范文程日夜计议，策划着迎击袁崇焕进逼之策。时蒙古喀喇沁部、喀尔喀部、土默特部反对察哈尔部林丹汗吞并的战争已在土默特部的赵城地区打了七个月了，林丹汗兵死四万三千，喀喇沁部兵死五六万。喀尔喀部兵死二三万，土默特部兵死六七万，两败俱伤，相持不下。是年八月，土默特部贝勒代表联军致书皇太极求援，并告以"林丹汗根本动摇"。皇太极遂依据范文程"款西图北"之议，立即答书土默特贝勒，应诺出兵，并遣书蒙古奈曼部袞出斯巴图鲁、敖汉部锁诺木杜棱、塞臣卓礼克图等"一同出兵"，同

时，派遣通事方吉纳、参将温塔石赴宁远，以"每年我国以东珠十、貂皮千、人参千斤送尔，尔以金一万两、银十万两、缎十万匹、布三十万匹报我"为条件重开"议和"，与袁崇焕周旋。是年九月，皇太极亲率大军进入蒙古，以蒙古诸部盟主的面貌出现。至绰洛郭尔，与蒙古敖汉部、奈曼部、喀尔喀部、札鲁特部、喀喇沁部、土默特部诸贝勒会盟，共击林丹汗，并亲率会盟联军，攻取席尔哈，激战席伯图英，围攻汤图，诸战皆捷，军威大振，经过一个多月的战斗，迫使林丹汗退出西拉木伦河流域，败回归化城。战后，皇太极论功行赏，封官加爵，联姻结亲，笼络蒙古诸部贝勒，奠定了统一漠南蒙古的基础。

在皇太极击败林丹汗、笼络蒙古诸部贝勒的同时，袁崇焕也借与皇太极"议和"周旋，心悬与崇祯皇帝"五年为期"之约，日夜操练兵马，制造火炮器械，修缮锦州、大凌河、右屯、宁远诸城，掘壕挖沟，安置火炮，积存粮秣，征集战马，完备山海关外四百里的防御。他"先主守而后动"的方略中的"守"已近乎完成，而方略中的"动"却为皮岛毛文龙的举止莫测所掣肘。他不能容忍毛文龙以其左都督主宰一镇的桀傲不驯，不能容忍毛文龙以其绵亘八十里海岛的拥兵自重，不能容忍毛文龙广招商贾贩易禁物的意图莫测，不能容忍毛文龙以居海之便对登莱舟师的插手笼络，更不能容忍传闻中毛文龙与皇太极的通款议和，遂于后金天聪三年（明崇祯二年，1629年）五月三日，亲自泛海至双岛。五月五日，以阅兵为名让毛文龙至阅兵帐内，以十二条罪状斩毛文龙于帐前，收回了毛文龙的敕印、尚方剑，以副将陈继盛代掌其职，犒军士，抚诸岛，具状呈报崇祯皇帝。崇祯皇帝骤闻其事，"意殊骇念"，但念及袁崇焕所许诺的"五年为期"收复全辽，遂隐忍而优旨褒答。袁崇焕的权力遂及于登莱、天津、东江，手中已握有四镇官兵十五万，马匹八万一千匹，他开始筹划向皇太极发动进攻了。

计杀明将

  皇太极的战略目标是其南部的北京，这同乃父努尔哈赤完全一致。皇太极早在后金天聪三年（明崇祯二年，1629年）六月，就已决定攻打北京。《清太宗实录》记道："（天聪三年六月）乙丑（十二日），上谕诸贝勒大臣曰：战争者，生民之危事；太平者，国家之祯祥。从前遣白喇嘛向明议和，明之君臣，若听朕言，克成和好，共享太平。则我国满汉蒙古人等，当采参开矿，与之交易。若彼不愿太平，而乐于用兵，不与我国议和，以通交易。则我国所少者，不过缎帛等物耳。我国果竭力耕织，以裕衣食之源，即不得缎帛等物，亦何伤哉？我屡欲和而彼不从，我岂可坐待。定当整旅西征。师行时，勿似先日，以我兵独往。当令蒙古科尔沁、喀尔喀、扎鲁特、敖汉、奈曼诸国，合师并举。夫师徒既众，供亿浩繁。陆运糇粮，恐不能给。必将轻舟挽载，至河西西宁堡，方无遗误。宜预采取木植，广造舟楫，以备军行之用。此朕意也。但一人所见，未必悉协于众，询谋金同，乃克有济。满汉蒙古中，有谋略素裕，可裨益于军政者，各以所见人告，朕将择而用之。"

  这是说，皇太极决定进攻明朝。其一，议和不成，决定攻明；其二，联合蒙古，合师并举；其三，广造舟楫，以备军用。这一次攻打北京，不是仅仅动用后金的军队，而是联合蒙古军队，一起参与。这是此次攻打北京的一个特点。

富于想象的皇太极经过深思熟虑，提出了一个超常的想法。鉴于在辽西走廊，后金的征宁远和征宁锦两次战役都无功而返，皇太极感到不能采取碰硬攻坚的战略，必须攻打明朝的薄弱环节。明朝的薄弱环节就是山海关以西的长城一线。"山海关以西塞垣颓落，军伍废弛"，防守脆弱。于是，皇太极提出了通过内蒙古突破长城口的战略主张。

后金天聪三年（明崇祯二年，1629年）十月，皇太极发动了首次入关征明的战争，目标直指北京。是年为农历己巳年，故当时明人称为"己巳虏变"，清人则称"己巳之役"。

先是，二月十一日，降金汉官高鸿中曾上奏皇太极，劝请进兵明朝。皇太极对高鸿中的奏本很是欣赏。他认为："劝朕进兵勿迟，甚为确论。"皇太极发动的宁锦战役，遭受重大挫折，后金国内人心浮动。此时，只有不停顿地发动对明朝的进攻，才能使后金官兵得到物资上的满足，有利于稳定民心、军心，所以皇太极赞成高鸿中的主张。

九月二十三日，皇太极下令"召外藩蒙古部长，各率兵来会"。

十月初二日，秋收过后，皇太极"亲统大军伐明"。这次进兵，皇太极大胆地选择了从未走过的内蒙古路线，假道蒙古科尔沁部，然后自北向南，突破长城，横扫华北，直奔北京，意图给明朝的心脏以狠狠的一击。

这次进兵由蒙古喀喇沁台吉布尔哈图为向导，因其熟识路径。自沈阳出发向西北行，经都尔鼻（今辽宁彰武县）转向西行，进入今内蒙古科尔沁地。初五日，驻扎阳什穆河，赐宴在此会师的奈曼部、扎鲁特部、巴林部等部酋长。初九日，到达纳里特河，受降了察哈尔部来投的五千人，队伍壮大了。十一日，抵辽河扎营。

十五日，大会师。这一天，就有蒙古科尔沁国土谢图额驸奥巴、洪果尔（贝勒莽古斯弟）、图美（奥巴从弟）、武克善（莽古斯孙）、巴达礼（奥巴子）、达尔汉等二十三位贝勒台吉各率兵来会。皇太极"驾迎之三

里许，还御行幄，宴之"。

在这里，关于进兵的指向，皇太极征求诸贝勒大臣及外藩归降蒙古贝勒的意见。他说："明朝屡背盟誓，蒙古察哈尔国暴虐无道，皆当征讨。今大兵既集，所向宜何先？尔等其共议之。"

诸贝勒、大臣意见不一，众说纷纭。有的认为，距察哈尔国路途辽远，人马劳苦，应当退兵；有的则认为，大军"千里而来，群力已合"，应当征讨明朝。其实，皇太极心中有数，他肯定了征明之议，于是统率大军向明朝边境进发。行军五日，备极艰苦，到达喀喇沁之青城。这时，对于伐明，队伍中出现了不同的声音。大贝勒代善、三贝勒莽古尔泰，于傍晚来到了皇太极的御幄，反映情况。他们谨慎地"止诸贝勒大臣于外，而先入密议"，同皇太极讨论了是否继续伐明的问题。代善和莽古尔泰同皇太极议论完，刚从御幄出来，岳托、济尔哈朗、萨哈廉、阿巴泰、杜度、阿济格、豪格等贝勒马上进去，看到皇太极默然而坐，表情不快，气氛一时很紧张。岳托最先打破沉默，开口问道："大汗与两大贝勒商议了什么大事，请向臣等示知。现在诸将官都集合在外面，等待大汗的谕旨呢！"

皇太极十分失望地说："可令诸将各归帐。我谋既隳，又何待为？可勿宣布所发军令！"看起来，问题很严重。岳托和济尔哈朗迫不及待地提出："我们不明白为什么要这样做，请大汗向我们明说吧！"皇太极牢骚满腹地说："我已定策，而两兄不从。谓我兵深入敌境，劳师袭远，若粮匮马疲，何以为归计？纵得人边，而明人会各路兵环攻，则众寡不敌。倘从后堵截，恐无归路，以此为词，固执不从。伊等既见及此，初何为缄默不言，使朕远涉及此耶？众志未孚，朕是以不怿耳。"

至此，大家才明了皇太极"不怿"的原委。这时，岳托、济尔哈朗及诸贝勒纷纷表态，坚决支持皇太极继续伐明的主张，"皆劝上决计进取"。但是，皇太极没有独断专行，而是命管旗八大臣前去与大贝勒代善

和三贝勒莽古尔泰商议定夺。他们很是慎重，"夜半议定"。皇太极得到了大贝勒、三贝勒和诸贝勒的支持，就颁发了进军伐明的上谕："朕仰承天命，兴师伐明。拒战者，不得不诛；若归降者，虽鸡豚勿侵扰；俘获之人，勿离散其父子、夫妇；勿淫人妇女；勿掠人衣服；勿拆庐舍祠宇；勿毁器皿；勿伐果木。如违令杀降、淫妇女者，斩；毁庐舍祠宇、伐果木、掠衣服及离大纛入村落私掠者，鞭一百。又勿食明人熟食，勿酗酒。闻山海关内多有鸩毒，更宜谨慎。马或羸瘦，可量煮豆饲之；肥者止宜秣草。凡采取柴草，须聚集众人，以一人为首。有离众驰往者，拿究。如有故违军令者，与不行严禁之管旗大臣及领队各官，并治罪弗贷。"

皇太极极其注意部队的纪律。这个上谕实际是一篇军队纪律的宣言。其内容详尽，条理清晰，要求明确，处分严厉。这里提到要求部队做到"九勿"，规定得十分具体。这"九勿"是：若归降者，虽鸡豚勿侵扰；俘获之人，勿离散其父子、夫妇；勿淫人妇女；勿掠人衣服；勿拆庐舍祠宇；勿毁器皿；勿伐果木；勿食明人熟食；勿酗酒。如违反军纪，特别强调，杀降和淫女都要处斩。其他的违规，也要鞭刑一百。同时，特别规定了连带罪，'即十卒犯罪，要追究领队各官，甚至管旗大臣的责任。这个军纪"九勿"，实际是努尔哈赤军纪思想的重申。这就保证了军纪的执行。

十月二十日，皇太极率领大军自喀喇沁之青城开拔。行四日，到达老河（老哈河）。皇太极召集诸贝勒大臣，"各授以计，分兵前进"。命贝勒济尔哈朗、岳托率右翼四旗兵及右翼蒙古诸贝勒兵，于二十六日夜半，进攻大安口关，至遵化城合军。令贝勒阿巴泰、阿济格率左翼四旗兵及左翼蒙古诸贝勒兵攻龙井关。于是，皇太极与大贝勒代善、三贝勒莽古尔泰及众贝勒率大军，向洪山口关进发。

十月二十六日，贝勒济尔哈朗、岳托等，乘夜率军前进，夜半二时左

右，攻克长城大安口关。摧毁其关口水门，挥军前行。是日，自辰迄巳，共败敌兵五营。明马兰营张姓参将，败走入山，城降后来归。马兰营、马兰口、大安营，三城俱降。民间秋毫无犯。

十月二十六日同一天，左翼四旗兵攻克龙井关。明朝副将易爱、参将王遵臣闻听炮声，从驻地汉儿庄率兵来援。后金军击败明朝骑兵三队、步兵两队的进攻，斩杀易爱、王遵臣，全歼了这股援兵。后金军攻至汉儿庄城下，守城副将标下官李丰见抵抗无望，遂率城内民众薙发出降。后金军"大军登城，驻营，秋毫不扰"。部队遵纪守法，这是政治思想先期教育起了作用。

后金军军纪"秋毫不扰"，造成示范效应，迅速传播，很快收到效果。莽古尔泰派人赴潘家口招降。潘家口守备金有光，派遣中军旗鼓范民良、蒋进乔携带投降书来降。莽古尔泰赏赐范民良、蒋进乔各缎一匹。三贝勒莽古尔泰奏请批准，守备金有光升为游击，旗鼓范民良、蒋进乔升为备御。其三人都发给敕书，并让他们上任。

十月二十七日，皇太极率军入边，攻克洪山口关，驻师城内。将降人方遇清提升为备御，给予备御敕命，令其守卫洪山口。"招集流亡，尽心供职。俟后有功，不次擢用。"又将率百人执械来降的千总升为备御，将

清八旗军的盔甲

把总升为千总。

皇太极命总兵扬古利率先锋军，直逼长城之内的遵化城。三十日，皇太极率领大军从洪山口出发，亦抵达遵化，距城五里扎营。三贝勒莽古尔泰率左翼兵自汉儿庄来此会师。贝勒济尔哈朗率右翼兵来会。三路大军齐集遵化城下，将遵化城死死围住。皇太极向遵化巡抚王元雅发出劝降书。《皇清开国方略》记其书曰："我国为尔国侮慢侵凌，致成七恨，乃告天兴师。幸蒙上天垂鉴，以我为直，举辽东广宁诸地，悉以畀我。我犹欲罢兵息民，屡遣人致书议和。尔君臣妄自尊大，且不容我书过山海关。爰整师旅，大举而至。自喜峰口迤西，大安口迤东，拒敌之兵，悉已诛戮。归顺人民，秋毫无犯。今尔等，若输诚来降，功名富贵，当与共之。尝闻良禽择木而栖，俊杰相时而动。尔等可不深念耶？至民人皆我赤子，来归之后，自当加以恩养。尔等可速自审处，毋贻后时之悔。"

此劝降书，还有另一个完整的版本。《清太宗实录》记道："满洲国皇帝致书于王巡抚。我两国本相和好，后因尔国侮慢侵陵，致成七恨。我乃告天兴师。幸蒙上天垂鉴，不计国之大小，止论理之曲直，以我为直。故举山海关以东，辽东广宁诸地，悉以畀我。我犹欲息兵，与尔国共亨太平。屡遣人致书议和。尔君臣妄自尊大，自视如天上人。且卑视我，不以我书转达，我深恨之。因完固城池，重兵留守。爰整师旅，大举而至。凡我兵所向，自喜峰口迤西，大安口迤东，拒敌之兵，悉已诛戮。其汉儿庄一带归顺人民，秋毫无犯。但取刍粮，饱我士马。今尔等若输诚来降，功名富贵，当与共之。尝闻良禽择木而栖，俊杰相时而动。尔等可不深念耶？至于民人，皆吾赤子，来归之后，自当加以恩养。昔辽东之民，既降复叛，我曾杀之，良用自悔。今图治更新，仁恩遍布，尔等当亦闻知，无俟予言也。我既大举兴师，岂肯中止，尔可速自审处，毋贻后时之悔。"

书写劝降书，是皇太极的拿手好戏。这里的"拒敌之兵，悉已诛戮。

归顺人民，秋毫无犯"，可以看作皇太极进军明朝的基本政策。"尝闻良禽择木而栖，俊杰相时而动"，这句汉人耳熟能详的名句，很具蛊惑力。"若输诚来降，功名富贵，当与共之"，这不是随便说说的，前面数个城关降顺的官员，都一律得到了提升。"昔辽东之民，既降复叛，我曾杀之，良用自悔。今图治更新，仁恩遍布"，这是对努尔哈赤时期，辽东杀降错误政策的公开检讨。

后金军大举攻入长城以内，逼近遵化城。消息迅速传到驻守宁远的袁崇焕耳中。明朝督师袁崇焕焦急万分，急派山海关总兵赵率教救援遵化。赵率教亲率刘姓、王姓副将及参将游击九员，以精兵四千人，三昼夜急驰三百五十里，救遵化之危。贝勒阿济格等率左翼四旗兵及蒙古兵，与明兵恶战，赵率教被后金贝勒阿济格斩于马下，副将参游等官俱就戮。明援军大败。三贝勒莽古尔泰生擒明中军臧调元，来见皇太极。皇太极说道："可收养之。养人，后必有效。"于是，下令凡是薙发放下武器的兵士，都一律收养，并放他们回原籍。罗文峪关之守备李思礼携带粮册来降，将其升为游击。总之，后金军极为注意俘虏政策的落实。

皇太极对遵化巡抚王元雅进行劝降，王元雅坚不投降。皇太极决定攻城。攻城之前，制定了详细的攻城方略。《皇清开国方略》记道："太宗召集贝勒大臣，定议攻城，授以方略。正黄旗攻北面之西，镶黄旗攻北面之东。正红旗攻西面之北，镶红旗攻西面之南。镶蓝旗攻南面之西，正蓝旗攻南面之东。镶白旗攻东面之南，正白旗攻东面之北。"

十一月初三日黎明，皇太极下令攻城。八旗兵从八个方向勇猛地进攻城堡。正白旗兵萨穆哈图英勇顽强，首先登上城墙，"诸军继之"。经激烈战斗，"遂克其城"。巡抚王元雅走入官署，"自经死"。皇太极命以棺木装殓其尸体，以示尊重。城中官兵人民等抵抗者，"尽杀之"。占领了遵化，就打开了进攻北京的通道。

攻占遵化城后，皇太极驻扎于此，进行短暂休整。在此，皇太极做了三件事。

第一件事，探视伤员。十一月初四日，皇太极听说副将伊逊攻打城堡时，敌炮伤到了他的手部，伤势颇重，特意亲自探视。

第二件事，再发上谕。皇太极又听说，罗文峪关被从征的蒙古军所扰害，很是气愤。当即决定用蒙古字、汉字双字体，急切传达上谕，告诫从征蒙古军遵纪守法。谕曰："朕会师征明，志在绥定安辑之。凡贝勒大臣，有掠归降地方财物者，杀无赦；擅杀降民者，抵罪；强取民物者，计所取之物，倍偿其主。朕方招徕人民，若从征之人，横行扰害，是与鬼蜮无异。此而不诛，将何以惩。贝勒大臣等，尚其仰体朕心，广宣德义焉。"

皇太极作为统帅，总是把军队纪律放在极其重要的地位。其中"朕方招徕人民，若从征之人，横行扰害，是与鬼蜮无异。此而不诛，将何以惩"，将违犯军纪者等同于"鬼蜮"，说明皇太极对其极端痛恨，决心断然诛之。

第三件事，奖励将士。攻占遵化，皇太极非常高兴，他说："我军年来，皆怯云攻城。此城较前所攻之城更坚，萨穆哈图奋勇先登，殊可嘉也。"此前，努尔哈赤攻打宁远，皇太极攻打宁锦，都无功而返。这次攻打遵化，终于如愿以偿。皇太极出了一口恶气。他决定抓紧时间，在前线对攻城将士予以嘉奖。

嘉奖的除军官外，还突出地奖励了士兵，树立了四位巴图鲁，巴图鲁就是英雄、勇士的意思。第一登城的萨穆哈图，第二登城的扈什布，第三登城的多礼善，第四登城的茂巴礼，都受到特殊重奖。既有精神奖励，也有物质奖励。四人都一律从士兵提升为军官，同时给予优厚的物质奖赏。尤其是第一登城的萨穆哈图，除提升为备御外，更是破格予以"世袭

罔替，有过失，俱行赦免。家贫即周恤之"的待遇。同时，授予勇号巴图鲁，同二等总兵官喀克笃礼和二等游击巴笃礼之勇号并列。皇太极认为，榜样的力量是无穷的。他在伐明的初期，就有意识地树立多谋善断的军官和英勇善战的士兵典范，供广大官兵学习效法。

对于第一号战斗英雄萨穆哈图，皇太极牢记于心，并一直予以关注。据史载，在皇太极攻占永平县后，曾就萨穆哈图再一次冲上前线，勇敢战斗的安全问题，做了明确的具体指示。谕曰："（天聪四年二月辛亥朔）贝勒大臣日，昨攻取永平城副将阿山、叶臣与猛士二十四人，冒火奋力攻城，乃我国第一等骁勇人。蒙上天眷佑，幸俱无恙，朕甚爱惜之。前以巴图鲁萨穆哈图，攻遵化城先登，骁勇出众，已有旨，后遇攻城，勿令再登。及攻昌黎县，萨穆哈图又复预焉。朕心怆然。自后此等骁勇建功之人，但当令在诸贝勒大臣左右，督众并进。如彼欲率先攻城，当阻止之，以副朕爱惜材勇之意。"

皇太极是真心爱惜、爱护人才。不仅有嘉奖，还有惩处。"攻遵化竖梯时，有二兵退回，为后队督阵官所获，奏闻。上命斩以徇。"对待临阵退缩的后金两名士卒，皇太极痛下决心，命令斩杀。

嘉奖完毕，皇太极动情地即席发表了演说。上谕群臣曰："顷因克遵化，各旗大臣至登城士卒，俱以次赏赉者，非以大臣等身自登城也。嘉其督率尽善、备具坚固耳。嗣后视此为例，朕与尔等，经历险远，艰苦至此。已蒙天佑，克奏肤功。诸臣尤宜加意约束所属人员，爱士卒，如子弟。则所属士卒，亦视尔等如父母。平时克遵教令，临阵必竭诚效命，不违纪律矣。倘各旗大臣不加训饬，以致妄行不诛，则纪律废弛，而为恶者益炽。诛之，则曾经效力之兵，而以无知蒙罪，又实可悯。尔等有管兵之责者，当勤加教训，以副朕意。"

这里说明嘉奖军官是因为"督率尽善、备具坚固耳"，是指挥得法，

准备到位，不是因为你亲自登城。军官需要的是智慧，而不仅仅是勇气。并进一步强调军纪的重要性，军官要"尤宜加意约束所属人员"，除平时的政治思想教育，即"勤加教训"外，还要对违犯军纪者，量罪"诛之"。二者不得偏废。

皇太极的严格军纪、优降俘虏的政策，再次显示出巨大的威力。十一月十一日，长城重要关口喜峰口降顺。《皇清开国方略》记道："壬辰（十一日），明喜峰口参将千总二员、把总二员，赍降书至。给敕谕及令旗，禁戒蒙古扰害汉人。赐参将段（缎）二十，把总各段（缎）一。从者各段（缎）袍一。"

不费一枪一弹，轻松地拿下喜峰口关。这是皇太极优降俘虏政策的又一次胜利。

十一月十一日，皇太极亲率大军，向燕京进发。先是命令参将英固尔岱、游击李思忠、文馆儒臣范文程，统备御八员、兵八百人，留守遵化。皇太极率军在距离遵化二十五里处扎营。

十一月十三日，大军至蓟州。以书信谕蓟州城内官民投降，蓟州降。

十一月十四日，大军抵三河县。擒获一名汉人，让他持书入城招降。

十一月十五日，命左翼三贝勒莽古尔泰及贝勒多尔衮、多铎、杜度、萨哈廉、豪格等，率兵三千先赴通州，探视通州河之渡口。皇太极随后自三河县起营，行走二十里，在前哨捕获一名汉人，送到皇太极前。经审问，得知宣府、大同两镇总兵，现在都在顺义县。这是一条重要情报。皇太极立即命令贝勒阿巴泰、岳托，率领左翼两旗及蒙古两旗兵，前往截击，以免他们救助北京。经过一场激战，击败了总兵满桂、侯世禄之军队，俘获马千余匹，驼百余头。顺义知县知道抵挡不住后金八旗兵的攻势，于是"率众来降"。

自此，八旗军顺利攻占了遵化、蓟州、三河、顺义、通州诸地。于

是，皇太极至通州，渡河，驻扎在通州城北。通州距北京近在咫尺，对北京构成巨大威胁。此时，皇太极发动了政治攻势，发布谕旨，传谕各城曰："满洲国皇帝，谕绅衿军民知悉。我国素以忠顺守边。叶赫与我，原属一国。尔万历皇帝，妄预边外之事，离间我国，分而为二。曲在叶赫，而强为庇护。直在我国，而强欲戕害。屡肆欺凌，大恨有七。我知其终不容也。用是昭告于天，兴师致讨。天佑我国，先赐我河东地。我太祖皇帝，思戢干戈，与民休息，遣人致书讲和，而尔国不从。既而，天又赐我河西地。我复屡次遣使讲和，尔天启皇帝、崇祯皇帝仍加欺凌，使去满洲国皇帝帝号，毋用自制国宝。我亦乐于和好，遂欲去帝称汗。令尔国制印给用，又不允行。以故我复告天兴师，由捷径而入，破釜沉舟，断不返旆。夫君臣者，非牧民之父母耶？尔明之君臣，视用兵为易事，漠然不以爱民为念，不愿和好，而乐兵戈。今我军至矣，用兵岂易事乎？凡尔绅衿军民，有归顺者，我必加抚养。其违抗不顺者，不得已而诛之。此非余诛之，乃尔君自杀之也。若谓我国偏小，不宜称帝。古之辽金元，俱自小国而成帝业，亦曾禁其称帝耶？且尔朱太祖昔曾为僧，赖天佑之，一俾成帝业。岂有一姓受命，永久不移之理乎？天运循环，无往不复。有天子而废为匹夫者，亦有匹夫而起为天子者。此皆天意，非人之所能为也。上天既已佑我，尔明朝乃使我去帝号，天其鉴之矣。我以抱恨之故兴师。不知者，以为恃强征讨，故此谕之。"

皇太极的这道上谕，旨在强调其发动征明战争的合法性。其最大的理论根据，是上天的支持。他高扬的理论旗帜是"天运循环，无往不复"。不是我皇太极想要征服你们，是老天命我这样做，"此皆天意，非人之所能为也"。皇太极振振有词地反诘道："岂有一姓受命，永久不移之理乎？"又调侃地揭露说："且尔朱太祖昔曾为僧，赖天佑之，俾成帝业。"其实，你们的老祖宗朱元璋，原先也不过只是一个秃头和尚而已。

和尚能够夺天下，我们难道不如一个和尚吗？

十一月十七日，皇太极大军起行。一路势如破竹，很快占领了北京郊外二十里之牧马厂，扎营于此。其管马太监两名及三百余人出降。这两位管马太监，后来知道，就是马房太监杨春、王成德。他们二人不能小觑，由于他们的告密，导致大将袁崇焕的人头落地，从而致使祖大寿降清。历史被改写。

二十日，大军再次启行，逼近燕京，驻扎于城北土城关之东，两翼兵驻扎于城之东北。

皇太极对北京城虎视眈眈，北京城岌岌可危。

北京城俨然一个不设防的城市。城外大兵压境，城内乱作一团。崇祯皇帝宣布京师戒严，急调全国各地兵马来京。并传谕袁崇焕"多方筹划"，以解倒悬。袁崇焕不敢懈怠，急调手中的兵马，从各个方面堵截后金军。他自己也率兵回返蓟州。但是，这个时候，北京城内却散布着一个败坏袁崇焕名声的传言，说他有意引导后金军进京。而袁崇焕在通州又没有同后金军交战，使人们更加怀疑袁崇焕的动机。谣言肆意传播，崇祯皇帝也对袁崇焕充满了戒备心理。然而，袁崇焕对此竟浑然不觉。

十一月十六日，袁崇焕深怕后金兵逼近京师，仅率领骑兵九千，以两昼夜行三百里的速度，由间道急抵北京城广渠门外扎营。此时，后金兵亦兵临城下。后金兵发起攻击，袁崇焕躬擐甲胄，督军力战。二十二日，皇太极率领诸贝勒，环阅北京城。二十四日，皇太极徙营屯南海子。二十六日，进兵距离城墙二里时，发现袁崇焕、祖大寿的部队，在城东南角扎营，树立栅木为障碍，阻挡后金军。皇太极轻骑巡视说："路隘且险，若伤我军士，虽胜不足多也。"诸贝勒屡次请求攻打城堡，皇太极坚决拒绝，深情地说道："朕仰承天眷，攻城必克。但所虑者，倘失我一二良将，即得百城，亦不足喜。朕视将卒如子。尝闻语云：子贤，父母虽无积

蓄，终能成立；子不肖，虽有积蓄，不能守也。此时正当善抚我军，蓄养精锐耳。"

这就是皇太极的人才观。他视才如命，爱惜有加。于是，便停止了进攻。

袁崇焕是大名鼎鼎的抗战派，并握有强悍的武装力量，成为后金灭明的最大障碍。但此次率兵到京后，崇祯皇帝对他却心存疑虑，对其虚与委蛇。虽几次召见，赏赐御馔及貂裘，但却拒绝其部队入城休整。

与此相配合，皇太极却导演了一场无中生有的反间计，借敌人之手除掉自己的敌人。《清太宗实录》记载了这个反间计。记载的目的是为了宣扬皇太极反间计的成功。文曰："先是，获明太监二人，令副将高鸿中、参将鲍承先、宁完我、巴克什达海，监守之。至是还兵。鲍成先遵上所授密计，坐近二太监，故作耳语云：今日撤兵，乃上计也。顷见上单骑向敌，敌有二人来见上，语良久，乃去。意袁巡抚有密约，此事可立就矣。杨太监者，佯卧窃听，悉记其言。庚戌（十一月二十九日），纵杨太监归。后闻杨太监将高鸿中、鲍成先之言，详奏明主。明主遂执袁崇焕入城，磔之。锦州总兵祖大寿大惊，率所部奔锦州，掠夺民物，毁山海关而出。"

这是说，后金大军屯南海子时，俘虏了明朝提督大坝马房太监杨春、王成德，便指派副将高鸿中、参将鲍承先、宁完我、巴克什达海等监收。明末，太监受到宠幸，是皇帝的心腹。高鸿中、鲍承先按照皇太极的"所授密计"，夜里回营，坐在两个太监睡觉的地方，故作耳语道："今日撤兵，乃上计也。顷见上单骑向敌，敌有二人来见上，语良久，乃去。意袁巡抚有密约，此事可立就矣。"语言简短，含义深长。它暗示袁崇焕已与这位后金国皇太极有密约，攻取北京"可立就矣"。太监杨春"佯卧窃听，悉记其言"。二十九日，高、鲍又故意放跑杨太监。杨太监回到朝廷，以重大军情为由，把高鸿中、鲍承说的话都详细地报告了崇祯皇帝。

崇祯皇帝深信不疑。

十二月初一日，刚愎自用的崇祯皇帝以"议饷"的名义，再次召见袁崇焕、满桂、祖大寿等。袁崇焕急忙赶至平台。袁崇焕喘息未定，崇祯皇帝当即质问袁崇焕，以前为什么擅杀毛文龙，现在为什么进京逗留不战。因事发突然，袁崇焕毫无准备，一时语塞。崇祯皇帝当即下令将其逮捕，交付锦衣卫关押听勘。时逢阁臣成基命在侧，感到崇祯皇帝此时下令逮捕袁崇焕不妥，当即叩头犯颜直谏，请皇帝慎重而行。崇祯皇帝自负地说道："慎重即因循，何益！"成基命深感事态严重，再次叩头，请皇帝三思："兵临城下，非他时比！"崇祯皇帝执迷不悟，我行我素，还是坚持己见，逮捕关押了前方主帅袁崇焕。

接着，崇祯皇帝采取了一些补救措施，借以安定前线将士。令太监车天祥慰问辽东将士；命满桂统率各路援兵，节制诸将；谕马世龙、祖大寿分理辽东兵马。年轻的崇祯皇帝自以为得计。

总兵官祖大寿眼见崇祯皇帝下令逮捕袁崇焕，如晴天霹雳，不知所以。他与崇祯皇帝虚与委蛇，表面答应。而后，他奔出险地平台，同副将何可纲一起，率领辽东将士，毁弃山海关，杀回老家宁远。崇祯皇帝逼反了祖大寿。

接下来，崇祯皇帝发布谕旨，指责袁崇焕，谕曰："袁崇焕自认灭胡，令胡骑直犯都城，震惊宗社。夫关宁兵将，乃朕竭天下财力培养训成，远来入援。崇焕不能布置方略，退懦自保，致胡骑充斥，百姓伤残，言之不胜悔恨。今令总兵满桂总理关宁兵马，与祖大寿、黑云龙督率将士，同心杀敌。各路援兵，俱属提调。仍同马世龙、张弘谟等设奇邀堵。一切机宜，便宜行事。"

就这样，袁崇焕由昔日的殿上臣，变成今天的阶下囚。世事无常啊！

后金天聪四年（明崇祯三年，1630年）八月十六日，明廷以"通虏谋

叛""失误封疆"等罪名，毅然将率师入卫北京的袁崇焕处以磔刑，其家产没收入官，兄弟、妻子流放三千里。

袁崇焕之死实是一桩历史冤案。奸臣得势，忠臣被害。黑白颠倒，忠奸混淆。明朝崇祯时期，君昏臣奸，朝政紊乱。这给了皇太极可乘之机，使其反间计大行其道，最终导致明朝忠臣袁崇焕离世。这也反证了皇太极过人的智慧与高超的手段。袁崇焕冤死，奸臣当道，国事日非。清人评论说："自崇焕死，边事益无人，明亡征决矣。"

袁崇焕下狱，祖大寿大惊，急率所部毁山海关，奔锦州。袁军听此噩耗，顿时走散一万五千余人。北京永定门南，明朝军与后金军进行了残酷的肉搏战。明朝军以满桂、黑云龙、麻登云、孙祖寿四总兵率领的四万步骑兵，同后金军厮杀，满桂等三十余名军官战死，明朝军失败。这时，后金诸将争请攻打北京城。皇太极笑着说："城中痴儿，取之若反掌耳！但其疆域尚强，非旦夕可溃者，得之易，守之难，不若简兵练旅，以待天命可也。"

于是，皇太极留下一封答复崇祯皇帝的请和信后，率军离京东归，连下遵化、永平、滦州、迁安四城，留兵据守，其余众军返回沈阳。

不久，就发生了后金军围困大凌河城的攻坚之战。

袁崇焕冤死。但是，一年前，他下令杀了毛文龙。毛文龙的部下无所归依，终至星散。最著名的几个部下，几经周折，还是投向了后金国。这当然和皇太极的优降政策有很大的关系。孔有德、耿仲明、尚可喜就是在这个正确的优降政策的感召下，投向后金国的。孔有德、耿仲明、尚可喜，后来成为三顺王。

皇太极率军进围北京，是后金兵进关的第一次大演习。它不仅使这支铁骑得到长途行军作战的训练，而且也获得了与明朝主力会战的经验，因而增强了夺取全中国的雄心。皇太极利用这次进兵，巧妙地施展反间计，

假崇祯之手杀死他最忌恨的袁崇焕，为后金铲除了一个劲敌。在当时和其后很长时间，人们一直认定袁崇焕资敌通敌，死有余辜。直到清入关后修清太宗实录时，真相才大白于天下，袁崇焕之冤死才得以昭雪。皇太极设计杀袁崇焕，再联系到袁崇焕妄杀毛文龙，这一套纵横捭阖可称为"连环计"，足以显出皇太极出类拔萃的军事和政治本领。

攻大凌河

　　皇太极率大军东归不久，明朝兵部尚书、大学士孙承宗督理军务，重新组织力量，只用十几天工夫，就收复了后金兵占领的永平、遵化、滦州、迁安四城，拔除插在京师脊背上的四根钉子。孙承宗收复关内四城以后，于（后金天聪五年，崇祯四年1631年）正月东出巡关，准备重新整备关外的防务。辽东巡抚丘禾嘉提出应修复广宁、义州、右屯。孙承宗认为，广宁离海一百八十里，距辽河一百六十里，陆上运输很艰难。义州地方偏居一隅，离广宁远，一定得先占有右屯，聚兵积粟，才能渐渐逼广宁。但右屯城已被摧毁，修筑后才能守。筑此城，敌兵一定会来攻，所以又必须恢复大、小凌河两城，以接连松山、杏山、锦州等城。经崇祯批准，决定先把大凌河城修复起来。该城全称叫大凌河中左千户所，位于锦州东三十多里，属锦州守备管辖，建于宣德年间，周长三里，嘉靖时又有所增修。在明清战争中，它是锦州的前哨阵地，几经战争破坏。这次经孙承宗提议，决定再次修复。这年七月，总兵祖大寿、何可刚及十余员副将

率兵正式动工重建。

丢失永平四城的阿敏率败军刚回到沈阳，皇太极就得知明兵在大凌河筑城的消息。他毫不迟疑地昼夜催调各军包括蒙古兵，由他率领前往攻城，不给明朝修筑和加固防线的任何机会。据皇太极所知，明朝"精兵尽在此城，他处无有"。攻下此城，便消灭了明朝的有生力量。皇太极说，如果"坐视汉人开拓疆土，修建城郭，缮治甲兵，使得完备，我等岂能安处耶"！七月二十七日，皇太极率军离沈阳西行，第二天渡过辽河，召集众将领，宣布军纪：凡俘虏之人，勿离散其父子、夫妇，勿裸取其衣服，当加意抚恤。皇太极嘱咐诸将：为将帅之道，在于申明法令，抚驭得宜，就会使人人奋进，争立功业。

八月一日，大军驻旧辽阳河，蒙古各部落率兵来会，举行酒宴，为他们远道而来洗尘慰劳。在这里兵分两路：一路由贝勒德格类、岳托、阿济格等率兵二万，经由义州，屯驻于锦州与大凌河之间；一路由皇太极率领经由白土场，趋广宁大道，约定六日两军会于大凌河城。

大凌河城从七月中旬左右动工修复，到这时才只有半个多月。辽东巡抚丘禾嘉自作主张，同时修复右屯城，分散了人力和物力，结果大凌河城雉堞仅修完了一半，就仓促闭门拒战。城中原有官兵一万六千〇二人，后派出买战马及守宁远的共二千二百人，实际人数是一万三千八百〇二人，夫役商贾一万多人，全城共计三万余人。六日夜，后金兵两路汇合后，开始围城。皇太极总结以往的教训，认识到至少在目前，攻坚不是后金的长处，这次改为围而不攻，迫使城内粮尽援绝而投降。他指示作战方略说："攻城恐士卒被伤，不若掘壕筑墙以困之。彼兵若出，我则与战，外援若至，我则迎击。"

在城四周布署主攻与策应，实际上等于安置两重兵力，而蒙古兵为机动，居间进围。这次用兵与往次不同，不仅战术有了变化，而且还掌握了

相当数量的大炮，这就大大提高了后金兵的战斗力，初步改变了过去挨轰挨打的局面。从这年开始，后金已经能够独立制造大炮，还有从明兵手中夺取来的，投降带过来的，大炮的数量也不算少了。为此，皇太极在各旗设立一个炮兵营，各配备红衣炮和大将军炮计四十门。这次围大凌河城，皇太极首次携带大炮，命令额驸佟养性率领汉兵，把大炮安放在通往锦州的大道上，堵截明朝援兵。

各旗绕城及侧重西面防明锦州援兵，共托营盘四十五座，周围绵延五十里，他们各在自己防区环城挖掘大小四道壕堑：一道深宽各丈许，一道环前道壕再挖一条宽五尺、深七尺五寸的壕，铺上秫秸，覆盖上土。据此壕五丈远的地方筑墙，高丈余，墙上加垛口，远看如一道城墙。各旗还在自己营地周围挖掘一道拦马小壕，深宽各五尺。皇太极发布命令：各旗将士严守阵地，不许放一人出城。他自己则整天高坐城南山冈，时刻注视城内动静。

这一套严密的围困工事，称得上水泄不通，风雨不透，表明皇太极此次用兵志在必胜的决心。连明人也惊叹不已："逆奴围凌，连控四壕，湾曲难行，器具全备，计最狡矣！故虽善战如祖大寿，无怪其不能透其围。"此围"封豕长蛇，其毒螫乃至于此"。困守在城里的明将祖大寿等起初还不时地出动数十人、几百人的小股部队，或企图出城收割庄稼，或为骚扰，或做试探性的突围，都被后金兵给打了回去。有一次，皇太极用计，把后金兵伪装成明援兵，引诱他们出城。祖大寿不知是计，果然率兵出城，中了埋伏，被杀得大败。祖大寿吃了多次亏，从九月下旬以后，再也不敢出战，总是城门紧闭。祖大寿唯一的希望是朝廷能派大军来解救他们。的确，朝廷也做了最大的努力。八月十六日，皇太极围城才十天，松山城出动明兵两千前来支援。二十六日，辽东巡抚丘禾嘉与总兵吴襄、宋伟合兵六千赴援，与清兵大战长山（大凌河城东南）、小凌河间，**被逐**

回锦州。九月十六日，皇太极率军出击锦州，断绝对大凌河城的增援。至中途，他令众军暂停前进，带二百名亲兵到前边侦察。他沿着山脚，悄悄前行，等行至小凌河岸，突然与刚出城的锦州六千明兵遭遇。皇太极刚穿戴铠甲，率二百名亲兵飞马过河，直冲明兵。明兵阵营大乱，纷纷掉头逃窜。皇太极分军五队，直追到锦州城下。吴襄、宋伟出战不胜，退回城里。二十四日，朝廷终于派监军张春会同吴襄、宋伟率战将百余员，马步兵四万余来解大凌河之围。过了小凌河，东进五里，筑垒列车营。后金兵扼守长山，明援兵不得进。二十七日黎明，明兵拔营，向大凌河城推进，在离城十五里的长山与后金兵接战。皇太极亲率两翼骑兵直冲敌营，飞矢如雨；佟养性指挥汉兵发射大炮、火箭，明兵也以枪炮还击，霎时间，枪炮声、呐喊声交织在一起，声震天地。明兵挡不住飞驰而至的后金骑兵的冲击，吴襄营先乱，溃不成军。接着其他营也乱了套，纷纷溃逃。太宗预先在其归路埋伏精锐，凡逃经此路的明兵悉被歼灭。此役，张春和副将张洪谟、杨华征等三十三员将官被活捉，副将张吉甫、王之敬等死于交战，吴襄、宋伟等一小批将领侥幸逃脱。这次战役后，明朝再也没派援兵到来。

援兵已绝，祖大寿和他的守城将士又面临着粮尽的严重危险。围困已两个月，城里储备的粮食眼看就要吃光，兵士宰杀战马充饥，马无草料，大批倒毙。老百姓更惨，他们很早就断了粮，成百上千的人都饿死了，勉强活着的人抢食死者身上的肉，用人骨当柴烧，所谓"炊骨析骸，古所没有"。有个叫张翼辅的，从城里逃出，诉说城里的惨状：粮食已经吃光了，先杀工役而食，现在又杀兵丁食之，军粮已尽，唯有大官还剩米一二升而已。

在严密封锁中，皇太极不断发动"政治"攻势。围城一开始，他就写信给祖大寿，劝他投降。其时，祖大寿在辽东有一个很大的封建家族，

人口众多，家业豪富，权势显赫，毫无降意。皇太极责令阵获的明将二十余人给祖大寿写信劝降，他本人还写了三封，一起送到城里，但祖大寿仍不投降，对来使说："我宁死于此城不降也。"他之所以不降，就是担心后金随意杀人，顾虑身家性命，表示不相信皇太极的话。皇太极马上写信解释，说从前杀辽东人实有其事，我甚为痛悔，现在再也不妄杀一人，一律加以收养。二贝勒阿敏在永平屠戮汉官民，是他个人犯的罪行，已将其幽禁惩处。我愿与你及诸将军共事，故以肝膈之言，屡次相告。祖大寿拖到十月中旬，"城内粮绝薪尽，兵民相食，大寿等力竭计穷"，才下了投降的决心。二十五日，祖大寿派他的儿子祖可法到后金营中为人质。一见面，济尔哈朗、岳托都起立，扶住祖可法，不让他下拜，说："我们前此对垒是仇敌，现在已讲和，都是兄弟，何必拜？"以满族较高的抱见礼相待。他们问祖可法："你们死守空城是何意？"祖答："因为你们屠杀降民，所以迟疑。"岳托说："杀辽东民是太祖时的事，我们也不胜追悔。杀永平兵民是二贝勒阿敏干的，已受到处分。这些事与今汗毫无关系。"经过信使往来谈判，打消了祖氏父子和诸将的疑虑，有关投降事宜都已谈妥，只有副将何可纲反对投降。二十八日，祖大寿命逮捕，让两名士兵把他架出城外，当着后金诸将的面斩首。何可纲脸色不变，不说一句话，含笑而死。然后，祖大寿派四员副将、二员游击到后金营，代表他和副将张存仁等三十九名将官与太宗及诸贝勒举行盟誓。当晚，祖大寿亲自到皇太极御营见面。皇太极特别高兴，派诸贝勒出迎一里，他则出幄外迎接，不让祖大寿跪见，而以抱见礼优待，还让他先入幄，他不敢，谦让后，皇太极和他并肩入幄，极示尊敬之意。里边已摆好了丰盛的宴席，皇太极亲自捧金卮酌酒给祖大寿，把他穿用的黑狐帽、貂裘、金玲珑、缎靴、雕鞍、白马等一大堆珍贵物品赏给了祖大寿。祖大寿感激不尽，以妻子尚在锦州，请求允许他回去设计智取锦州。皇太极当即同意。十一月一日晚，祖

大寿带二十六人，渡小凌河，徒步去锦州，大凌河城方面故意炮声不绝，造交战及追赶的声势。守锦州的丘禾嘉与宋襄、中官李明臣、高起潜闻炮声，发兵支援，半路上正与祖大寿相遇。他假称突围逃还，丘禾嘉信以为真。但他一去不复返，其子侄都留质于后金，也在所不顾了。十年后，锦州战役时他才真投降。

祖大寿走后，后金兵开进大凌河城。原先全城兵民共三万多人，此时仅存一万一千六百八十二人，马只剩下三十二匹。三日，皇太极举行盛大宴会，招待大凌河城归顺将官，宴后，令他们较射。

九日，皇太极下令班师，他的八旗将士满载战利品，凯旋沈阳。撤军前，将大凌河城完全摧毁，只剩下城基，变成一片废墟。大军连续撤了三天，到十三日才撤完。这次围困达三月余，获得了完全的成功。此役消灭了明朝在关外的精锐，使其军事力量遭到严重损失。同时，皇太极耐心地招降了张存仁等数十名明将。他为得到一批人才而感到心满意足。这在他看来，是比得到一座城池更为重要的收获！

入口之战

大凌河围城战役结束后，皇太极把注意力转向蒙古察哈尔，率军亲征，暂时放松对明朝的大规模征伐。过了两年，到后金天聪八年（明崇祯七年，1634年），皇太极又发动了远袭明朝宣府、大同的战役。因为这次战役主要是在沿长城内侧一带进行的，所以称之为"入口之战"。

　　这年五月十一日，皇太极召集诸贝勒大臣，征求他们对征明的想法。皇太极说：现在我打算征明，应当由哪条路进兵？贝勒大臣回答：应从山海关入。皇太极听了他们的回答，却提出了相反的意见："今兴大兵宜直抵宣（府）、大（同）。察哈尔先为我败，举国骚然，贝勒大臣将来归我，必遇诸途。我一则征明大同，一则收纳察哈尔来归官民。"皇太极不走山海关，除了要在中途收拢察哈尔余部，还有一个原因，就是山海关明兵防守很严，不易通过。相比之下，宣、大一带的关口成了薄弱环节。宣府本是秦汉时上谷郡。明初，在此设开平卫，与辽左互为唇齿。该地形势险要，"紫荆（即紫荆关，在河北满城北）控其南，长城枕其北；居庸（关）左崎，云中右屏；内拱陵京，外制胡虏，西北一重镇也。"大同是秦汉时云中郡，明初设大同府，太祖封其一子为代王居此。自古这里是"用武之地"，"华夷互争疆场所必守者也"。这两处重镇都以防御和控制北方游牧民族而为历代兵家所重视。明朝为阻止"北虏"（即蒙古）南下，筑城堡，派重兵，宣府号称"北门之势于今为壮矣"，大同"亦称金汤"。但到了明末，这一地区边备大坏。一方面，蒙古不断侵袭破坏；另一方面，为对付后金新的威胁，明被迫抽调宣、大之兵专力经营宁、锦至山海关一线的防务，致使宣、大一带塞垣空虚，岌岌可危。皇太极选择宣、大作为军事行动的突破口，从战略上说，就是避实击虚，攻其不备。大同离京师稍远，宣府与京师仅距三百余里。皇太极突袭这两个重镇，不仅给京师造成直接军事威胁，而且足以产生动摇明朝统治的政治影响。诸贝勒大臣囿于陈规习见，考虑问题远不及此。他们当然都很赞成皇太极深谋远虑的计划。于是，皇太极第二次绕开山海关防线，长途跋涉数千里，展开对明朝新的打击。

　　五月二十二日，皇太极率大军离沈阳西行，渡辽河，到达都尔鼻，蒙古诸部率军来会。为适应远程行军和奔袭的需要，骑兵占了多数。从这里继续向西进军，进入内蒙古。果如皇太极所料，察哈尔余部纷纷遇于途，络绎不绝归向后金。

在行军途中，皇太极把他的部队陆续分成四路前进：

六月二十日，命德格类率军一支进独石口，会大军于朔州（山西朔县）。

六月三十日，遣代善和他的儿子萨哈廉、硕托入得胜堡。

七月五日，令阿济格、多尔衮、多铎入龙门口。太宗自率一军从尚方堡（或作上方堡、膳房堡）入口，经宣府趋应州（山西应县）至大同。

按皇太极计划，四路军于七月八日分别破关口而入。他这次用兵，不在于得城池、土地，主要目的是掠取明朝财富，消耗明朝经济与军事实力。一个被明兵俘获的后金侦探供认，后金"不攻城池，只在各村堡抢掠。"对于城镇能攻取即攻取之，一时攻不下即放弃，转而去别处。皇太极入口后，奔向宣府，被明兵大炮击退，转向应州，包围后攻取成功。阿济格从龙门口入边，就攻龙门，没攻下，转攻保安州（河北涿鹿）。西路代善父子入边后，攻怀仁县没攻下，再攻井坪（山西平鲁）也没攻下。皇太极指示他们攻朔州附近的马邑。东路德格类入边，陷长安岭堡，攻赤城不下，奔保安州，赴应州见皇太极。出征前，皇太极做了较充分的准备，他命每牛录出铁匠一名，携带锾五个、镩子五个、锹五把、斧头五把、锛子二个、凿子二个；每甲喇还备云梯二架，等等。这些器具除了用于修理武器，也用于攻城。在火器大量而广泛地应用于战场的情况下，这些东西不可能发挥积极作用。所以，后金兵一看到城坚炮利，就远远走开，躲到大炮的射程之外。

明朝在宣、大一带的防务十分空虚。鉴于以往的教训，明朝"申严边备之旨，盖无日不下，亦无地不周。至宣、大单虚，尤为圣明所注念。"当六月上旬，皇太极行经内蒙古西进时，明朝就已得到情报，先后连连发

下十余次旨意，其中指示宣、云等处"尤宜严备、固守"。六月中，又传下旨意：如被后金攻破，守官"立置重典"处死。旨意严厉，地方守官只当成耳旁风。"乃今奴（后金兵）四路纷来，至墙下而始觉。"兵部尚书张凤翼在给崇祯皇帝的报告中发出一连串的责问：敌人至边墙才发觉，那么侦探者干什么去了？"任（后金）游骑之抄掠，无能设伏歼除，所谓训练者安在？无事则若称缺饷，有警又自处无兵，组练无闻，祇动呼吁，所谓精锋者又安在？"虽然痛心疾首，朝廷大计却一样也得不到落实。守土的地方官和带兵的将官怯于同后金对阵，他们不敢出战，要么弃城逃跑，要么紧闭城门，看到后金兵来了，仅是发射大炮而已。有个南山参将叫毛镔，他奉命带部分兵士去永宁开会，但"四门紧闭不开"，他在城外与城上的张将官"接谈许久，并不开门"。惧怕后金兵到如此地步，岂不叫人啼笑皆非！他们都向朝廷发出呼吁，请求援兵，声称："职等欲出城剿杀，贼势甚众，寡不相敌，用炮远打。"延庆（现北京延庆）、保安"二州有民而军寡，势难对敌"。二州陷落，保安州知州阎生斗被杀。兵力不足，这也是实情，他们则以此掩饰自己无能怯战。崇祯皇帝和他的大臣的一次谈话提供了真实情况。阁臣王应熊说：八月初，后金二十来个骑兵在山西崞县掠获妇女小孩千余人，经过代州城下，望见城上自己的亲人，互相悲啼，城上守军却不发一矢，任后金兵从容过去。崇祯皇帝听到这里，气得直跺脚。王应熊接着又说：崞县陷落后，后金兵将城中财物捆载三百辆车而去。过了几天，地方官却向朝廷报告说，已收复此城。崇祯皇帝当即指令：凡与此事有牵连的官员一律治罪，由兵部核实上奏。

明朝内部种种腐败，不一而足。后金兵如入无人之境，在明朝的州府台堡之间往来穿梭。崇祯皇帝一看宣大之兵不顶用，急令宁远总兵官吴襄，山海关总兵尤世威率军二万分道驰援大同。同时，京师宣布戒严。足见太宗的这次入塞又给明朝造成了非常危险的形势，使它惶惶不安。

　　后金各路大军陆续会于应州，皇太极命诸贝勒攻克了代州，分道出攻：东路至繁峙（山西繁峙），中路至八角，西路至三岔。八月十三日，皇太极也离应州赴大同，攻城五天，吴襄兵败，尤世威兵大战北门，稍得利。后金兵未攻下，就去攻西安堡，奔阳和。其他诸军先后攻克灵丘（山西灵丘）、崞县（山西崞阳），攻忻州（山西忻县），明兵力守不下，攻保定竹帛口，千总张修兵败身死。后金礼部承政巴都礼在攻灵丘县王家庄时中箭而死。皇太极到大同时，曾向明朝总兵曹文绍、阳和总督张宗衡提出了议和的建议。他们同代王的母亲杨氏一度也请求议和。但此事刚开始，他们就变了卦，还写了公开信挂在北楼口，策动后金内部的汉人、蒙古人"造反"。皇太极到了阳和，针对他们的欺骗，给张宗衡写信，指斥明将虚诞无能，说："朕入境几两月，蹂躏禾稼，攻克城池，竟无一人出而对垒，敢发一矢者。"皇太极约他们出城会战以决胜负，明将不置一词。八月二十七日，皇太极率军离阳和，闰八月四日，攻下万全左卫（宣化西），斩守备常汝忠，歼灭明军千余人。七日，皇太极率大军班师，从尚方堡出塞。因为接收和处理察哈尔余众耽搁不少时日，直到九月十九日，已经是初冬的时候，才回到沈阳。

　　皇太极第二次入塞，"蹂躏宣、大五旬（一旬为十天），杀掠无算。"其活动范围以宣、大为中心，当在今河北西北部、山西北部，纵深几达山西中部，攻围大小城镇台堡凡五十余个。在饱掠之后，安然出口东去。尽管皇太极宣布行军纪律，约束兵士，但它的目的之一，就是掠取明朝财物，使广大人民遭到严重损害。明朝的军队纪律很坏，从各地来大同的援兵包括辽兵，也给当地百姓造成了灾难。王应熊指出："彼（指后金兵）利子女玉帛耳，田禾未损。援兵屯城西，刈禾牧马，民甚苦之。"皇太极远行数千里再次自由入塞，向明朝显示了他的八旗将士能征惯战的威力，同时也暴露出明朝在其北部再也没有一条可设防的巩固防线了。

走向皇权

第七章

大清建国

皇太极继位之后，十年之间，在文治武功方面都有杰出的建树。他派兵征服了朝鲜，消灭了察哈尔蒙古，打通了不经由山海关可以随时入关的通道。他带兵威胁过明朝的京城北京，他让明朝两位著名边将袁崇焕、毛文龙走入历史。在后金汗国内部，他打垮了三大政敌代善、阿敏与莽古尔泰，加强并巩固了汗权。他调整了满汉民族间的关系，礼敬汉官，重用汉儒，也大大改善了投降汉人的生活与社会地位，因而得到汉人的普遍支持。他又以宽广的心怀接受汉人文化，建立汉人制度的衙门，翻译汉书，设立汉文学校，举办科举考试，使传统的八旗制度进步为专制君主制。蒙古部族也多来归顺，特别是漠南蒙古，几乎成为他统治的范围。他强调法治，更定离主条例，并以明朝法典为治国依据，满洲原始恶习渐被消除。他又重视发展经济，使后金生产力增加，手工业与技术之水平大为提高。皇太极的这些成就，使他成为满蒙汉各族人民众望所归的人，也使他的权力与威望提升到至高的境地。后金天聪九年（明崇祯八年，1635年），多尔衮征蒙古时为他取得历代传国玉玺，象征着"天命"已经归于后金，真是"一统万年之端也"。满洲亲贵及满蒙汉大臣一致决议要给他上尊号，认为这是合人心、顺天意的事。可是皇太极不同意，他说"国中有心怀嫉妒不良之人"，为他自己，也为死去的父汗创立的基业，他都不能接受。除非诸贝勒能各修其身，他再考虑。结果诸贝勒都愿意再发誓，表示尽忠

竭力，支持大汗。皇太极这样才"勉从群议"，接受尊号，决定从天聪十年（明崇祯九年，1636年）四月起，即皇帝位，受"宽温文圣皇帝"尊号。改元崇德元年，改定国号为大清。

天聪十年（明崇祯九年，1636年）四月十一日清晨，皇太极先在百官簇拥下，前往沈阳天坛祭告天地，满蒙汉所有达官亲贵都按班排列观礼。皇太极随礼官在"上帝"神位前上香跪拜，读祝官高声诵读祝文，向上天报告大汗这十年的伟大功业，并请求批准他即皇帝大位成为"命世之君"。

祭天地之后，皇太极回到大政殿，举行受尊号礼。他坐在大金交椅上，周围放着新制成的仪仗，两旁站立着百官；不久乐声大作，赞礼官高呼"跪"，百官应声下跪。这时由三组满蒙汉人士组成的敬献御用之宝的贝勒高官，分别向皇太极跪献宝印。他们代表这个政权的多民族，把象征皇帝权威的御用之宝呈给皇帝，让他有了统治国家的最高权力。献宝之后，又由满蒙汉代表一人，宣读用本族语言写成的表文，赞扬皇帝的事功道德。最后大家再次跪拜，结束典礼。其后几天，皇太极又忙着到太庙追尊祖先，加封他的兄弟子侄与臣僚，连蒙古外藩与汉人降将也有被封的，如封孔有德为恭顺王，耿仲明为怀顺王，尚可喜为智顺王等，他们的部下也都论功行赏；对于满洲的天生贵族们，当然更是个个加封，大贝勒代善列位第一，封为和硕礼亲王，贝勒济尔哈朗封为和硕郑亲王，多尔衮封为和硕睿亲王，多铎为和硕豫亲王，等等。不论满洲、蒙古、汉人，一经受封，地位绝对比大皇帝低，八旗主旗贝勒当年平起平坐的时代不再存在了。

从祭天、受尊号、加封诸王的礼仪与形式上看，基本上是仿照汉人制度举行的。不过，在各种仪式中体现了皇太极重视各民族的一体团结，人选与表文用的文字都兼顾满蒙汉三大族群，而封王也不忘让大家分享权

利，这在中国历史上几乎没有过，也可以说是皇太极的伟大之处。皇太极重视满蒙汉各族的密切合作，对清朝未来的发展来说是绝对大有裨益的。

在这次持续二十多天的改元称帝典礼中，更改国号是头等大事之一。皇太极为什么要把"后金"改为"大清"呢？"大清"又代表着什么意义呢？我们不妨一起去寻找答案。

首先来看看为什么改掉沿用了二十年的"金"或"后金"。在中国历史上，满族人的祖先女真族首领完颜阿骨打曾在1115年建立过"金"国。他于1125年灭辽，1127年灭北宋，成就过空前的伟业。当时的金国存在了一百二十年，后世的女真子孙都引他为莫大的光荣。满族的领袖努尔哈齐在对明战争取得初步胜利之后，也在明万历四十四年（1616年）建立"金"或"后金"政权，用以号召女真民族，作为女真族文化传统与政治认同的象征。努尔哈齐常说"我们金国""我们先朝金国"，皇太极和他父亲一样也崇拜一些金朝的皇帝。后金天聪三年（明崇祯二年，1629年），他率兵入关攻打北京时，还特地去北京西南方金朝两位皇帝的陵寝祭拜，祭文中并盛赞二帝的威德。可是到了后金天聪五年（明崇祯四年，1631年）当他率兵攻打锦州时，在写给明朝守将祖大寿的信中则声称："我兵至北京，谆谆致书，欲图和好，尔国君臣惟以宋朝故事为鉴，亦无一言复我。尔明主非宋之苗裔，朕亦非金之子孙，彼一时也，此一时也。"

同样，当投降他的汉人王文奎建议集众誓师，宣告天下说："幽、燕本大金故地，吾先金坟墓现在房山，吾第复吾之故疆耳！"皇太极也不同意。可见为了争取汉人、汉官、汉将，他不能再以金民族来号召了。他确实向明朝再三表示过和意，但汉人夷夏观念很深，而且对宋金对抗事记忆犹新，徽、钦二宗被俘，开封大量文物财富被女真抢掠一空等旧事，都被汉人视为奇耻大辱，不愿与皇太极谈和，实在是"汉人以宋时故辙为鉴，

举国之人，俱讳言和"。皇太极了解真相之后，当然就相信再用"金"为国号，对自己国家未来的发展是不利的。

改国号为什么用"大清"或"清"呢？清朝自己在官方的书档里未做说明。也正因为如此，后人的解释就多了。

清朝贵族后人金梁在他的《光宣小纪》里说：清即金之谐音。

他的说法得到不少人赞同，如清史大家孟森也认为：清即金之谐音，盖女真语未变，特改书音近之汉字耳。

日本学者市村瓒次郎也说：金与清在北京语稍有相近，金为chin之上平，清为ching之去声，北京人可明确区别开，然外国人则颇易混同，女真民族当时不可能正确区别汉字之发音，因而改金之国号为清，乃取音声之近似耶。

近代大陆出版的一些清史专书中，不少从此一说的，也认为在"金的音近汉字中，只有清字的字义，作为国号比较适宜，而且这个清字，在中国历史的朝代中还没有人用过。""皇太极改金为清，只是在字样上的改变，实际上他仍然继承金国的国号，并没有变，因为金和清只是把金字用相近发音的清字代替而已"。

稍早的学者对"清"字的解释可能还比较深入一些，有人从文义上讲，"清"就是"扫清廓清"。也有人说："清者，青也。"青为北方信奉萨满教诸族所崇尚，满洲人一直信萨满，所以用清为号。另外，日本的稻叶岩吉又有一种看法，他认为："（金与清）新旧两号之间，当有连络之义。……少昊金天氏父曰清，又曰胙土于清。据罗泌所说，少昊氏以金为宝，历色尚白，故又曰金天氏。就史事征之，起于朝鲜南端之新罗，亦曰金天氏之后。……因金天氏胙土于清，故采用清字以命名也。"

以上这些解释虽然各有理由，但皇太极当时已接受汉人文化，他改国号应该有其具体原因、意义与文化背景。他必定自信为"命世之君"，

有"创制显庸"的丰功伟绩，"不肯因袭前代"，要换上一个新名号，作为自己新政权的象征。因此新国号必有新含义，不是随便决定的。皇太极既然重用汉人，翻译汉书，成立六部，设立文馆，采用汉人尊号，仿行汉人典礼，国号与年号的更改怎么能独独不受汉人影响呢？传统汉人的思想有"王者受命，必立天下之美号以表功"，皇太极如何以美号来表功呢？他一心一意想打败明朝，建立一个统治汉人的帝国。要想打败明朝，在政治、军事、经济各方面都得胜过明朝才行，包括国号、年号也要强过明朝，甚至有打倒明朝的意义。如果这个想法可以成立，多年来有些史家的解释就可以参考了。例如明朝皇帝当时所用的年号是"崇祯"，意思是"崇尚祯祥"，多少有些祈愿、迷信的味道。皇太极本来的年号是"天聪"，事实上这根本不是年号，只是对他这位大汗的美称，说他是"聪睿的汗"，后来改作年号了。现在正好改国号改纪元，他取用了新的年号为"崇德"。你明朝皇帝"崇尚祯祥"，我皇太极"崇尚道德"，高下立刻可以分别，皇太极强过了朱由检，国号改称"大清"显然也是对着明朝的。《诗经》里有"维清缉熙"句，"熙"有光明之意，"只有清朝可以逮着你明朝"。同时"明"字属火，明朝皇家姓"朱"，"朱"者色赤，赤为火色。而"清"字带"水"，包括"满洲"也"训水"，水能灭火，又能合五行相克之说。在五行学说中，火能克金，所以"金"字国号必须得改。另外，在很多中国古书中，常见有"清""明"并用之处，如《诗经·大雅》有"会朝清明"句，《礼记》有"清明在躬""视容清明"句，《管子》有"鉴于大清、视于大明"、"镜大清者，视乎大明"句，等等，"清"字总是压在"明"字头上。若以"清"字为国号，是强过敌人的，是一种吉利的征兆。

皇太极重建国号大清，开辟了清朝历史的新纪元。换句话说，清朝的历史应当从这里开始，皇太极是名副其实的大清皇帝第一人。他在清史

中是个承前启后、继往开来的关键人物，是清朝一统天下的真正开创者。虽然皇太极和努尔哈赤都没有进关做全国的最高统治者，而仅在关外戎马一生，但两人确有很大不同。努尔哈赤起自建州女真的一个小部落，他名为明朝地方官，实则是女真的一个小酋长。他用了相当长的时间去统一女真各部，推动和加速了女真社会的进步，使各分散的部落迅速走向联盟，进而形成新的民族共同体——满族，在此基础上，成立了国家政权——后金。纵观努尔哈赤的一生，他更多的是作为一个民族领袖来活动的。他的业绩及其所建金国，在整个清朝历史这一出壮烈的多幕剧中，所占的场面只能是序幕。他所起的作用，就是把帷幕拉开，并装填了自己的内容。努尔哈赤作为清朝前身历史的首创者是当之无愧的，而皇太极则居于清朝历史开创者的地位。他在位十七年，特别是建元崇德前后到去世，全面地，而且极为迅速地发展了他先父的未竟事业，在一切方面都远远地超过了自己的前辈。皇太极统一整个东北，首次降服一向与明朝保持深厚友好关系的朝鲜，征服察哈尔，统一漠南蒙古，促使漠北蒙古行"九白之贡"。皇太极所占有的疆域将近半个中国，使清政权牢固地立于既广大又丰足的根据地之上。皇太极所建筑的政权完全具备了国家的规模，尤其是他吸收汉人和蒙古人参加，实行以满族贵族为核心的联合执政，扩建蒙古八旗、汉军八旗，从而改变了努尔哈赤时代的单一的满族执政的民族政权性质，变为几个民族联合的政权。这为清一代的长远统治树立了楷模。因此，皇太极是真正的一代国主，他是作为一个国家的首领来活动的。皇太极创立的国家——清政权及其基本国策为后代子孙所奉行，他建的国号大清一直沿用到近代。

巩固皇权

皇太极即位之初，地位并不那么稳固，国家权力尚未达到高度集中，而是分散在宗室贵族手中。他们或玩忽职守，或随意违法妄为，有的甚至敢于向君主挑战。皇太极清楚地看到，如果不打击这股轻视甚至目无君主的分散势力，他就坐不住金銮殿。经过多年努力，采取各种措施，他的权威才得以牢固地树立起来。皇太极的制胜法宝就是制定法令，秉公执法，不分上下贵贱、内亲外戚，一切依法行事。

皇太极即位后的头几年，主要精力用在征朝鲜、伐明朝，没来得及完善法律。到后金天聪五年（明崇祯四年，1631年），皇太极阐述了他的法制思想，同时公布了一些法律规定。他说："国家立法，不遗贵戚，斟酌罚锾以示惩儆。凡诸贝勒审理枉断人死罪者，罚银六百两；枉断人杖罪、赎罪及不奉谕旨私遣人与外国交易，或怠忽职守，或擅取民间财物马匹，或将本旗女子不行报部短价收纳在家者，均罚银二百两。"以上规定，既包括诸王贝勒审断案件出现的差错，也包括他们自身违法都受惩处两个方面。皇太极经常惩治的是临阵败走、酗酒妄为、行猎不能约束整齐，这三件过错有违犯其中一条的，都判以重刑，其余诸事都可从宽处理。崇德年间，他强调惩治触犯这三条的人，是针对诸王贝勒而发的，不能不说这是压抑王权，提高皇权的措施。皇太极还提出了执法的指导原则和审案的具体方法。这就是"听讼务持其平，谳狱务得其实。尔诸臣审理讼狱，于

走向皇权

两造所陈，当速集见证鞫问，庶有实据。若迟缓取供听彼潜相属托，支饰避罪则审判安得公平？自今以后，不先取见证口供，致事有冤抑者，既按事之大小坐罪审事官。"执法必须公平，不得偏私，审案判罪，贵在有真凭实据。审讯时要对犯罪者与告发者的口供迅速取证，如果迟迟不取，只听掩饰避罪的口供，或只听信犯罪者暗地托人说情，审判就不会公平。此后，如不先取证只听信口供，致使有遭冤枉的，按其情节轻重，处罚审判官。

皇太极亲自制定法令，自然他就成为法制意志的最高体现者。有了法律这条准绳，他就可以监督诸王贝勒及群臣的言行，使他们都处于皇权的控制之下。虽然皇太极明确立法，但过惯了部落生活，又掌握了很大权力的诸王贝勒并不完全把这些法令放在心上，每每藐视法制，任意妄为。太祖去世前曾立下遗言，其中谈到法制，说："国家当以赏示信，以罚示威……尔八固山（八旗旗主）继我之后，亦如是，严法度，以效信赏必罚。"他规定一条原则："赏不计雠（仇），罚不避亲，如是，明功赏，严法令，推己爱人，锄强扶弱。"皇太极遵循父亲的遗训，对违犯法令的人特别是诸王贝勒，从不放过，一律按法令处置。清崇德二年（明崇祯十年，1637年）六月，皇太极总结征朝鲜及皮岛之役，"王以下，诸将以上，多违法妄行，命法司分别议罪"。经刑部审议，认定自礼亲王代善以下共计六十四人犯有各种程度不同的过失。这些过失概括起来，有私携无甲之人冒名顶替从军、放纵士兵抢掠、私娶降民妇女、不听从军令擅自行动、私匿缴获的战利品、战斗中畏缩不前致使兵士损伤，等等。根据过失轻重，分别判处死刑者二十四人，撤职十三人，鞭刑五人，罚银者二十二人（有的既受鞭刑又罚银，还有的既革职又罚银）。这些受处罚的人当中，有皇太极的儿子、哥哥、弟弟、侄儿、额驸（即驸马）等，皇亲国戚约占四分之一，将官一级的约占三分之一。因为代善的爵位最高，他被列

为犯法者第一人，刑部给予革去亲王爵位、罚银一千两的严厉处分。其他如多罗武英郡王阿济格、多罗贝勒豪格、固山贝子篇古、和托等一班宗室勋戚，也分别处以革除爵位、罚银。以下固山额真、梅勒章京、兵部承政等高级将领同样依法处分。皇太极从争取人心，为他继续使用这些人考虑，大多给予从轻处理。原判死刑的二十四人赦免十九人，处以罚银的，也逐一减少数目。代善等诸王贝勒也免去革爵的处分。皇太极从宽发落，丝毫不减少处分的意义。他把违法者的罪状都公之于众，上下皆知某某犯法，罪状都记录在案，既让臣下互相监督，又使本人警惕，从中吸取教训，日后不再重犯或少犯类似的过错。这样做，众人无不心悦诚服。

皇太极运用法令同宗室大臣中的分散势力进行斗争，并非是靠一两次处罚就能奏效。他们虽经处分，政治上、经济上多少有些损失，一个个却是满不在乎，有意无意地违抗法令的大有人在。皇太极就以更重的处罚、严厉的手段加以打击。清崇德六年（明崇祯十四年，1641年）三月，因为围困锦州的事件，皇太极又同诸王贝勒进行了一次严重的斗争。本来，按照皇太极的战略意图，对明朝的前哨重镇锦州实行长期围困，在断绝一切外援的情况下，迫使处于绝望之中的明兵献城投降。他向戍守围困锦州的领兵诸贝勒阐述得一清二楚，可是，他们没有遵守。作为领兵的主帅和硕睿亲王多尔衮及其助手豪格、阿巴泰、杜度、罗托、屯济、硕托、阿山、潭泰、叶克舒等一帮主要将领，在围困期间，私自决定兵士和军官轮流回沈阳探家。一次是每牛录甲兵三人回去，再一次是每牛录甲兵五人，每旗章京一名放回去。由于把兵士放回家，营中兵员减少，害怕锦州城里的明兵趁机劫营，于是下令全军从现有的包围线后撤到离城三十里的地方扎营。这正好与皇太极的意图背道而驰。皇太极明令要求他们围困锦州要由远渐近，逐步缩小包围圈，直逼城下，以震慑城内明兵。皇太极闻听他们违抗军令，大怒，严厉谴责："原令由远渐近，围逼锦州以困之，今离城

远驻，敌必多运粮草入城，彼此相持，稽延月日，何日能得锦州耶？”皇太极很是气愤，整整一天，怒气未息。正值驻兵换防，便命甲喇章京车尔布等人前去锦州传达他的谕旨，令多尔衮等会议，将提出并决定后撤、私遣兵士回家的人指名揭发，拟出罪状报告。

接着，派兵部参政超哈尔、谭拜等率兵替换多尔衮军，传去一道谕旨：令多尔衮等率军至辽河，驻营舍利塔，不许进城，等候他的处置。多尔衮率军到舍利塔后，向皇太极做了报告。皇太极马上派内院大学士范文程、希福、刚林等调查多尔衮等违令的事实，并分别训斥诸王贝勒：“睿亲王（多尔衮），朕加爱于你，超过诸子弟，良马鲜衣美馔，赏赐独厚。所以如此加恩，是因为你勤劳围攻，恪遵朕命。今于围敌紧要之时，离城远驻，遣兵回家，违命如此，朕怎能再加信任！肃亲王豪格，你同在军营，明知睿亲王失计，为何缄默静听，竟然听从他的话？阿巴泰、杜度、硕托，你们为何对此漠不相关？听任睿亲王所为，是也说是，非也说非，遇之如路人，视之如秦越呢？硕托，你曾获罪，朕屡次宽大，你却徒具虚名，不思效忠！”

范文程等传达完上述指示，多尔衮、豪格、硕托等人申诉遣兵士回家是为了“修治盔甲、器械，牧养马匹”，说些不得不如此的理由。范文程一行返回盛京，将调查结果上报。皇太极一听，愈发生气，说：“此皆巧饰之辞！……仍敢于欺朕！可令伊等自议其罪。”范文程一行又回到多尔衮处，传达皇太极谕旨。多尔衮不再辩解，首先认罪：“不逼近锦州，遣兵回家，轻违谕旨，致误锦州不得速破。我即总握兵柄，将所属之兵，议遣返家之时，倡言由我，遣发由我，悖旨之罪甚重，应死。”豪格说：“睿亲王，王也，我亦王也。但因睿亲王系叔父，所以令握兵柄耳，彼既失计，我合随行，罪亦应死。”其次议定杜度、阿巴泰、罗托、硕托、屯济等均削去爵位，各罚银两若干。再次固山额真阿山、潭泰、叶克舒都参

赞军务应处死，以下涉及各级将官三十四人都分别议罪。范文程一行又回盛京，将处理结果上报，请示皇太极。皇太极决定，凡死罪均免死，和硕睿亲王多尔衮降为郡王，罚银一万两，剥夺两牛录户口；和硕肃亲王豪格降为郡王，罚银八千两，剥夺一牛录户口；阿巴泰、杜度各罚银二千两；罗托、硕托、屯齐、潭泰、阿山、叶克舒各罚银一千两。多尔衮以下各将官纳完罚银，皇太极才许他们入城。他们想进宫谢恩，皇太极不允，只得在大清门外谢恩重罪轻处。过了几天，多尔衮等都到议政衙门办公，皇太极又详问围锦州时各军驻兵地，比原先调查的情况更严重，不由得气往上冲，当即命大学士希福、范文程、刚林等传他的话："尔等（多尔衮等）在外，意图安寝，离城远驻，既求休息，疾速还家，且归安寝可耳！"将多尔衮逐出议政衙门，撵他们回家，不准上朝视事。

此事僵持到四月初。七日这天，皇太极召见范文程、刚林等进清宁宫，面授指示，说："你们可召集获罪的诸王贝勒大臣到笃政殿前，传达朕的命令，叫他们各入衙署办事，不可怠惰。不许他们入大清门，如遇朕出门，也不许随行。朕并非厌恶他们，不令见面，但他们来见朕，朕无话可问，他们也无话可答。朕将托何辞问询，他们又托何辞来回答？假若静默无言相对，那就太没意思了。"范文程、刚林劝道："获罪诸王贝勒都是皇上子弟，既已训诫而宽恕，还是叫他们入朝，未知可否？"皇太极摇头不允。范文程等按太宗指示，向多尔衮等传达了他的原话，多尔衮等奏道："一切唯上命是听，臣等有何辞可对？"说完，都到自己的衙门去了。又过了一段时间，多尔衮等托范文程、刚林说情，皇太极才允许他们进大清门，入朝办事，但不许他们搞徒具虚名的"谢恩"这类仪式。

皇太极执法之严酷，虽权贵不饶，于此可见一斑。诸王贝勒不得不俯首听命，慑于这位大清皇帝个人的权威之下。皇太极对自己要求也严格，率先执行法令。后金天聪五年（明崇祯四年，1631年）二月，制定仪仗

制，自他以下，诸王贝勒出门都按规定排列仪仗队，违例者罚羊。不久，皇太极到他几个儿子避痘的住所看望，去时未排列仪仗队，礼部启心郎祁充格以违例罚羊的规定告知巴克榜什达海，他马上向皇太极报告。皇太极认错、认罚，将羊付给礼部，说："朕非忘具仪仗也，以往避痘处故不用耳。然不传谕礼部贝勒，诚朕之过，朕若废法，谁复奉法？此羊尔部可收之。"

皇太极面对势力雄厚的权贵们，之所以毫不畏惧，敢于斗争，是他在当时摆出秉公执法的姿态，包括本人在内，一视同仁，表现出他是为国家、民族和全体人民的利益着想。他的直接目的是打击和抑制诸王大臣的势力进一步增长，从而提高和巩固他皇权的集中统一。

皇太极即位，既非受父亲遗命，亦非因为年龄居长而当立。他是接受以代善为首的诸兄弟子侄的拥戴才登上汗位的。作为既成事实和回报，皇太极对负有拥戴之功的三大贝勒即他的三位兄弟代善、阿敏、莽古尔泰极为优礼：每当朝会、盛大庆典、宴餐、与群臣见面时，皇太极都把三个哥哥摆在与自己的同等地位——居南面并列而坐，俨然如四汗。接受群臣三跪九叩礼，而皇太极免去三大贝勒的君臣礼，只行兄弟之礼。皇太极如此相待，一方面包含了对兄长的尊敬与感激，另一方面也含有某种程度的畏惧之意。就诸王贝勒的实力而言，三大贝勒最为雄厚。代善掌握正红旗、镶红旗，阿敏掌握正白旗、莽古尔泰掌握正蓝旗。八旗是军政合一的社会组织，他们掌握一旗到两旗的八旗军队、人口及土地财产，就是一个国家中的四分之一或八分之一的实权派。太祖在世时，他们与皇太极并列为国中"四大贝勒"，其地位均排列在皇太极之前。当时，太祖实行八和硕贝勒共议国政的制度，他们与皇太极共同参与政务。太祖去世后，继续实行这种制度，皇太极不得不与三大贝勒及其他旗主贝勒共议国政，凡事不能自专。他们为了本旗和自身的权益，自行其事，甚至以拥戴之功，

要求皇太极给予更多的权力。皇太极处处受到诸王贝勒的"掣肘"，遇事总是迁就。例如，后金天聪三年（明崇祯二年，1629年）十月，皇太极率军征明，行军至中途，代善、莽古尔泰竟让诸贝勒大臣停在外面，两人进御幄力阻进军，以"劳师袭远"为兵家所忌，要皇太极班师。皇太极左右为难，一时竟不敢做主，默坐营帐中，闷闷不乐。为了执行既定的作战计划，皇太极动员起岳托、济尔哈朗、萨哈廉、阿巴泰、杜度、阿济格、豪格等人，说你们既然知道这次行军有如此诸多不利，为什么缄默不语，使我远涉至此。皇太极的激将法点燃了岳托等人忠君的热忱，他们表示支持和拥护皇太极，反过来向代善、莽古尔泰施加压力，二人被迫改变主意，皇太极才得以下令继续进军。由此可见，三大贝勒及诸贝勒具有左右局势的实力和影响。所以，皇太极"虽有一汗之虚名，实无异整黄旗一贝勒也"。这种八旗旗主联合主政的体制，造成皇权分散、王权独立，皇太极与诸王贝勒主要是与三大贝勒的矛盾和冲突就不可避免。皇太极初立，只能暂时维持这种共同主政的局面。但他逐步采取实际步骤，不断削弱直至消除各种对立的势力。

首先，皇太极采取的一个步骤，就是把在八旗中权力大的诸王贝勒的权力向下分散。皇太极对官制的大幅度改革，实际就是力图削弱诸王贝勒主要是三大贝勒的势力。他暂沿旧制，仍在每旗设总管旗务大臣一员，但扩大了他们的权限，规定"凡议国政，与诸王贝勒偕坐共议之"。这一措施等于从诸王贝勒手中分出一部分权力给总管旗务大臣，从而打破他们垄断权力、左右局势的局面。皇太极还于每旗各设佐管旗务大臣二员，调遣大臣二员，各分掌一旗的某方面事务，这就进一步削弱了诸王贝勒独掌一旗的权利，并使他们处于众多参政人员的监督和互相牵制之中。

其次，在管理国家，处理行政事务中，皇太极也采取了削弱诸王贝勒的有力措施。后金天聪五年（明崇祯四年，1631年）初设六部，每部以贝

勒一人领部院事。到清崇德三年（明崇祯十一年，1638年）七月，停诸王贝勒领部院事，其权力再次削弱。

排除异己

阿敏是皇太极的堂兄，努尔哈赤同母弟舒尔哈齐之子。阿敏充任四大贝勒之一，乃因其父舒尔哈齐在努尔哈赤创业之始的功勋。

舒尔哈齐生前曾与其兄努尔哈赤争夺权位，但他远不及努尔哈赤英勇善战和足智多谋。舒尔哈齐曾欲私迁黑扯木自立为王，阿敏自然追随其父。努尔哈赤将舒尔哈齐及阿敏追回囚禁，欲严厉治罪。朝鲜人因此说努尔哈赤"威厉残暴"。事实上，舒尔哈齐私迁之举亦不可取，当时分裂行动并不利于满族的发展。不久，舒尔哈齐在亲兄的压力与劝说之下承认了错误。阿敏当时险被处死，由于诸兄弟说情才得以活命，后又得任大贝勒。

阿敏与皇太极父子间积怨年久日深，当皇太极继位之际，他曾以"出居外藩"作为拥立的条件。皇太极曾找郑亲王济尔哈朗计议阿敏的打算，并予以否定。因此阿敏对皇太极继位不满。

后金天命十一年（明天启六年，1626年），在阿敏率兵征伐蒙古扎鲁特部落的战役中，"大贝勒阿敏亲党行事异常，语言乖异，有'谁畏谁、谁奈何谁等语'"。在汗位转移的大变动中，早怀异心的阿敏言行反常，至于"谁畏谁，谁奈何谁等语"，矛头则直指皇太极，其间也夹杂着对先

汗努尔哈赤的宿怨。显然，在皇太极继位前后，阿敏又重新萌发了昔日独自立国的幻想。

后金天聪元年（明天启七年，1627年），阿敏征扎鲁特部归来不久，皇太极又命他带兵侵入朝鲜。在朝鲜国王已遣使请和的情况下，身为主帅的阿敏不愿收兵，而"令吹角进兵，直趋王京"。主管兵部的贝勒岳托"知不可劝止，遂策马还本营，邀阿敏之弟济尔哈朗至营共议"，决定驻兵平山城。阿敏身为统帅，遇事不集众议，一意孤行，造成后金军队"皆分道而行"的松散状态。岳托指出皇太极的战略意图是：只要朝鲜求和，即可携带俘获的人畜财物班师回沈阳。但阿敏却说："汝等欲归者自归耳，吾则必到王京。吾常慕明朝皇帝及朝鲜国王所居城郭、宫殿，无因得见。今既至此，何不一见而归乎？"他公然违背军令，甚至要在朝鲜"屯种以居"，以实现其独自立王国的打算。阿敏还提出要与褚英之子杜度"同住于此"。杜度未忘其父褚英的可悲下场，不敢赞同阿敏之意，因此"变色答曰：'吾何为与尔同住？皇上乃我叔父，我何可远离耶？'"至此，阿敏已处于孤立的地位。当八旗大臣讨论行军及议和大计时，出现了"七旗大臣历议皆同，独阿敏本旗大臣顾三台、孟坦、舒赛从阿敏议"的状况，因而"议久不决"。这时，"岳托、济尔哈朗、阿济格等同会一所"，决定与朝鲜议盟讲和。在这种情况下，阿敏才不得不从众议。可见，诸年轻贝勒多是拥戴皇太极的，尤其是岳托、济尔哈朗从中起了重要作用。八旗共议的军事民主制度，成功地抑制了阿敏独行其是、心怀异志的企图。

当侵朝大军回至东京（辽阳）时，阿敏欲擅纳所俘获的朝鲜美妇，岳托又予以干涉，认为俘获妇女不可"私取"。阿敏说：你父代善在征扎鲁特时也取了妇人。岳托说：我父取妇人是出征所得，是汗分赐的，"我父得一人，汝亦得一人"，致使阿敏理屈词穷。后来，这个朝鲜美妇被皇太极纳入宫中。但阿敏仍然眷恋着她，命纳穆泰向皇太极索要，皇太极显然不了解前情，说："未入宫之先，何不言之？今已入宫中，如何可与？"阿敏因请求被拒绝，坐在位上，面露不悦之色。从此，背后常发怨言。皇太极听说后十分不悦，虽说"为一妇人，乃致乖兄弟之好耶"？但却并不将那美妇给予阿敏，而将她赐给总兵官楞额礼了。

阿敏是个思想感情外露无遗的人，在大庭广众之下也常发怨言，诸如，"我何故生而为人"，"不若为山木，否则生高阜处而为石"，"虽供人伐取为薪"或"不免禽兽之溲渤"，也强于现在的处境等这类愤怨之辞。有些话无疑是对皇太极的攻击。

阿敏还"违背上旨"，违拗皇太极欲驾驭蒙古科尔沁奥巴的策略。皇太极原同科尔沁奥巴结盟征伐共同的敌人察哈尔，但奥巴不遵约行动，以致皇太极说他"背所约之地，从他道入，复不待我兵先回"。这使皇太极十分愤怒，决心"永勿遣使往彼，彼使至，勿容进见"。而阿敏在军中即遣人往告奥巴"上责备之语"，后又接受奥巴之请私留奥巴使节于家，奥巴给皇太极的书信亦匿不上呈。这些显然都是不忠于新汗的行为。

阿敏又违背皇太极关于贝勒大臣子女婚嫁要"奏闻"的规定，私将自己的女儿嫁与蒙古贝勒塞特尔。及宴会时，才请皇太极赴宴，皇太极不满地说："许嫁时未尝奏闻，此时何遽请幸其第。"因此不去赴宴。以后阿敏又不请示皇太极便"擅娶塞特尔女为妻"。此后，当阿敏听说女儿在塞特尔处受苦时，恳请皇太极向塞特尔说情。皇太极斥责说："吾国之女，下嫁于他国者，何尝失所？汝女方许嫁时，不奏于我；今女不得所，何必来奏！汝自向彼言之可也。"如此，双方芥蒂日渐加深。

太祖时，"守边驻防，原有定界"，阿敏所管两蓝旗分驻张义战、靖远堡，因土地瘠薄，又给与大城之地。但阿敏又擅自"越所分地界"，在黑扯木开垦耕种，因而受到"将所获之粮入官"的处罚。皇太极即位

后，阿敏又将靖远堡丢弃，移住黑扯木。皇太极见其所弃田地"皆膏腴良田"，责问阿敏为何这样做，大贝勒代善、莽古尔泰也责备他"违法制，擅弃防敌汛地，移居别所，得无有异志耶"？这一看法很有道理，阿敏自己也无从解释。

阿敏曾告诉其叔父贝和齐，说他在梦中被努尔哈赤箠楚，赖有黄蛇护身。这显然是暗示他自己是真命天子，包藏着夺取汗位的野心。

后金天聪三年（明崇祯二年，1629年），皇太极亲率大军伐明，阿敏留守沈阳，他不认真守城，却"私自造箭，屡次出猎"，寻欢作乐。当岳托、豪格两贝勒先返沈阳时，阿敏竟"令留守大臣坐于两侧，彼坐居中，俨若国君"，命岳托、豪格"遥拜一次，近前复拜一次"，实为"欺凌在下诸贝勒"。在皇太极率军出征期间及回沈阳后，阿敏"皆无一言恭请圣安"。可见阿敏对天聪汗的冷漠态度。

后金天聪四年（明崇祯三年，1630年），皇太极命阿敏、硕托率兵六千往代镇守永平等地的济尔哈朗诸贝勒。阿敏又节外生枝，请求与其弟济尔哈朗同驻永平。皇太极说："彼驻日久，劳苦可念，宜令之还。"为此，阿敏对送行的贝和齐、萨哈尔察说：努尔哈赤在时"尝命吾弟与我同行，今上继位，乃不令与我同行。吾至永平，必留彼同驻。若彼不从，当以箭射之"。贝和齐等曰："尔谬矣，何为出此言？"阿敏攘臂蛮横地说："吾自杀吾弟，将奈我何？"这一方面表现了阿敏的跋扈，另一方面也反映了其弟济尔哈朗早已不与他同心，在朝鲜时即如此。年轻贝勒济尔哈朗是积极拥立并追随皇太极的，而皇太极的安排也自有深意，这就使阿敏因孤立而十分怨恨了。

阿敏到永平后妄自尊大，声称："我乃大贝勒，何为止张一盖？"并对皇太极抚恤降人的政策表示不满，声称自己征朝鲜时释放降人是为了攻取王京，此次伐明攻燕京不克而还，既攻下永平，何不杀降民泄愤！当榛

子镇归降后，他竟令众兵"尽掠降民牲畜财物，又驱汉人至永平，分给八家为奴"。这种做法，严重损害了皇太极笼络人心与明争天下的战略。

阿敏在明军围攻滦州的三昼夜时，"拥五旗行营兵及八旗护军，坐守观望，听其城陷兵败"，"坚不肯救"，因为"以三旗精兵，非其所属，可委敌人而不顾"，以后又"尽屠永平、迁安官民"，"以俘获人口、财帛、牲畜为重，悉载以归"。皇太极认为永平等"四城降民，为汉人未降者瞩目"，爱养永平等归降官民是为收服人心日后夺取明朝天下树立一个榜样。而阿敏尽屠降民的野蛮屠杀政策，与皇太极的策略有严重的分歧。

后金天聪四年（明崇祯二年，1630年）六月，阿敏以失地屠民"败绩而还"，皇太极命令不许诸贝勒大臣入城，士卒可以入城回家。他严厉指责诸贝勒不战而失永平，奔回时又不能妥善殿后，使士兵受到很大损伤。阿敏至此方不得不服罪。总兵官以下，备御以上的军官全部被绑受审。皇太极在处理此案时，"念及士卒陷于敌人""恻然泪下"。他让士兵入城，对包括阿敏在内的各官一律免死，显示了他善于争取人心的宽容大度。皇太极特别指责图尔格未能谏阻阿敏，图尔格表示曾力谏，但阿敏不从。皇太极说："贝勒若投敌国，尔亦随之去耶？"这流露出皇太极内心中对阿敏的不信任。后来，阿敏被定十六大罪，从宽免死，囚禁终生。从历史文献分析，皇太极此举亦系不得已而为之，非预谋陷害。这是阿敏作为奴隶主阶级的代表，与皇太极推进社会封建化相对抗而失败的结果。这一结局客观上为皇太极汗权独尊扫清了道路。阿敏被囚后至清崇德五年（明崇祯十三年，1640年）十一月病死，卒年五十五岁。

阿敏获罪后，其弟济尔哈朗、篇古及兄之子艾度礼、顾尔玛洪对天盟誓，表示对汗的忠心，声明"我父兄所行有过，自罹罪戾"，同时请求皇太极与诸贝勒详察别人可能有的诋毁。

莽古尔泰是皇太极异母兄，是努尔哈赤与继妃富察氏所生的长子。当

努尔哈赤确立八和硕贝勒共治国政之时，莽古尔泰、德格类得以位列四大和硕贝勒、四小和硕贝勒之列，一方面是由于继妃富察氏的贵宠地位，另一方面同莽古尔泰本人的作为也是分不开的。继妃富察氏在天命初年因得罪太祖被赐死，这同后来莽古尔泰获罪时皇太极说他"潜弑生母"当是一回事。他之"希宠于皇帝"，可说已达到不择手段的地步。当太子代善与努尔哈赤因岳托、硕托是否受虐待的问题处于对峙局面时，莽古尔泰不顾一切地战在努尔哈赤一边，因此获得努尔哈赤的青睐，得以列居四大贝勒的高位。但努尔哈赤并不认为莽古尔泰是继承人的合适人选。

太祖宾天之时，莽古尔泰无论其威望和实力都无法与代善、皇太极抗衡，因此史籍上也没有关于他参与争位或拥戴皇太极的记载。

皇太极登上汗位，莽古尔泰作为三大贝勒之一，也受到"不遽以臣礼待之"的礼遇。御殿时，"大贝勒代善、阿敏、莽古尔泰以兄行"，"列坐左右，不令下坐"。逢年过节，皇太极还率诸贝勒亲至莽古尔泰府第礼拜。

对于莽古尔泰的种种不良行为，皇太极曾多次规劝。因其所行卑劣，皇太极对他颇为蔑视。

努尔哈赤死后，国中都在服丧，巴克什达海"诣莽古尔泰第，莽古尔泰与其妹莽古济格格及其弟德格类俱盛饰，张筵宴，妇女吹弹为戏，德格类坐右榻，弹筝"。这显然是史臣的伏笔。这一记载颇发人深思，当年莽古尔泰对努尔哈赤孝心的真实性不能不令人怀疑。如果说莽古尔泰对于生母被赐死确实怀恨在心，而又不得不做出"潜弑生母"的举动，那他也是一个外表鲁莽而城府很深的野心家。

后金天聪四年（明崇祯三年，1630年）十一月，在大贝勒阿敏因罪被囚后，一天晚上，于打猎的行幄中，皇太极对众待卫及诸巴克什叹息说："我所敬者唯二兄（指代善），凡事皆推诚委任，出师行猎不至错乱，庶

大事可成。今贝勒莽古尔泰取厮卒所射之二兽，而贝勒之仆托退复殴人而夺其所杀野豕；又有一人射一鹿垂死，伊令幼子复射之，遂持归。其人直前索还，贝勒竟强留之。如此夺取，彼随役之人身困马疲，一无所得。将何以为生耶？”一席话褒奖了代善而贬斥了莽古尔泰，并令巴克什爱巴礼把这番话全部转告给莽古尔泰。莽古尔泰“自知其非”，将所夺之鹿交还本主，却把野豕献给皇太极。对此，皇太极说："朕焉用此物？何贝勒所见之鄙也！凡事虽小，不可忽视，恐积小成大耳。"随即将野豕退回莽古尔泰。可见，莽古尔泰所行不正，用心粗鄙。

后金天聪五年（明崇祯四年，1631年），后金大军在皇太极统率下围攻大凌河城，图赖轻率前进中了埋伏，两蓝旗径抵城壕，副将孟坦等十多人阵亡，部队兵力受到较大的损伤。皇太极为此十分恼怒，不许诸大臣看望受伤的图赖，巩阿岱违命前往探视，皇太极对其唾面斥责。第二天，皇太极登城西附近山冈“坐观形势”，心情焦躁地考虑如何攻破大凌河城。因地近岳托营，“岳托具筵以献”。这时莽古尔泰赶来诉说："昨日之战，我属下将领被伤者多。我旗护军，在随阿山出哨者，有附额驸达尔哈营者，可取还否？"皇太极气愤地说："朕闻尔所部兵，凡有差遣，每致违误！"莽古尔泰出口顶撞抗辩说："我部众凡有差遣，每倍于人，何尝违误！"皇太极为避免正面冲突，又说："果尔，是告者诬矣，朕当为尔究之。若告者诬，则置告者于法；告者实，则不听差遣者亦置于法。"皇太极对莽古尔泰的指责是有所指的。因图赖轻进中伏，两蓝旗损失最大，图赖负有前敌指挥失误之责，而莽古尔泰作为主管正蓝旗的大贝勒也是有责任的，至少是平时没有给予正确的指导，以致所部差遣中有所违误，皇太极当时不过没有明言而已。莽古尔泰受到指责尚不醒悟，不思检查自己的失误，反而恼羞成怒地说："皇上宜从公开谕，奈何独与我为难？我止以推崇皇上，是以一切承顺。乃意犹未释，而欲杀我耶？"粗暴的莽古尔

泰在气愤之中竟"举佩刀之柄前向,频摩视之",意为你若杀我,我必回击。战在一旁的同母弟德格类急忙推他说:"尔举动大悖,谁能容汝!"莽古尔泰不听劝阻,竟怒骂德格类并把佩刀拉出五寸长,这就是史籍上有名的"御前露刃"。德格类将莽古尔泰推出去后,目睹此情景的大贝勒代善气愤地说:"如此悖乱,殆不如死!"皇太极亦十分愤慨地说:"莽古尔泰幼时,皇考曾与朕一体抚育乎?因其一无所授,故朕每推食食之,解衣衣之,得倚朕为生。后彼潜弑其生母,幸事未彰闻……尔等岂不知之耶?今莽古尔泰何得犯朕?朕……唯留心治道,抚绥百姓,如乘弩马,谨身自持。何期莽古尔泰遂轻视朕至此耶!"

皇太极余怒未消,复训斥众侍卫:"朕恩养尔等何用?彼露刃欲犯朕,尔等何不拔刀趋立朕前耶?昔人有云:'操刀必割,执斧必伐'。彼引佩刀其意何为,尔等竟皆坐视耶?"

说罢进帐内未坐复出,又对诸侍卫说:"朕今罄所欲言,以示尔等。……今目睹人之犯朕,而竟默默旁观,朕恩养尔等殊无益矣!"

言毕,皇太极犹恨恨不已。

天将黑时,莽古尔泰率色勒、昂阿拉(莽古尔泰异父兄)等四人至皇太极御营外一里多地处,派人向皇太极请罪:"臣以枵腹饮酒四卮,因对上狂言。言出于口,竟不自知。今来叩首,请罪于上。"皇太极派额驸杨古利、达尔哈传谕:"你在白天拔刀想要杀我,晚上又来干什么?色勒、昂阿拉等与你们贝勒一起来,是想让我们兄弟互相结仇杀害吗?你们如果一定要来,犯的罪就重了!"

后金天聪五年(明崇祯四年,1631年)十月,莽古尔泰因醉酒"御前露刃"之罪,由大贝勒代善及诸贝勒共议,议定革去其大贝勒名号,降诸贝勒之列,夺其五牛录属员;罚驮甲胄雕鞍马十给皇太极,驮甲胄雕鞍马一给代善,素鞍马各一给诸贝勒;此外还罚银一万两入官。皇太极以"此

以朕之故治罪，朕不予议"为由回避，实际上是同意了诸王贝勒的审断，不肯宽宥莽古尔泰。莽古尔泰及其依附势力受到沉重打击。

后金天聪六年（明崇祯五年，1632年）正月朝贺届期前，皇太极以礼部参政李伯龙奏疏中指出朝贺行礼时，不辨官职大小常有随意排列、逾越班次的情况，建议应酌定仪制，并提出莽古尔泰"因其悖逆，定议治罪，革大贝勒称号"后"可否应令并坐"的问题。讨论中，有一半贝勒认为不可并坐。代善见状，不免兔死狐悲，即说："上谕诚是。彼之过，不足介怀，即仍令并坐亦可。"半晌，皇太极与文馆诸臣均不表态。代善方明白就里，不得不改变主意："我等既戴皇上为君，又与上并坐，恐滋国人之议，谓我等既奉上居大位，又与上并列而坐，甚非礼也。……自今以后，上南面中坐，以昭至尊之体，我与莽古尔泰侍坐上侧。"

代善的这一席话，说得很有道理，诸贝勒都很赞同。皇太极欣然接受了这一提议。从此，天聪汗始"南面中坐"。

后金天聪六年（明崇祯五年，1632年）正月，国人朝见，"上始南面独坐"，皇太极心中十分喜悦。"庚子上御便殿，命贝勒阿巴泰、豪格、额驸杨古利往召大贝勒代善；命宗室巴布泰、拜尹图、巴布海往召贝勒莽古尔泰"，请至宫中，分别"行家庭礼"。中宫皇后及众妃以元旦之庆礼拜代善等，然后设案进酒欢宴。皇太极以玉斝奉代善，代善跪受，少饮，转与莽古尔泰饮毕。皇太极则以金卮自饮。这次家宴也体现了南面独尊之仪。皇太极与代善素不饮酒，因"互相酬酢，皆颜酡"，诸贝勒也不受约束地畅饮。宴后，皇太极以"御用黑狐帽、貂裘、貂褂、金鞓带、靴赐代善，以御用貂裘赐莽古尔泰"，又令德格类、济尔哈朗、觉罗龙什及巴克什库尔缠、达海力止代善、莽古尔泰的拜谢，心中十分欢悦，将二兄送出宫门。这是皇太极即位后，第一次请代善、莽古尔泰入宫宴饮，充分表现了他"南面独坐"后志得意满的心情。莽古尔泰虽然获罪，降为诸贝勒之

列，皇太极"仍以兄礼遇之如初，召入宴，特稍次于代善云"。不久，皇太极又将"所罚五牛录人口并分内汉民及供役汉人庄屯等项"都归还莽古尔泰。

后金天聪六年（明崇祯五年，1632年）十二月，失去大贝勒称号的莽古尔泰"偶得微疾"，两天后"辰刻疾笃""至申刻贝勒薨"，其间不过五刻，他就患急病而死。

莽古尔泰因"御前露刃"获罪，被革去大贝勒称号后，只一年多的时间即因病而死，可以想象，他心理上的压力是很大的。据后来冷僧机揭发，莽古尔泰在革去大贝勒称号后，曾与莽古济、琐诺木杜棱、德格类、屯布禄、爱巴礼、冷僧机等对佛跪焚誓词，阴谋夺取汗位。这一谋逆罪状在莽古尔泰死后将近三年才被揭发出来。所以莽古尔泰之死，当是羞恨交加、篡位无望而患病所致。在莽古尔泰死后近三年，其弟德格类"亦如其病""中暴疾不能言而死"。因而有人认为莽古尔泰兄弟二人之死是为皇太极所毒害。但从谋逆事发，皇太极将"莽古济、屯布禄、爱巴礼全杀灭族"来看，如若早知莽古尔泰、德格类参与谋逆，完全有能力将他们公开杀掉，而不必用暗害的方式；如若不知他们有逆谋，也不必加害于他们。莽古尔泰死后，皇太极给以礼葬，并劝其大福晋不必生殉而抚养幼子。当祭奠莽古尔泰时，其福晋们让男人们入内饮酒致醉，涉嫌乱行，皇太极对此仅给予规劝训诫。据此种种迹象来看，皇太极应不会采取暗害的手段。

德格类是努尔哈赤第十子。明万历二十四年（1596年）出生于群山环抱的费阿拉城。母亲为继妃富察氏。此时努尔哈赤已统一建州女真"自中称王"，面临着进一步拓展宏图大业的艰巨里程。这个新出生的"十阿哥"的命运便同父王的基业紧紧联系在一起。

自后金天命三年（明万历四十六年，1618年）誓师反明后，努尔哈赤率八旗劲旅直叩明朝边门，迅速向辽东进军，在萨尔浒击败明军主力，攻

占开原、铁岭，随即又发动辽沈之战，夺取辽东重镇辽阳和沈阳。后金天命六年（明天启元年，1621年）二月，后金军进兵位于沈阳东南的军事要地奉集堡，进行"矢镞侦察"，从而揭开了辽沈之战的序幕。德格类作为一名青年将领，在这次战役中崭露头角。二十一日，努尔哈赤率诸贝勒大臣统左右步骑劲旅分八路略奉集堡。守城总兵李秉诚得知后金军来攻，领三千骑兵出城，在离城六里处安下营寨准备迎战。他先派二百骑兵前探消息，被后金军左翼四旗遇而击败，溃逃于城北高冈附近，努尔哈赤命德格类率右翼四旗搜击，追杀至明兵屯集之所，李秉诚率众拔营而逃，德格类乘胜追击，李秉诚遁入城内不敢出战。明总兵朱万良引师来援，也被后金军击溃，死者数百人。经此一战，努尔哈赤探出明军在辽沈地区的虚实，德格类首战建功，其军事才能有所显露。三月，德格类跟随努尔哈赤参加了攻打辽阳和沈阳的两大战役，后金占领辽东广大地区后，他又奉命率八旗大臣于新占领之地安抚新附汉民。到达海州（今辽宁海城）时，城中官员、乡绅敲锣打鼓，抬肩舆列阵来迎，德格类令手下士兵登城而宿，并传令军中，不准在乡村驻扎和住宿民宅，不许抢劫财物，扰害城内汉人。当得知两名士兵违令抢劫居民财物后，立即将其捉拿治罪。归途中士兵虽已无口粮，但忍饥而行仍秋毫不犯。同年八月，他又随同代善、莽古尔泰等率兵三千前往辽南，收金州至旅顺口沿海各城堡居民，并将其迁往内地以便进行控制。德格类卓有成效地推行努尔哈赤的"安民"政策，对稳定后金在辽沈地区的统治起了加速作用，使"归顺者日众"。其间，海州所属析木城乡人将所制绿瓷碗、罐三千五百个呈献给后金汗。盖州贫民献金朝天惠帝时所铸古钟。努尔哈赤十分得意地说："河东这些俯首归降的汉人为我效力，河西明朝官吏一定非常仇恨他们，我们应对其抚养录用。"因而授献瓷罐之人以守备职，献钟者备御职。当时辽河桥已拆毁，努尔哈赤拟于入冬结冰后往征辽西之地，因此对渡口地区的安全非常重视和关心，

命德格类两次率兵巡视辽河渡口，追杀出没于该处进行抢掠的蒙古人，使通往辽西的交通要津得以保证安全，当地的居民也免遭扰患。

后金势力的扩展，使漠南蒙古贵族的利益受到冲击，双方冲突日深。扎鲁特部首领昂安，多次劫杀后金使者，掠夺其财物。后金天命八年（明天启三年，1623年）四月，德格类奉命与贝勒阿巴泰领兵三千前去征讨，急行八日直捣昂安居地，经过激战，俘杀昂安父子，获部众一千二百余人，得马牛羊驼一万七千余只（头），凯旋。努尔哈赤亲出辽阳东京城四十里迎接，还设宴慰劳犒赏出征贝勒官兵，德格类因功被封贝勒。后金天命十一年（明天启六年，1626年）八月，努尔哈赤去世后，众家贝勒共举皇太极继登汗位，德格类也成为议政十贝勒之一受到重用。

皇太极继位后励精图治，改革后金存在的弊政，调整满汉关系，发展经济，富国强兵。德格类尽职效力，与皇太极"合谋一致，共图大业"。后金天聪五年（明崇祯四年，1631年），皇太极分别致信给两大贝勒、十议政贝勒和八大臣，征询对国政治理方面的见解。在给议政十贝勒的信中他说："现在听说国内人民有不少怨言，究竟为什么？要你们询问明白后报告，国家政令有应当改的就应提议更改，对我的过失，老百姓的疾苦，凡有所见解就应直说。"德格类奏言道："皇上继位以来，处事果断，是非明了，没见有什么失误。"对皇太极的施政措施表示赞成和支持。他还强调说："如果大家都能持身公正，各思竭力效忠，皇上就不能这样操劳了。"针对一些主管刑法的大臣不秉公办事，枉断命案的现象，他提出"要慎重推选正直的人掌管国内刑法之事，做到忠者用之，义者奖之，摒除谗邪，如果诸贝勒犯了罪，也应从公治罪"的建议，并被采纳。

后金仿照明朝制度设置六部后，德格类被任命为户部贝勒总理部务，负责分编民户、管理粮赋等事，尽管户部事务较为繁杂，但德格类勤劳职事，料理得当，做得很出色。两年后，皇太极召集六部官员于内廷议

事时，称赞户部"办事妥协，不烦朕虑"。皇太极对户部事务非常关心和支持，凡事都肯为德格类撑腰做主。后金天聪八年（明崇祯七年，1634年）正月，汉军八旗备御纷纷向德格类诉苦，说汉官所负差役太重，请求酌减。德格类奏报，皇太极马上派人查询，调查结果与汉官所言之苦不符，只是因不久前，皇太极令汉军备御给新归之人买女配为妻室之钱未偿还，使之生怨，借以为词。皇太极谕令德格类按价还钱，又命贝勒萨哈廉召集汉官，指责他们"忘却得辽东时所受苦累，而为此诳言耳，此些少之费动为口实矣"。并向汉官们说清楚："如果论功劳作为升迁的条件，你们现在的总兵官不知该居何职，如照官职功次而言，满汉官员所占有的奴仆都应平均，而你们占有千丁，满洲官员哪个有千丁？而满洲差徭比你们多三十余项。不能说满州官员的好处超过汉官。"一番话说得众官羞愧不言，再不敢向德格类提出无理要求。

后金天聪八年（明崇祯七年，1634年）五月，德格类随皇太极率军入关，略宣府、大同一带，收察哈尔余众。自后金天聪六年（明崇祯五年，1632年）后金进攻察哈尔部，林丹汗携部众渡黄河西逃，其部属苦其暴虐，纷纷归向后金。此次出兵，行至伯尔赫，又有一千户来归，德格类遵旨妥善安置新附部众。队伍进行时，他率队前行，令左翼固山额真吴讷格断后，将蒙古归民置于队伍中间，安全携至习礼地方，率千户首领叩见皇太极，然后分与各旗，令其各自派人送往盛京。在后金统治区域不断扩大、人口逐渐增多的情况下，户部有效地发挥了自己的行政职能，对加强后金的统治起到了重要作用。

皇太极时期后金战事频繁，德格类既主管户部事，又统兵作战，施展出自己的才能。后金天聪元年（明天启七年，1627年），皇太极率诸贝勒用兵辽西至广宁边外，德格类奉命与贝勒济尔哈朗等挑选精骑，做为前哨先行，他率兵攻下明哨所，败其哨卒，将敌军追至锦州城门下全歼。后金

天聪三年（明崇祯二年，1629年）九月，又随济尔哈朗等率兵一万往略锦州、宁远一带，俘获人口、牲畜数以千计。后金天聪五年（明崇祯四年，1631年）八月他参加围攻大凌河城的战役，与其兄大贝勒莽古尔泰以所属正蓝旗做后策应。九月，明监军张春、总兵吴襄领兵四万自锦州来援，在距大凌河城十五里处列阵，德格类听调与大贝勒代善前往阻击，冒着明军枪炮射击，骑马驰入敌阵，阵斩明将张吉甫，生擒张春，大胜而归。大凌河城被攻下后，他又随贝勒阿巴泰等率四千兵，按大凌河降将祖大寿所献的诈逃计，化装成明军夜袭锦州，后因天降大雾返回，即奉命将大凌河归降的万人分编各旗，全部迁居沈阳。后金天聪六年（明崇祯五年，1632年）四月，皇太极统领八旗铁骑进攻蒙古察哈尔部，德格类率部前往，奉命与济尔哈朗为右翼统二万兵往掠归化城，日驰七百里，从博多克隘口入城，尽俘未及逃走的察哈尔部民，编为民户携回。同年九月，德格类又与兵部贝勒岳托奉命开拓疆土，自耀州旧界边到盖州以南，进一步扩大了后金的统治区域。

后金天聪七年（明崇祯六年，1633年）五月，明将孔有德、耿仲明携部从山东登州渡海归降后金，在旅顺口遭明东江总兵黄龙的截击。皇太极遣兵至镇江接应，随后令德格类与岳托率部下大臣以及汉军固山额真石廷柱、新附元帅孔有德、耿仲明等领兵一万，取明朝海上据点旅顺口，激战攻取，明将黄龙自杀身亡。攻取旅顺后，孔有德、耿仲明部下官兵占居城内富人及官绅住宅，又伪称所获汉民为己亲戚，任意将其携走，满洲大臣和士兵见状皆感不平，欲索回充公，德格类按皇太极行前所嘱，对汉官尽力优待，将所取之人尽数给之，又以理安抚满洲官兵，避免双方发生冲突，顾全了大局。他还遣人向皇太极奏请继续进攻附近岛屿，打击明朝势力。皇太极考虑兵力不足，诏令留一固山额真和部分官兵驻守旅顺，余者归沈，准备进攻明辽西之地。德格类立解其意，上疏推荐叶臣、伊尔登二

人为两翼额真留守，其下每旗留大臣三人、二千五百兵，再命游击图赖为汉军额真，领备御二人及百名士兵留驻。他认为，旅顺口地方空旷，虽几面为水，但不能因此而疏忽放松防备，建议皇太极派兵驻守金州，并于金州与旅顺口之间设哨位，以保证旅顺口地区的安全。回返之日，他令将炮车留盖州交付副将石廷柱等妥为收藏待日后驿递送还，其驾炮车牛交原主携回，将善后事宜安排妥当，方携所获金银财宝而归。皇太极十分满意，率诸贝勒大臣出盛京城十里迎接，并设宴庆祝，宴间以金卮酌酒赐予德格类等以示慰劳。此次出战，拔掉了明朝在辽东半岛的最后一个据点，使其统治势力完全被逐出辽东，对后金国的巩固和进一步对明作战有很大的意义。皇太极言及此事时，满有信心地说："攻取旅顺，军威大震，明军唯恐我方乘势进攻，忙于防守，怎有精力来犯我呢？"

德格类与三贝勒莽古尔泰为同母所生，还有一姐名莽古济，因曾嫁与哈达部首领故称为"哈达公主"，与莽古尔泰一样都是皇太极的政敌。德格类性格内向，行事稳重，不似兄姊那样外露莽撞。多年来谨慎从事尽忠于上，很受皇太极赏识。

后金天聪八年（明崇祯七年，1634年）五月，皇太极亲率大军袭击大同、宣化地方，收服林丹汗西逃时迁往明边外的部民。命德格类率东路军六旗从独石口入边，沿途攻略明地，然后往居庸关探明敌人虚实再会大军于朔州。德格类中途攻赤城不克，又"不至上所指示长城之地"，便径直进入应州（今山西应县）与皇太极会师。八月，皇太极令诸贝勒率各路军往略代州（今山西代县）一带，在进攻王家庄时，与之相约同时进攻的正黄旗军率先登城，奋击明守军，而德格类却无故"逾期不至"，护军统领谭泰特意护军二百往迎，两次违误军令使皇太极内心甚感不快。后金天聪九年（明崇祯八年，1635年）六月，德格类奏称："官场所设监牧之人不能胜任，当别选才能者掌之。"还强调"此乃代我八家（即八旗）出牲畜

者，不可忽视"。皇太极当即严肃地指斥他说："你这么说是极错误的，你的意思是：我八家的牲畜需谨慎牧养，而属国家的即可忽略吗？"对其只关心八家，不关心国家的狭隘观点进行了批驳。数日后，皇太极又在众大臣面前责备诸贝勒"不遵朕命，遇有所获互相争竞"，德格类也在所指之列。皇太极不能容许不利于中央集权的八家分权制再存在下去。

不久，因娶察哈尔林丹汗来归妻女引起风波，殃及德格类，使之获罪受罚。林丹汗败死大草原后，其家眷及部众纷纷来归。按满洲惯例，诸贝勒可以分娶其妻女。是年九月，奉命同征的多尔衮获传国玉玺，携带林丹汗妻子苏泰太后及子额哲等人凯旋。皇太极率皇后、诸妃及众贝勒出怀远门远迎。德格类姊莽古济也随之前往。莽古济是皇太极长子豪格妻母，在回归盛京途中，豪格征得父汗同意纳林丹汗福晋伯奇太后为妻，莽古济闻知心生怨恨，指责皇太极说："我女尚在，豪格为何又娶一妻！"在这以前，莽古济因嫌恶丈夫琐诺木先娶之妻，妒恨丈夫与妻兄托古要好，曾逼迫琐诺木告发托古唆使自己谋害莽古济，又让德格类、豪格和岳托为此事做假证，奏请处死托古。皇太极令众贝勒会议审实，查知纯属捏造，对莽古济十分反感。早在太祖在世时，莽古济就"专以暴戾谗谮为事，皇太极素来与之不睦，他曾告诫长子豪格对莽古济要谨防之"。此时，见她为豪格另娶之事对自己蛮横无礼更生厌恶，得知大贝勒代善对她亲近善待十分生气，对德格类也愈加不满。回到盛京后，他召诸贝勒大臣及侍卫等到内廷，当面指责代善，牵涉到德格类。他十分严厉地说："德格类、岳托、豪格你们偏听哈达公主一面之词，要杀掉无罪的托古，这应该吗？你们这么胡做非为，我只能关闭门户，过我安分守己的日子，你们推举有能力的人做汗吧。"说罢怒气冲冲回到宫中便不复出，也不许众贝勒进入与之相见，诸贝勒大臣忙至朝门外祈请临朝，又议定代善和德格类罪，皇太极这才重新临朝听政。对代善有所宽免，但对德格类仍按众议罚银五百两，莽

古济也被禁止与一切亲戚来往，有私与往来者一概定罪，德格类未敢有所言。后金天聪九年（明崇祯八年，1635年）十月初二日，德格类于受罚后第八天夜里，与其兄莽古尔泰一样"暴疾不能言"而死，年仅四十岁。

皇太极对德格类本来很好，对其成见多因受其兄姊牵连，闻德格类突然而逝，心中非常难过，往哭痛悼至三更方回，令免其前日五百两罚银。两个月后，莽古济属下冷僧机揭发在大凌河之战莽古尔泰与皇太极争吵后，德格类、莽古济与之结党，曾焚香对天盟誓，要夺取汗位。皇太极令审实，莽古济供认不讳，伏诛。以前，琐诺木于酒后多次言告皇太极："汗你为什么信任你的兄弟，他们要杀害你，你须提防。"皇太极始终未信。今日真相大白，他大为震怒，对莽古尔泰、德格类愤恨不已，虽死而不赦其罪，令追削贝勒爵，将其子废为庶人，所属正蓝旗被分编两黄旗内，改由皇太极直接统辖，其坟茔亦被毁。直至康熙五十二年（1713年），玄烨皇帝才诏命赐其子孙红带子复宗籍。为父兄基业效力二十余年的德格类，因犯下"十恶不赦"的谋逆之罪，成为清代几个被开除宗籍的皇子之一，而且与其兄莽古尔泰一样，始终未得平反。

发展经济

同太祖一样，皇太极极为重视发展经济，尤其注重农业生产。他刚即位，即使军政大事非常紧张，他也重视发展农业生产。首先制止滥用民力，停止各种非生产性工程，以便让农民把主要力量用于农业生产。他父

亲在位时，搞非生产性工程过多，百姓负担甚重。连江官李栖凤也批评太祖"惟频岁役民筑城，此毁彼建，不得休，民未必无怨"。因此，后金天命十一年（明天启六年，1626年）八月，皇太极发出第一道关于加强农业生产的谕旨，下令停止各项非生产性工程，说："工筑之兴，有妨农务。以前修城郭边墙，因事关国家安全，故劳民力役，这也是不得已，朕深为同情。现在已修缮完工，此后如有颓坏的地方，只许修补，不再重新兴建，以珍惜民力，专注农业，重视根本。其村庄土地，各旗分拨已定，今后不要随意更换移动，可使百姓士卒各安本业，不要荒废耕种。如果各牛录所居之地，属于低洼地不堪耕种，愿意迁移的，听其自便。"他特别提示各牛录章京等基层官吏要加倍珍惜民力，如有"滥用民夫，致妨农务者，该管牛录章京，小拨什库等俱治罪"。

后金天聪三年（明崇祯二年，1629年）六月，皇太极训诫诸贝勒大臣："我国当竭力耕织，衣食足，又何求乎？缎帛者，粉饰之物也，虽无何伤我！"教育他们要把男耕女织作为主要生产部门，解决吃饭穿衣问题。后金天聪四年（明崇祯三年，1630年）春，正当春播季节，太宗"命汉民乘时耕种，给以牛具。复榜示归顺各屯，令各安心农业"。

后金天聪七年（明崇祯六年，1633年）春，皇太极给牛录额真发下一道指导农业生产的长篇指示。

田畴庐舍，民生攸赖。劝农讲武，国之大经。尔等宜各往该管屯地，详加体察，不可以部分推诿。若有二三牛录同居一堡者，著于各田地附近之处，大筑墙垣，散建房屋以居之。迁移之时，宜听其便。至于树艺之法，洼地当种粱、稗，高田随所宜种之。地瘠须加倍壅；耕牛须善饲养。尔等俱一一严饬，如贫民无牛者，付有力之家代种；一切徭役，宜派有力者，勿得累及贫民。如此，方称牛录额真之职。若以贫民为可虐，滥行役使，惟尔等子弟徇庇，免其差徭，则设尔牛录额真何益耶？至所居有卑湿

者，宜令迁移。若惮于迁移，以致伤稼害畜，俱尔等牛录额真是问。方今疆土日辟，凡田地有不堪种者，尽可更换，许诉部臣换给。如给地之时，尔牛录额真、章京自占近便沃壤，将远瘠之地分给贫民，许贫人陈述。

皇太极以一国之主的身份在这个指令里既讲了农业的重要性，又讲了具体改进农业耕种技术；既讲了贫民的住房、耕种的种种困难，也讲了解决的具体办法。而他反复强调各牛录额真在发展农业生产上责任重大，对他们提出了严格要求。清崇德元年（明崇祯九年，1636年）十月，皇太极召集群臣，专门谈了种地方面的技术问题，他说："树艺所宜，各因地利，卑湿者可种稗、稻、高粱，高阜者可种杂粮，勘力培壅，乘地滋润，及时耕种，则秋成刈获，户庆充盈。如失时不耕，粮从何得耶！"在这里，皇太极又就因地制宜、适时耕种做了指示。这些道理，在今天看来是很浅显易懂的。但在当时，满族贵族不事任何农业生产，只靠战争掠夺和赏赐而致富，认为这是比从事生产更光荣的事情。因此他们无须过问农事，也就是说，他们对农事一无所知。比较而言，皇太极谕旨中所讲的农事道理，在当时也算高水平了。

皇太极还颁布了有关保护农业生产的法令。如，不准任何牲畜闯入田地，践踏禾苗。规定猪入田禾者，每次罚银五钱，超过三次的，要报告本牛录，将猪罚给田地的主人。骆驼、牛、马、骡、驴这些大牲畜跑到地里作践禾苗的，每匹罚银一两，赔偿粮食。满族贵族进入辽沈，渐染奢侈之风，遇有祭祀、殡葬总是竞相宰杀大批牛马等牲畜，这不利于农业生产。后金天聪元年（明天启七年，1627年）九月，宣布：马、骡以备驰驱，牛驴以供负载，羊豕牲畜以资食用，除大祀、大宴用牛外，其屠宰马骡驴牛者悉禁之，尤宜善加孳牧，以致繁盛。清崇德元年（明崇祯九年，1636年）四月，重申前令，凡祭神、还愿、娶亲、死人、上坟一律不准宰杀牛、马、骡、驴，违令者治罪。当时，还有不少人为了逃避兵役、差役，

"多相率为僧"，私自建造寺院，耗其资财，减少社会劳动力。皇太极重申以往的法令，除了原明朝已建的寺庙外，不得新建，责令有关官员进行调查，一经查出私建寺庙、私自当和尚的，按律治罪。

经过皇太极的提倡、重视和实施具体的保护农业生产的法令，不到十年，已收到了显著成效。农业经济以前所未有的速度发展起来，粮食足用，仓库充实，基本上改变了即位初年的困难状况。如后金天聪六年（明崇祯五年，1632年）农业歉收，也"未致于饥馁"。

畜牧业是仅次于农业的又一个重要生产部门。为了战争及生产和生活的需要，太祖时就十分重视饲养牲畜，尤其是马牛受到特别保护。后金天命五年（明万历四十八，1620年），朝鲜人李民突从赫图阿拉返国途中，他亲眼看到从婆提江（今浑江）至万遮岭（今吉林集安县西老岭山脉大板岭）六七十里之间，"放牧马群漫山蔽野者，不知其几万匹"。六畜唯马最盛，诸贝勒将官之家，占有马匹"千万成群"，一般士卒之家也不下十数匹。但随着人口增加，战争的需要，马作为战争和生产的主要工具，仍然不够用。皇太极依靠蒙古贡马，同时，积极鼓励满、汉、蒙古蓄养和繁殖马匹。不出几年，马匹足用有余。后金天聪七年（明崇祯六年，1633年）春，为迎接孔有德、耿仲明来归，一次就调拨二千余匹马散给他们骑用。崇德四年（明崇祯十二年，1639年）七月，皇太极拿出大量马匹作为奖品，鼓励将士作战立功。他说："天生牛马是供人们骑乘，备耕种的。如今，外藩贡马已经很多，牧场又大量繁殖，有这么多马不给人使用还有何用处？朕决定拿出一千匹马给你们用。自公、固山额真以下到披甲士卒，不论满洲、蒙古、汉人，有愿冲锋破敌，争先登城，为国效力者，允许先来领马。有的或顾虑领了马匹而不能立功，会被追查治罪，这不必过虑，只要有心报效，什么事不可为？有的或许顾虑以前没做出什么明显的成绩不敢领马。朕对于以往之事，概不追究，以后做出成绩也不迟。凡愿

领马的，都可以到兵部报名。"这生动地反映了后金（清）的畜牧业已达到繁荣的程度。

农牧业的发展促进了商品交换，带动了商业贸易的大发展。因此，皇太极亲自倡导支持商业活动，并且把主要的商业交换牢牢地控制在国家手中。在国内，允许粮食等农副产品投入市场交易。皇太极掌握市场行情，不准囤积居奇。他指示官民有余粮的，要拿到市场上去，以官价卖给缺粮的人，不准抬高物价。有些投机分子必等市场缺粮，价格上涨时才出售。为打击投机商，他命八旗旗主各出一百石到市场上发卖。自从和朝鲜结盟后，还依着双方订的协定，进行国际贸易。和明朝处于交战状态，贸易中断，但皇太极还是想方设法与明朝边境地方官开展贸易。他几次派人到张家口等地举行互市。后金以本地产明珠、人参，黑狐、元狐、赤狐、貂、虎、豹、海獭、青鼠、黄鼠等毛皮特产，换回金、银、绫、缎等急缺物品。以布匹为例，早年国库中连一千匹的积蓄也没有，数年后，什么也不缺了。皇太极说："朕嗣位以来，励精图治，国势日昌，地广食足，又以

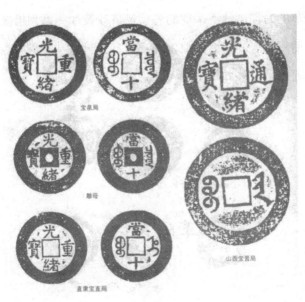

清代钱币

计令各处互市，文绣锦绮今皆有之。"

手工业的发展也取得了相当可观的成就。在太祖时期，手工业已有了长足的进展，但规模不大，水平不高。从农业分离出来的手工业者如织工、瓦匠、铁匠、弓匠、银匠，其制作仅限于日常生活用的小商品，供战争需要的也不过是刀、箭、矢之类。到太宗时，大力发展开矿，开办大型冶炼场。特别是从明朝方面得到先进技术，因而大大提高了工艺水平。后金天聪五年（明崇祯四年，1631年），独立制造大炮，并应用于对明战争，这是它的手工业高度发展的一个重要标志。在此以前，后金自己不能造炮，在同明朝的战争中吃了不少亏。造炮是一个复杂的过程，远比制作弓、箭等武器难度大得多。从开采原料、冶炼到具体制造，都需要较高的技术。后金不仅能够自己制造，而且数量很大。例如，清崇德四年（明崇祯十二年，1639年）对明战争中，汉军需要炮子一万，火药五万斤，都满足了要求，这说明有的技术水平和生产规模已经接近或赶上了明朝。

皇太极在位十七年，是后金（清）社会生产力大发展的时期，也是社会制度大变革的时期。他所采取的各项经济政策和一系列措施，不仅促进了生产力以前所未有的速度向前发展，而且为封建制的最后确立奠定了牢固的物质基础。

革除陋习

世界上任何一个民族在其发展的过程中，必然形成自己独特的民族品

格，具有与其他民族不同的特点。这些特点又都不是一成不变的，随着时代的前进，与其他民族的交往也会不断变化。满族在形成中不仅保留了女真族的许多优秀传统，同时也有不少落后的习俗。不仅如此，它还受到汉族思想文化的深刻影响，这对满族的发展起到了积极促进的作用，但汉族千百年来形成的陈规陋习也带给满族某些消极的影响。

皇太极是个民族意识强烈、又十分向往汉族文化的人。一方面，他希望自己的民族迅速进步，因而他比谁都更迫切需要汉族文化，以摒弃本民族中那些不合时宜的、落后于时代的习俗；另一方面，他也考虑这样做的结果会失去本民族的品格，有被全盘汉化的危险。向汉族学习的希望和担心被全盘汉化似乎构成了他的矛盾心理。然而，皇太极从自己的实践与以往的历史经验教训中，找到了切实可行的基本途径。

骑射、服饰、语言，是满族区别于汉族的主要特征。皇太极认为保持本民族的这些特征是关系到民族生存和战胜明朝的一件大事。但事实上，进入富庶的辽沈地区后，满族社会生活发生的深刻变化，正使他们难以维系这些特征。先以骑射为例，女真原以渔猎为生，人人精于骑马、射箭，它成了全民族从事日常生产活动乃至军事活动的基本技能。而这时渔猎已经失去原先独居经济首位的意义，变成满族贵族的一种消遣娱乐的活动，骑射也就仅限于军事斗争而逐渐失去其原有的意义。尽管生活条件发生了根本转变，皇太极仍然力图保持骑射的民族传统，率先垂范，每年春秋冬三季多次带领诸王贝勒出外行猎，即使不是"娱乐"，也是一种军事训练。他还饬令牛录额真："各宜督率所属长幼于春夏秋三季时时习射，仍遣部臣往察，如有不能射者，必治牛录额真之罪。此系我国长技，何不努力学习耶！"皇太极的目的就是想保持这种骑射，让他的兄弟子侄，大而言之，就是让整个民族不忘传统，重武事、蓄积力量，争衡天下。但他的部下却把连带有消遣的军训也视为艰苦，往往借故不参加。皇太极的哥哥阿巴泰以"手痛"，不去郊外骑射，"在家安处"。皇太极连劝带批评地说："你平时总待在家里，忽然行动，怎能不痛苦？你奋然而起，亲自骑射，何痛之有？诸贝勒不亲率士卒骑射，教演武艺，谁又肯专心武事？平日既未达到娴熟，一旦遇敌，何以御之？"阿巴泰与皇太极是同辈人，跟父亲艰难创业，尚且如此，至于他们的子弟已属第三代人，所注目的更是从先辈得来的巨大财富和权势中尽情享乐。有一次，皇太极召集这些皇室贵族的子弟，向他们训话："你们这些子弟平时只知游行街市，以图戏乐。早先年，不论长幼，穷困之际，都以行兵出猎为喜事，那时，仆人甚少，自己牧马披鞍，自己做饭吃。虽然如此艰辛，都为国效力。我国兴隆之势难道不正是由此劳瘁而达到的吗？现在你们一遇打仗、出猎，或者说妻子有病，或者以家事为辞不去，完全不想奋发向前，唯耽恋于家室，这样下去，国势能不衰退吗？"这帮子弟只好认错，表示改正。

皇太极决心不废骑射，必欲传之子孙。清崇德六年（明崇祯十四年，1641年）他专为此事做了具体规定。二月间，在一次召集诸王贝勒会上宣布：从今年以后，你们要亲自率领演习射箭，子弟辈中年在青壮年的，叫他们使用角弓、羽箭练习；年幼的，叫他们用木头做弓和柳条当箭练习。如果他们中有不执弓习射，喜好博戏，闲游街市店铺的，要抓起来追究。我国所恃，全在于射艺。你们要互相激励劝勉。

为适应骑射生活，长期以来，满族（女真）都穿戴紧身窄瘦的缨帽箭衣。这种服饰很方便，人们的日常生活，无论是从事劳动，还是打仗，既轻便又灵活。到了辽沈地区，下至满族平民，上至贵族之家，有不少人开始仿效明朝服饰，衣冠变得肥大起来。有的大臣甚至向皇太极建议改制满族服装。明朝服饰，方巾大袖，纱帽圆领，特点是宽博肥大。这种服饰既不美观，又远远脱离生产实践，论其实用，的确不如满族衣帽。皇太极对满族贵族穿效汉人服饰很不满意。清崇德元年（明崇祯九年，1636

年），一次，皇太极把诸王大臣都召集到翔凤楼，让内弘文院大臣给他们读《金史·世宗本纪》。读完，他发挥书中观点，说："金世宗唯恐子孙效法汉俗，屡次以祖宗为训，衣服、语言都遵旧称，时时练习骑射，以备武事。而后世之君渐渐废懈，忘其骑射，终致亡国。前不久，儒臣达海、库尔缠屡次劝朕改满族衣冠，效汉人服饰。见朕不听，以为朕不纳谏。朕打个比喻：比如我等在此聚会，都穿宽衣大袖，左边佩矢，右边挟弓，忽然遇到硕翁科罗巴图鲁劳萨挺身突入，我等能抵御吗？只能任人宰割。朕举此例，实为子孙万世之计也。朕岂有变更之理，恐后世子孙忘旧制、废骑射、效汉人陋习，故常以此忧虑。"清崇德三年（明崇祯十一年，1638年）七月，皇太极专为此制定法令：有仿效他国（指明朝）衣冠、束发（留头发）、裹足者均治以重罪。在此之前，已做了明文规定：凡汉人官民男女穿戴，俱照满洲式样，男人不许穿大领大袖、戴绒帽，务要束腰；女人不许梳头、裹足。这里值得一提的是裹脚，本是汉族的一种陋习，当然它是封建统治者强加给妇女的一道枷锁。皇太极禁止裹脚，无疑是对妇女做的一种好事，在这方面，他把汉族的陋习给破除了。直到解放时，东北民间尚以缠足为"民装"，不缠足为"旗装"，以区别汉装和满装。

满族有自己的语言和文字。在和汉人杂居交往中，也受到很大影响。他们和人数众多的汉族接触，不能不学会汉语，甚至在本族中也以汉语对话，而满语逐渐成为次要语言。进入辽沈以后，一切地名、官名、平时习惯用语俱从汉名称，更加减少了满语在社会上的流通。皇太极十分重视本民族语言，采取一系列措施，不遗余力地推行满语的使用。他反复强调保持民族语言是关系到国家兴亡的一件大事，在这方面，皇太极特别推崇金世宗，说他凡语言、衣服及骑射之事，时时督促子孙勤加学习。他的孙子元王在审理汉人诉讼时讲汉语，遇到女真人时就说女真语，因而受到金世宗的称赞。皇太极仿效金世宗，要求满族在本族中一定说满语，和汉人打交道时可以说汉语，两种语言并行不悖。如前所述，他命满汉语专家达海改制满文，用满文翻译汉文书籍，供人们学习。后金天聪八年（明崇祯七年，1634年）四月，他采取一项重大措施，将汉语名称一律改为满语名称。他说："朕听说国家创业，未有弃其国语反而学习他国语言的。弃自己的语言，而仿效他人的，其国没有能长久者。蒙古诸臣子自弃蒙古语，名号都学喇嘛，终致国运衰微。现在我国官名都因循汉人，从其旧称。朕以为，知其善而不能从，知其非而不能改，这都是未得其要领。朕虽未完成大业，也不能听命他国，从今以后，凡我国官名及城邑名，都改成满语。……具体言之，例如，一等总兵官称为一等昂邦章京（以下还有两等，余类推，略）、一等副将为一等梅勒章京、一等参将为一等甲喇章京，游击为三等甲喇章京，备御为牛录章京，摆牙喇纛额真即为纛章京，管摆牙喇甲喇额真即为甲喇章京，等等。"皇太极要求国人"嗣后不许仍袭汉语旧名，俱照我国新定者称之，若不遵我国新定之名仍称汉字旧名者，查出决不轻恕"。

皇太极这样推崇本民族的一些他认为优秀的传统习俗，并非排斥汉族文化。他是在保持满族的独立品格的前提下，向汉族学习一切有益的东西。皇太极深知汉族文化高深、蕴藏着强大的精神力量；同时，他也明白满族中各种陋习，必须加以革除。当时，在满族社会中，普遍存在重武轻文的思想，只知马上打仗，不知马下读书。据朝鲜人李民寏讲，太祖诸子及众将中，"惟红歹是（皇太极）仅识字"。可见文盲之多！到了辽沈，还是不重视读书，就是诸王贝勒也很少让自己的子女读书，他们把这看成是"溺爱"，还说不读书也未尝误事。丢弃永平四城和大凌河围城战这两件事，给皇太极以极大的震动。他认为，严重的教训，就在于不读书。皇太极对诸王贝勒说：去年我兵丢弃永平四城，不就是因为驻守贝勒（指阿敏等）不懂学问、不通义理所致吗？现在我兵围困大凌河城达四个月，城

里明兵"人相食"还死守不降。等它被迫投降，而锦州、松山、杏山还是攻不下，这不就是汉人读书明理，为朝廷尽忠吗？皇太极指令诸王贝勒：从今以后，凡年龄在十五岁以下、八岁以上的孩子都必须读书。满族自己写的书几乎没有，皇太极就令达海等有选择地翻译汉文典籍，像《刑部会典》《素书》《三略》都已翻译，正在翻译的有《孟子》《三国志》《通鉴》《六韬》《大乘经》等书。这些书颁行国中，成了他们行政处事的准则和学习文化的教科书。

满族在其发展过程中，尚保留部分氏族社会的残余。在婚姻方面尤其明显："嫁娶则不择族类，父死而子妻其母。"后金天聪四年（明崇祯三年，1630年），皇太极下令凡娶继母、伯母、婶母、弟妇、侄妇，要永行禁止。因为没有完全禁得住，所以清崇德元年（明崇祯九年，1636年），皇太极再次下令禁止族内婚，规定：自今以后不论谁人不许娶庶母及族中伯母、婶母、嫂子、侄妇。说明在此之前，此类现象必是相当普遍。太宗说：若不遵法、族中相娶者，视同奸淫之例问罪。汉人、高丽（朝鲜）因为懂道理，不娶族中妇女为妻。凡人既生为人，若娶族中妇女，这与禽兽何异？皇太极毫不讳言地承认，他是受了汉族的影响才这样做的。但另一方面，汉族文化传统也带来了一些不好的影响，例如，抽烟、酗酒、殡葬过于奢费，在进入辽沈之后，则成蔓延之势。皇太极三令五申禁止大量种烟，严禁平时过度饮酒。太祖和皇太极都不饮酒，只在盛大庆典、年节时少许饮一两口罢了。他认为饮酒会败坏风气，致使人民变穷，是取衰亡之道。他说：我国殡葬之费太多。人生下来时，穿的衣服，吃的牲畜，能与之一起来吗？凡吃穿不过是阳间（即人间）所用之物，死后到了阴间，你焚烧阳间之物，死者能得到吗？不过无益之费而已。为此，皇太极规定了从平民到各级官吏至诸王贝勒祭祀死人所费标准，超过规定者要治罪。

　　皇太极顺应历史发展的潮流，对满族社会的文化和习俗做了较全面的改革并立下许多章程，这使满族走上了更加健康发展的道路。实践证明，皇太极把保持满族的独立特点与学习汉族的先进文化结合起来，是他及其后继者能够在全中国成功地建立一统天下的重要因素之一。

再燃战火

第八章

入扰明都

皇太极即帝位，必然要有一番作为。根据实力和条件，不时向明朝发动进攻和掠夺。

明崇祯九年（1636年）五月，皇太极在分析了自己所处的环境，以及朝鲜的暧昧态度，决定再次出兵袭击和侵扰明朝，遂命英勇善战的阿济格担此重任。六月，阿济格奉命率领十万八旗兵马，分三路于同月二十六日入喜峰口。巡关御史王肇坤拒战失败，退保昌平。阿济格纵兵进击，七月初，三路兵马在延庆会集。

崇祯皇帝得知大清兵入边袭扰，十分忧虑，照例宣布京师戒严，将廷臣召到平台，询问应急之策。廷臣无良谋善策，只是应付而已。崇祯皇帝根据以往清兵入侵的路线，估计其从山西而来，就分别派遣内臣李国辅守紫荆关，许进忠守倒马关，张元亨守龙泉关，崔良用守固关。当得知大清兵马由延庆入居庸关，围攻昌平时，又任命张之佐为兵部右侍郎，镇守昌平；遣司礼太监魏国征守卫天寿山，魏国征领命立即前往。数日后，崇祯皇帝对阁臣说："内臣即日就道，而侍郎三日未出，何怪朕之用内臣耶！"在军情紧急时刻，崇祯皇帝不忘褒扬内臣，轻诋武将，可见其依靠内臣之心何其牢固。武将听得此言，岂能有效忠之心！

阿济格率领清兵虽然在攻击居庸关昌平北路时，受到大同总兵官王朴率领的援军的阻击，死一千余人，失一百余人，但仍继续挺进。同时将

俘虏的明军释放，令其返回昌平，王肇坤开门收留。七月初五日，阿济格逐步深入掠西山。两天之后，又间道白天寿山后抵达昌平，挥兵攻城，原两千降兵为内应，昌平城为之陷落。王肇坤身中四箭两刀而死，总兵官巢丕昌投降，户部主事王一桂、赵恍及摄知州事保定通判王佐禹、判官胡唯忠、守备咸贞吉等皆被杀。阿济格令清兵焚毁埋葬在天寿山的明熹宗陵墓。次日，阿济格率清兵进逼西山，攻巩华城。守将姜瑄以火炮轰击，清兵退却。阿济格见明军攻势甚猛，城守坚固，难于很快取胜，便计划南下，但又不甘心轻易退去，便学皇太极曾经施行过的反间计，给曾经投降而又逃回的明副总兵黑云龙写信，约为内应。目的在于借明朝之手杀死黑云龙。这次，崇祯皇帝似乎变得聪明了一些，看出了阿济格的真实用心，便召谕黑云龙说："尔第安之，朕悉虏计，对群臣焚之矣，尔且诱之入，亦一机也。"黑云龙奉命而出，在西山北隅设伏引诱清兵，斩获了许多清兵。阿济格反间不成，反中其计，就率兵向南侵扰良乡。

七月初十日，昌平的叛兵进逼西直门，清屯住清河沙河的清兵也随之出动，攻克宝坻。崇祯皇帝十分震惊，命文武大臣分守京师各城门。并令"兵部传檄征山西总兵刘泽清五千人，山西总兵王忠、猛如虎四千人，大同总兵王朴、保定总兵董用文各五千人，山永总兵祖大寿五千人，关宁蓟密各总兵祖大乐、李重镇、马如龙共一万七千人支援"。征兵之檄已经发出，崇祯皇帝再次在平台召廷臣商议，询问防御之策。可是听到的仅仅是"破格用人""列营城外、方可防御"的老生常谈。另如"禁市法""收养京民细弱"的议论，也无法解决崇祯皇帝"时斗米三百钱"的忧虑。唯一的办法是令廷臣捐俸助饷。在大敌当前，曾被孙承宗斥为"才鄙而怯，识暗而狡，工于趋利，巧于避患"，又屡受弹劾，坐视不救的兵部尚书张凤翼，不得不自请总督各镇援兵出师，请与宣大总督梁廷栋相犄角。崇祯皇帝批准，赐尚方剑，给万金、赏功牌五百；令监视关宁太监高起潜为总

监，总兵祖大寿为提督，同山海总兵张时杰属高起潜，张第之监军；辽东巡抚方一藻守山海关。七月二十三日，崇祯皇帝得知阿济格攻克昌平，进击巩华城，似有归意后，即命兵部联络京军合剿。又突发奇想，对兵部王业浩等官员说："敌至城只树旗一，薄城则二之，攀成则三之，攻急则四之。见旗二，游兵集守，即他虞不得四顾。"真不知此举何为，既集兵合剿，当鼓励将士奋勇向前；若为防御，岂可调京军出城？事实上，两天之后，已集五万京军驻扎琉璃河，王威率领的辽东兵及三屯营兵调往涿州，起用都督王承胤为总兵官镇守居庸关。

正当崇祯皇帝召集廷臣商议攻防策略，调兵遣将之际，阿济格率领的清兵，仍然采用避实就虚的战术，下定兴、房山，克安肃，攻大城，占安州。八月，又克文安、永清，分兵攻漷县、遂安、雄县。不久，又从雄县奔赴鄚州口，刘泽清阻击，而转攻香河，进河西务还涿州，克顺义。再绕到京东北，抵达怀柔、大安，攻陷西和，分兵屯密云、平谷，又返回雄县，向北侵掠袭扰。"遍蹂赤县，攻陷城堡。"九月初一日，从冷口出塞。"掠我子女，俱艳饰乘骑，奏乐凯归。斫塞上柏而书曰：'各官免送'。凡四日乃尽。侦骑拾其遗牌，亦书'各官免送'。"清兵经此大战之后，仍然怡然自得，走得从容，潇洒。

而崇祯皇帝苦心调兵遣将，一会儿命令防御，一会儿命令合剿，可是结果令人大失所望。兵部尚书张凤翼自请出京，宣大总督梁廷栋自南而至，都恐惧万分，仅能尾随大清兵马之后，不敢挥兵与战，住在五重安，"经旬不出"。阿济格率兵出建昌，冷口守将崔秉德竭力固守关口，以堵截清兵归路，而总监高起潜则下令待清兵一半出关后再予攻击。此举实际上是放任清兵从容出关。估计清兵已经全部退尽，才进石门山，"报斩三级"。与阿济格及清兵的东冲西突，骁勇善战，形成极为鲜明的对比。谈迁对此有极其深刻的评论，他说："张凤翼自请出师，盖惧为丁汝夔之续

耳。以枢臣之重提衡诸将，何所不得志！而参以总阉，分其节制，权且掣矣！然枢臣所统率度不下一二万，足当一面，纵敌饱飏，则又不当委罪总阉也。建虏善用兵，分掠则未知其众寡，且隔出莫测。及出塞，则大部俱返，虽捆载而行，必精兵殿后。然雏视我兵，恋辎重，有生之志，无死之心，其便可击，而甘受巾帼之名，失此良会，若辈真有胸无心者矣。高起潜云半渡而击，欲纵虏自免。猾阉之习，其后而三尺法尝行于制阉，终不及总阉，亦何以令镯外作其气哉！夫建虏日强，昨岁全收掉部，更无西顾之虞；且资其众，日见雄长。闻掉部全收；建虏大悦，置酒高会，语其下曰：南朝君骄而臣谄，兵弱而民穷，亡无日矣！堂堂中国，为建虏所窥料如此！"

这次明朝受到清兵的袭扰，连陷十二城，先后五十六战，明军虽有些抵抗，但还是以失败而告终。衷于重罚的崇祯皇帝，一反常态，没有像以前那样对统兵将领或贬或戮，却表现出了少有的宽容。越是如此，张凤翼、梁廷栋越感到自己的罪过深重，便先后饮药而死。后来，言官弹劾，刑部论罪，罢张凤翼官，处梁廷栋辟，因其已死，免于实施。与此同时，又大肆为宦官高起潜等叙守京功。计六奇为之叹息说："朝廷虽乏人，奈何与刀锯之余共天下事哉！吾知忠臣良将之心，于是乎灰矣！"

崇祯皇帝升迁卢象升为兵部左侍郎，总督各路援兵，赐上方剑。同时告谕兵部，清兵"今年饱飏，计来年复逞。练兵买马，制器修边，刻不容缓。连年多故，帑匮民穷。令兵部司官借武清侯李诚铭四十万金，发关宁治备；借驸马都尉五、万炜、冉兴让各十万金，发大同、西宁。令工部借太监田诏金十万，置甲胄；借魏学颜金五万，置营。俟事平帑裕偿之。如尚义乐助，从优奖叙"。民穷财尽，生出借赍之举。不从整饬吏治着力，不激励将士效忠朝廷，不抚恤穷苦百姓，而空谈"练兵买马，制器修边"。真可谓"纸上谈兵"的真实写照。

勇闯冀鲁

清崇德三年（明崇祯十一年，1638年）八月二十三日，皇太极发布征明的命令：以睿亲王多尔衮为奉命大将军，豪格、阿巴泰为副，统左翼兵；以贝勒岳托为扬武大将军，杜度为副，统右翼兵，分二路伐明，指示作战方略，说："凡王、贝勒、贝子临阵时，七旗败走，而一旗拒战者，七旗之牛录人员俱给与拒战之一旗；一旗败走，而七旗拒战者，败走之一旗即行革黜其所属人员分给七旗；若一旗内半战半走，以走者人员给战者。勿见利轻进，勿临阵败缩，勿挠乱队伍，违者按军律治之。军士离伍者、酗酒者、喧哗者，罪之。一切军器俱书姓名，马必印烙，勿毁寺庙，勿杀平人；俘获之人，勿褫其衣服，勿离其夫妇。"

又说："征伐非朕所乐，朕常欲和而明不从，是以兴师，慎勿妄行诛戮，勿贪掠财物。尔等主帅，众所观瞻，若能自处，以礼济之以和，则归附各国必以为吾国强而有德，勇而有礼，益加悦服矣。"

每次大的出征前，皇太极总是不厌其烦地将以往规定的政策、策略和纪律向领兵将帅反复说明、解释，还根据实际反映出来的问题，增加新的条文，令全军将士遵守。每当战争结束时，他就按条文规定检查执行情况。一经发现违犯，不管将帅、兵士，一律处分。严格要求，执法如山，使清军逐渐养成了令行禁止的军纪军风，大大提高了战斗力。

八月二十七日，岳托率右翼军先行，九月四日，多尔衮率左翼军离沈，皇太极像往次一样，亲自送行。

这就是皇太极发动的第四次入关远征。为保证远征的胜利，皇太极曾两次亲统大军前往锦州、宁远等处，牵制明朝援兵，"使其东西疲于奔命，首尾不能相顾，我西征将士得以从容直捣中原耳"。

多尔衮与岳托分率左右翼兵，于九月底，先后由墙子岭和青山关毁边墙而入。这两个关口设在燕山脚下，地形十分险要。尤其是墙子岭，山高路狭，有"一夫当关，万夫莫开"之险。清兵趁明兵不备，爬到山顶没有修城墙的地方，突然冲入。密云总督吴阿衡率军仓促迎战，战败而死。两翼兵越迁安，过丰润，会合于通州河西，从北边绕过北京至涿州，分兵八道向西进攻：一沿太行山下，一沿运河，其余六道布于山河之间，纵兵并进。北京以西，至山西地界，千里之内，多为旷野平川，善于驰突的满、蒙骑兵，千千万万，飞驰起来如一阵狂风卷地，箭锋指处，明兵纷纷披靡，沿途所过六府城镇皆被攻掠。

在清军铁骑逼近宫墙的时候，明朝统治集团仍被内部矛盾困扰，上下意见分歧，党派明争暗斗，和、战举棋不定。十月初，京师戒严，调集各处兵马入援。十四日，崇祯召见廷臣和督师卢象升，询问作战方略，卢象升回答："陛下命臣督师，臣知有战而已。"卢象升是主战派，他的父亲刚去世，他身穿麻衣草履，奉诏督师，坚决反对任何形式的谈判议和。他听说崇祯妄信部分大臣如兵部尚书杨嗣昌主和的意见，便拿"臣知有战"而不知其他的话来激他。这一下好像触到了崇祯的短处，马上变了脸色，过了好大一会儿，才很不高兴地说："朝廷原未说过议和，所说议和都是外面一些人的议论。"卢象升接着说："敌人所重的，事事宜防。逼陵寝以震人心，可虑也；趋神京以撼根本，可虑也；分出畿南，剽掠旁郡，扼我粮道，可虑也。集中兵力，则只局限一处而多处丢失；分兵四应，则兵力分散而不会获得成效。兵少无法防务，粮饷少就会生乱，这是防御艰难

之所在。"卢象升的分析切中要害，崇祯很赞赏，叫他下去与杨嗣昌再商议具体对策。但两人意见相悖，根本说不到一块儿。卢象升起身告别，返回自己的驻地昌平。

卢象昇本想扼昌平，阻止清兵南下，但清军"锋甚锐，不可遏"。他决定挑选精锐，于十月十五日，月夜分四路袭清军营，跟将士约法：刃必见血，人必带伤，马必喘汗，违者斩。总督高起潜听说后，写一纸加以讽刺：我只听说"雪夜下蔡州"的典故，还没听说"月夜"，云云。由于他从中阻挠，结果十五日夜袭清军失利，损失很大。卢象升看出杨嗣昌、高起潜等人与他对立，要求分兵统辖。杨嗣昌便把宣府、大同、山西兵二万属卢象升，山海关和宁远重兵都属太监高起潜。所以卢象升名义上督天下兵，实不及二万！有一次，杨嗣昌赴军中，卢象升斥责他主和误战事，说："公等（指杨与高起潜）坚意和议，独不思城下之盟春秋耻之乎？长安口舌如锋，袁崇焕之祸能避免吗？"杨嗣昌面颊涨得通红，说："你简直是以尚方剑加在我的脖子上！"卢象升说："我既不能奔丧父死，又不能战，剑应加在我身上，怎能加给别人呢？"卢象升揭露杨嗣昌背地里搞议和活动，他无言辩答。又过了几天，卢象升与高起潜在安定门会见，两人还是各持一议，不欢而散。

十一月初，清军陷良乡、涿州，十二日，围高阳城（河北高阳县）。原兵部尚书、东阁大学士孙承宗是本地人，年八十，早已辞官在家养老。他一听说清兵来了，就率全家人与全城人守城。城墙低，不结实，又没有任何外援，清军日夜环攻，他们只坚守了三天，城就被打破了。孙承宗对家人说："我就死在这里了，你们赶快逃生吧！"可是，家里人谁也没有逃走。孙承宗被俘后，坚决不投降，被清兵勒死。他的子孙十九人也都力战从死。

这时，清军连陷衡水、武邑、枣强、鸡泽、文安、霸州、阜城、威

县；十二月初，破平乡、南和、沙河、元氏、赞皇、临城、高邑、献县诸城镇。又分三路出师：一由涞水攻易州，一由新城攻雄县，一由定兴攻安肃。卢象升提兵从涿州进据保定。他原有二万人马，杨嗣昌作梗，给陈新甲分去一半。他到保定后，命诸将分道出击，大战庆都，互有杀伤。十二月十一日，卢象升率师进至钜鹿（河北邢台市偏东北）贾庄，所部兵又溃去一半，只剩下五千残卒，没有粮饷，饮水充饥。高起潜率山海关、宁远兵驻鸡泽，相距五十里，卢象升派人哀求给以援兵、粮饷，高置之不理。早晨起来，卢象升四面拜将士，说："吾与尔将士共受朝廷恩，患不得死，勿患不得生。"众将士无不失声哭泣。于是，卢象升下令拔寨进兵，至蒿水桥，遇清兵，双方展开大战。半夜，清兵增援，将卢象升军包围。次日，清骑兵涌至，连围三重。卢象升大呼血战，身中四箭、三刀，仍然以手格杀十数人而死。时年仅三十九岁。全军炮尽矢穷，奋战覆殁。高起潜闻讯，拔营逃跑，本来应向西跑，却误逃向东边二十里，陷入清军埋伏，大败逃窜。

接着，清军继续深入到河北省南部，蹂躏了广平、顺德、大名等地，然后把进攻的矛头指向了山东。清崇德四年（明崇祯十二年，1639年）正月，八旗两翼兵会合于济南城下。明兵部尚书杨嗣昌错误地估计清军如进兵山东必经德州，因此他传檄山东巡抚移师德州，而济南空虚，不做戒备。精明的多尔衮绕开德州，从东昌、临清州等处渡过运河，突然直插济南。只用了不到一天的时间，这个号称中原的一大都会就落入清军之手，明吏卒惊骇逃溃。巡按御史宋学朱刚乘上轿出院，一听说城陷，役隶扔下他撒腿就跑。清兵冲上来，将他杀死，后来连尸体也找不到了。还有布政使张秉文以下十数名官员，连同宗室诸郡王都被杀死了。其中活捉德王朱由枢，没有将其杀掉，把他送到盛京。广大人民死伤更惨，战后，清理城内外尸体达十三万具！整个城里的财物被劫掠一空。就在这时，扬武大将

军岳托病死，还有他的弟弟马瞻也病死了。清军饱掠后，出济南城，转攻山东其他城镇十六处。明督师、大学士刘宇亮和陈新甲率明军只尾随清军而行，不敢进攻。

二月，多尔衮率大军至天津卫，渡过运河东归。三月，经青山口出关，安返辽东。

皇太极命多尔衮等率师征明，是对内地的一次规模空前的深入。皇太极第一次率军进关，仅限于北京城及城北部分地区；第二次只到了宣府、大同地区；第三次耀兵于京畿，惟有这次是以中原为进兵目标，超过北京，闯进河北、山东，"旌旗所指，无不如意"，入关达半年，"转掠二千里"，极大地扩展了清军的活动范围，消耗和损失了明朝的大量有生力量。其次，这次远征所获得的战果也是最大的。两翼兵共败明军五十七阵，攻克山东济南府、三州、五十五县、二关，杀两名总督及守备以上将吏共百余人，生擒德王朱由枢、郡王朱慈领、奉国将军朱慈党、监军太监冯允许等，俘获人畜计四十六万二千三百有奇、黄金四千〇三十九两、白银九十七万七千四百六十两。靠一次战争获取如此巨额的财富，大部分入了国库，一部分进了出征将领的手中，这些将领因而迅速成为暴发户。但对于内地人民来说，是一次空前的浩劫。清军俘获了数十万人畜，而被杀死和致残的人更是远远超出这个数字。劳动力和牲畜急剧减少，家园被毁坏，使中原地区的生产力遭到严重破坏，再加上明朝的黑暗统治，压在广大农民身上的灾难就更深重了。虽然太宗禁止士兵抢掠，但他的本意是不准个人乱抢乱夺，而鼓励集体有组织的抢劫。从明朝统治下的地区抢夺财富和人口，是皇太极一再发动对明战争的动力之一。

松锦决战

皇太极当了大清国皇帝后，曾几度派兵绕道内蒙入关，扰乱华北，并发兵攻打朝鲜，使朝鲜成了清朝的属国，战事可谓异常顺利，而国力也大为增加。清朝的执政君臣，深知不能控制全辽，即无法向关内发展，所以锦州、松山等地的取得也是必需的，松锦之战在所难免。

在天聪时代，皇太极虽然发兵攻下了大凌河城，拆除了明朝在辽西的一处屏障，但是距大凌河四十多里地有一个坚城锦州，确实是阻碍满洲旗兵的前哨阵地。而锦州正南方十八里处是松山城，松山偏西南十八里处是杏山城，杏山西南二十里左右又有塔山城，这三城拱卫锦州。另有宁远一城为锦州后盾，所以明朝在关外的防卫仍很强大，锦州等地不破，入山海关是根本不可能的。正如皇太极所说的："以大军屡入塞，不得明尺寸之地，皆由山海关阻隔，而欲取关，非先取关外四城不可。"

清崇德四年（明崇祯十二年，公元1639年）三月，皇太极曾下令军队攻打过松山、锦州，但是无功而返，因此他与大臣商讨之后，决定了"由远渐近，重围锦州"的战略。清崇德五年（明崇祯十三年，1640年）三月，他命郑亲王济尔哈朗、多罗贝勒多铎等人，领兵去修筑义州城（今辽宁省义县），这座城是锦州北方的重要门户，两地相距约九十里。清军驻扎在此城，一边屯田，一边加强训练，作为围攻锦州的粮草供应地与前线指挥所。皇太极又指示清军在义州渐进地包围锦州，并"外筑土城，且挖

坑堑，以为久住之计"。

同年五月，皇太极亲自巡视义州，部署进一步围困锦州的方案。他下令清军清除锦州城外的明军炮台，使锦州失去传递消息与监视清军的据点。同时又派遣兵丁去把锦州郊外的庄稼割尽，以减少锦州粮草的来源。

清崇德六年（明崇祯十四年，1641年）三月，清军在锦州城外，"每面立八营，营深壕，沿壕筑垛，两旗之间，复浚长壕，近城设逻卒哨探"。统帅济尔哈朗同时又派人联络城里的蒙古兵，威胁利诱地要他们反叛明朝，结果蒙古兵首领诺木齐等人降清；锦州外城又遭清兵火炮的不断攻击，于是济尔哈朗便率兵占领了锦州外城。内城守将见援助断绝，粮草不济，于是派人突围向明廷求援。崇祯皇帝知道锦、宁的重要性，不顾一切把正在剿灭流民军的统帅洪承畴调来当蓟辽总督，带兵出关增援锦州，并另派宣府总兵杨国柱、大同总兵王朴、密云总兵唐通、蓟州总兵白广恩、玉田总兵曹变蛟、山海关总兵马科、前屯卫总兵王廷臣、宁远总兵吴三桂等所谓八总兵及副将以下官员二百多人，步骑兵十三万，火速驰往锦州解围。同年七月，洪承畴率军抵松山，他分析情势，认为宜采取稳健的"持久之策"，但是兵部尚书陈新甲急于求功，催促他进兵。洪承畴迫于命令，只好先把兵马粮草留屯在宁远、杏山一带，自己带领六万大军，轻装北进，驻军于锦州城南乳峰山等地。当时多尔衮与豪格等人率清军在乳峰东、西两面，阻止明军进入锦州。

皇太极于八月初得到多尔衮等急报，知道明朝大军来援救锦州。他当时生病，仍决定领兵亲征。八月十九日，皇太极行军至松山附近，命令属下部署在松山与杏山之间，"横截大路驻营"，不久调派八旗兵伸延到海边，如此一来，不但切断松山与后方杏山、塔山的联系，使松山孤立；同时也对松山采取了反包围，从而化解了明军包围多尔衮等军队的不利情势。

明朝军队原先为了急于求功,想在松锦之间与清军进行决战,但是现在背后却被清兵切断,心理上形成恐慌,形成"欲战则力不支,欲守则粮已竭,遂合谋退遁"。洪承畴仍坚持决战主张,各总兵官则有突围南撤到杏山就粮的想法,明军阵前产生了不同意见,洪承畴的指挥也不为各总兵官听从。各总兵官为自救,乃纷纷进行突围战。不过,皇太极早已得到明军要南逃的消息,立即派兵把海陆两路封堵,结果"各帅争驰,马步自相蹂践,弓甲遍野,遥望火光,谓敌兵在前,走还,遇伏大溃"。洪承畴等突围未成,退守松山城内。王朴、吴三桂算是幸运,逃到了杏山。马科等人则奔往塔山,也有人从海上乘渔船逃回宁远城的。其余的残兵败将,奔向海边,"赴海死者,不可胜计",明兵还没有真正地与清兵大战就损失惨重了。

皇太极在松山城外扎营,不断击败计划突围的明朝兵将,但是松山、杏山、锦州诸城仍被明军占据,清军此次出兵的目的尚未完成。因此皇太极再调大军,重围松、杏、锦三城,而重心放在松山,因为洪承畴等在此城中。松山城地形是四周缘高,中间偏低,形势并不佳。清军仍以围而不攻为战略,不断缩小范围,静待城中粮尽援绝。九月间,因宸妃病重,皇太极曾从战场返回沈阳,松锦的军队交给杜度、多铎等人。经过再半年的围困,松山城里明军实在支持不下了,副将夏承德派人来与清军通款,许为内应。清崇德七年(明崇祯十五年,1642年)二月十八日,降兵引清兵登城,第二天擒获洪承畴等明朝等文武官员多人,曹变蛟、丘仰民、王廷臣皆不屈而死,洪承畴则最后降清。据史料所记,皇太极下令将松山城毁如平地。松山城破,锦州军民抗清之心完全瓦解,加上"城内粮尽,人相食,战守计穷",守将也只有献城降清了。清军围锦州前后历时约一年,终于不战而克。清军入城之后,据说"屠戮城中人民",各家财物也被"收取一空"。同年四月,清军又用红衣大炮猛轰塔山,歼灭城中明兵七千，明将最后也是开门请降。从此明朝关外的锦、松、杏、塔四座重城，都落入清军之手。

清军在松锦一带的决战胜利，表明明朝的关外锦宁防线已不复存在，从此清军控制了辽东与关外之间的通路，打开了进入中原的门户。明朝虽然还据有宁远与山海关，但已孤立不成形势，大明江山岌岌可危。清军本可乘胜入关，消灭明朝，可是关内局势也发生大变化，李自成等流民军正在席卷中原，规模之大，威力之强，都是空前的。皇太极审时度势，改变策略，决定静观其变，等流民大军与明军先火拼，然后再收渔人之利。正在此时，清朝自身也发生了出人意外的危机，就是清崇德八年（明崇祯十六年，1643年）八月皇太极的暴死。此事引发了清朝贵族间的政争，甚至掀起争位的斗争风暴，明清之间的战事一时也因此停顿下来。

太宗之死

第九章

突然离世

清崇德八年（明崇祯十六年，1643年）八月九日，皇太极像平常一样，忙碌了一整天。

他赏赐土默特部落前来贡马的甲喇章京大诺尔布、小诺尔布，牛录章京根都、俄博尼、兀苏木、达赖等十五人及其从役人员银两等物。

他还奖励土默特部落车克车木章京所属诺木习礼和从人，因护送格隆喇嘛来盛京有功，分别赏给银两。

接着，他同皇后、诸妃在崇政殿召见嫁给察哈尔、科尔沁蒙古的女儿固伦公主等人，从阿巴泰征明所获的缎匹财物中，选择最好的赏给科尔沁来朝的福妃、贤妃及固伦公主、诸福金等人。一时没有查看过的俘获财物还要再找机会继续查阅。诸事完毕，就回宫去了。

这天，皇太极的一切活动都没有不祥之兆，谁都料想不到他的生命会在几小时之内就匆匆完结！

在沈阳作为清朝入关前的都城时，城的正中央是金碧辉煌的宫殿。沿着皇宫正门大清门向里面走，穿过重重楼台殿阁，直到最后一层，迎面便是清宁宫。宫的东头有一间暖阁，二三十平方米，分隔为南北两小间，各设一炕，这里就是皇太极与皇后博尔济吉特氏的寝宫。当天晚上亥时，即九至十一点，皇太极端坐在南炕上突然停止了呼吸……

噩耗来得如此突然，令人无比震惊！九日一天，谁也没有看出他有

什么毛病。八日，他还亲自册封他的女儿及女婿固伦额驸奇塔特、弼尔塔哈尔诰命、仪仗。同时，他还在崇政殿为第五个女儿固伦公主下嫁内大臣和硕额驸恩格德尔之子索尔哈举行盛大仪式，和硕亲王以下、甲喇章京以上，以及来朝的外藩蒙古王公，还有朝鲜王李倧的儿子等人都来庆贺。如再往前追溯一下，至少也有三四个月，他没有发生什么病症。

有关的清代官修史书几乎都记载说皇太极死时是"无疾而终"。这种说法，作为表示他一生赫赫文治武功，死而无憾，好像是一种实事求是的定论。岂不知恰恰就是这种记载，既不符合实际，也给后人留下了一个不解之谜，因而产生了种种推测。

可以肯定，皇太极之死，绝不是"无疾而终"。事实上他是病死的，只是清代官方史书没有公开示人。

皇太极从小身体就很好，到中年变得有些肥胖，出征时穿戴很重的铠甲，连他的坐骑也承受不了。他喜爱的两匹马，一匹取名小白，一匹取名大白，乘小白只能日行百里，乘大白才五十里。足见他体质丰满强壮，官方史书从未提到他生过什么病。可是他是无法违抗自然规律的。大约从清崇德六年（明崇祯十四年，1641年）起，他已感到自己衰老了。这年的十月初二日，诸王及他们的妻子儿女们奏请恭祭宸妃，皇太极深有感触地说："山峻则崩，木高则折，年富则衰，此乃天特贻朕以忧也。"他的这番话里，忧的是"年富则衰"，指的就是他自己，忧虑他自己年老体衰。古人说："五十而知天命。"清崇德六年（明崇祯十四年，1641年），太宗整整五十大寿，"而知"之年，他对自己做出了正确判断。的确，皇太极发出的信息不是无病呻吟。那时他连连有病，病得他似乎认为死是无可讳言的。据史书记载，他从清崇德五年（明崇祯十三年）开始生病，这年七月二十七日，他第一次出现"圣躬违和"，到安山（鞍山）温泉疗养。从他生病到逝世前，史书上都没有具体说是什么病，只写"圣躬违和"或

"圣躬不豫"。这种情况主要出现了几次。

清崇德六年（明崇祯十四年，1641年）八月，松山大战前夕，明十三万大军排山倒海而来，清军难以支持，前线一再告急，皇太极调集各路军马，定于八月十一日亲征，不巧他有病，推迟了三天。他患的是鼻衄，即鼻出血。这么紧张的时刻，为患病而滞留日期，可以想象病情之严重。延至十四日，鼻仍出血，他就迫不及待地出发了。由于走得太急，鼻出血不止，三天后才有好转。

清崇德七年（明崇祯十五年，1642年）十月二十日，"圣躬违和，肆大赦。凡重辟及械系人犯，俱令集大清门外，悉予宽释"。

这次病得也很重，不仅用大赦向天祈求痊愈，而且清廷的官员们就此提出建议，减轻皇太极的政事活动。二十七日都察院参政祖可法、张存仁，理事官雷兴上奏说："皇上天纵神武，德被遐方，以仁心爱万民，以仁政治宇内，凡养民恤民，无不周挚，虽当大业创兴，实万世之圣主，当代之明君也。臣闻有道者，天赐纯嘏；福履者，景运灵长。今皇上道德醇备，福寿兼隆，虽偶尔不豫，辄获康吉，天之眷我皇躬也昭昭矣，举国臣民不胜欢忭。伏愿皇上保护圣躬，上答天心，下慰人望。近见政事纷繁，动劳睿虑，各旗、六部诸大臣虚设何神？凡心劳则气动，更愿皇上清心定志，一切细务，付部臣分理，至军国大事，方许奏闻。况大业垂成，外国来归，正圣心慰悦之时，亦可稍辍忧劳。且时当食足兵强，皇上宜暂出游猎，以适上心。臣等谬任言官，惟以圣躬为重，伏望息虑养神，幸甚！"大学士范文程、希福把这份奏疏转达给皇太极，立刻得到皇太极允许，说："所奏良是。朕之亲理万机，非好劳也，因部臣不能分理，是用躬自裁断。今后诸务可令和硕郑亲王、和硕睿亲王、和硕肃亲王、多罗武英郡王合议完结。"

皇太极派范文程把这个重要决定通知诸王，因为这是从来没有的事，

诸王一时感到不知所措。向皇太极奏问："皇上命臣等断理诸务，敢不钦承。但何项事应行奏请，伏候圣裁决定，则诸务庶可办理？"皇太极又答复他们说："未来之事何能预定？各部事务须尽心料理，有不能决断者会同诸王贝勒议结。如会议仍不能结者，方许奏闻。诸王每日黎明齐集，有事则奏，无事回各衙门办理部事。倘有当议事务，候旨齐集。"此事关系行政体制的重大改变且不必说，不过也将皇太极身体欠佳程度完全反映出来。有了这个决定，皇太极基本上交出了日常的行政事务，从而可见他病得实在不轻，估计短期内无好转可能。

皇太极到底死于什么病？有一个值得注意的线索透露了一点情况。这就是朝鲜史书的记载。朝鲜的记载曾说清太宗之死是"暴逝"。如皇太极死后，朝鲜得到文学李袗在沈阳向本国发出的报告："清汗于本月初九日夜暴逝。"的确，这么一说，可以解释为"无疾而终"，也可以说成是遇害而死。但是，朝鲜人是早知道皇太极有病的。如他们的史书记载，四月初六日"清人言于世子馆所，以为皇帝病风眩，愿得竹沥，且要见名医。上命遣针医柳达、药医朴頵等"。皇太极有什么病以及需用什么药物，朝鲜人一清二楚。按他们所载，皇太极患风眩，用药为竹沥。竹沥主治化痰、去热、解烦闷等病症。皇太极一生劳累，晚年诸事更繁重，加上宸妃之死，操劳过度，情志不舒，痰火上升，必然眩晕，血热上涌，头昏眩。平素痰火重，容易引起中风症，高血压，猝然死亡。皇太极所患病应不出这个范围，而且可能是造成死亡的主要原因。

管葛山人的《山中闻见录》所说皇太极患"痰疾"而死，恐不准确。痰是其他病症引起，仅仅一个痰，构不成重病，也不致夺去一个人的生命。另有人认为，皇太极因怀念宸妃过度而死。自从清崇德六年（明崇祯十四年）九月十三日宸妃死后，皇太极一直朝思夜想，吃不下饭，"圣躬违和"，甚至还昏迷过一次。但仅仅是宸妃死的悲痛也不能致他于死地。

宸妃死前，皇太极已有病，使他最后断送生命的恐怕是多种因素的并发，主要是中风。皇太极一生勤于政事，勇于战阵，诸多军国大事，事必躬亲。由于长期处于高度紧张，严重损害了他的健康，致使积劳成疾，病兆频频发生，特别是遇到宸妃之死，悲痛不已，更增加了他的身体负担。当潜伏的重病一朝突发，瞬息之间就夺去了他旺盛的生命。

清崇德八年（明崇祯十六年，1643年）八月九日皇太极逝世以后，第二天，诸王大臣们把他的"梓宫"（棺材）安放在崇政殿，为他举哀三天。九月二十一日，昭陵尚未建成，就把他葬在这座举世闻名的陵宫里。有清一代，对皇太极一直推崇备至，根据他生前的文治武功，乾隆元年又给他加上美好的谥号，称为"应天兴国弘德彰武宽温仁圣睿孝敬敏昭定隆通显功文皇帝"，为他树碑立传。他的陵墓称为昭陵，陵宫御道两旁的石兽群中，有一对石马，是仿太宗生前喜爱的坐骑大白、小白雕制而成的。立在他的陵前，也有意让后人不忘他当年马上得天下的辛劳。

福临继位

清崇德八年（明崇祯十六年，1643年）八月十四日，皇太极已经死了五天。人们正在从突然的"驾崩"震动中逐渐清醒过来，思考谁来当他的继承人。就在这一天，掌握极大实权而又觊觎皇位的多尔衮急忙到三官庙，召见内大臣索尼议论皇位继承人。索尼是皇太极一手提拔起来的，他不顾多尔衮的个人欲望，大胆地发表逆耳之言："先帝有皇子在，必立其

一，他非所知也。"这就是说，他不同意多尔衮当皇帝。同一天晚上，皇太极另一个亲信巴牙喇纛章京图赖也到索尼处，表示他不但决定立皇子，而且指名拥护豪格。争权的斗争从暗地里的矛盾急剧地发展为公开的剑拔弩张。紧张的气氛使人屏住呼吸。

第二天，斗争达到了白热化。天刚亮，曾经是皇太极亲自所属的两黄旗的大臣们来到大清门，商定立皇子，这是他们的一致意见。他们很明白，这是公然对抗多尔衮，情况之严重，既关系国家前途，也涉及个人安危。为了先发制人，皇太极的这些亲信们命令两旗的精锐巴牙喇兵全副武装，张弓挟矢，环立宫殿，然后他们一个个按次序进入崇政殿。

崇政殿是皇太极生前建筑的皇宫正殿，是常朝的场所。他死后"梓宫"也停放在这里举行哀悼。今天，他本人已不在世，群臣们来到这里议论他的继承人，心情本来就不平静，何况又遇到皇太极没有谈过谁可做他的继承人，又有几个人都拉开要夺取皇位的架势。诸王大臣列坐大殿的东西两门房。议论一开始，索尼及巴图鲁鄂拜首先提出立皇子。睿亲王多尔衮命令他二人暂退，语气激动、严厉。多尔衮的同母弟英亲王阿济格、豫亲王多铎，支持多尔衮当皇帝。多尔衮犹豫不决，没有答应他二人的要求。多铎急不可耐地说："如不同意，应该立我为皇帝，我的名字在太祖的遗诏中已经提到。"他毛遂自荐，毫不掩饰，多尔衮颇持异议，反驳他说："肃亲王（豪格）的名字也是太祖提到的，不只有你的名字。"话虽不多，一箭双雕，分明表示他不同意多铎，也不同意豪格。多铎遭到多尔衮的反对，转移了目标，又提出："不立我，论长，当立礼亲王（代善）。"多铎力求找个立皇帝的原则，先提立自己，说的是废长立幼，听到多尔衮反对，又说豪格也有理由当立，他认为这就是"立长"的原则，多铎不同意立豪格，便说立长就立代善。代善老成持重，从议论开始到此时一言未发，争论到自己头上，他才把经过认真考虑的想法公之于众。他

说："睿亲王如应允,当然是国家之福;否则,应立皇子。至于我,年老体衰,难得胜任。"这是个有力的表态。议论就按他的基调做了决定,想当皇帝的多尔衮、豪格及多铎都被否决。其中尤为重要的是,多尔衮和豪格,各为一方,本身有强大的实力,也有狂热的支持者,他们互相争夺最为激烈,这时两败俱伤。最后的结果是拥戴皇太极第九子六岁的福临为皇帝。人们普遍认为在多尔衮和豪格势不两立的情况下,这是个折中方案。

在皇太极死后的这场夺取皇位的斗争中,多尔衮一直扮演主要角色。结局对他算是一个小小的胜利。皇太极晚年既然没有明确提出皇位继承人,按照当时情况,多尔衮最有希望取得皇位。至少他有三个重要条件:第一,他的母亲乌拉纳喇氏,曾有宠于清太祖努尔哈赤,同太祖相依为命二十六年,皇太极生母叶赫那拉氏死后,她位至大妃,也称汗后。太祖病危时,顺太子河乘舟而下,特派人请这位大妃前去会面,在浑河相遇。二人相会,必谈到大位继承问题,而且很可能确定多尔衮为继承人。可是太祖死后,皇太极继位,多尔衮没有登大位,他的母亲还做了殉葬品。据说这是太祖的遗诏,"恐后为国乱"。这反映太祖死后也曾有一场夺权之争,太宗是这场斗争的胜利者,最大的失败者是多尔衮。因有这个背景,到了皇太极死时,有些人还一直认为多尔衮应当登大位当皇帝。第二,多尔衮聪明过人,才智出众,深受父亲努尔哈赤喜爱。在他很小时候,已分给他管全旗。据朝鲜史书所载,努尔哈赤临终前对代善说:九王(多尔衮)应立为汗,他一时年幼,可由代善摄政,以后再传给九王。代善为防止"嫌逼",就拥立了洪太氏(皇太极)。第三,多尔衮在皇太极统治时期多次被任命为领兵大将军,征朝鲜、蒙古,讨伐大明,立下汗马功劳,在参与国家行政事务中也经受了锻炼。他有卓越的政治和军事才能,在他的国内和外界有广泛的影响和崇高的威信。但是,尽管如此,他在皇太极死后仍没有当上皇帝,还把坚持拥他当皇帝的硕托、阿达礼处死。这不是多尔衮情愿让贤，主要是在子继父位的时代，兄终弟及这条路很难行得通，再加上豪格一派的反对，所以多尔衮还是当不了皇帝。说是他的胜利，是因为拥立六岁的福临，一切实权都掌握在他手中，他成为大清实际的最高统治者。

拥立皇子一派的人没有能使豪格当上皇帝，这是他们的失败。所以传出"九王废长子虎口（豪格）王而立其第九子（即福临），年甫六岁，群情颇不悦"。但是福临即位也使他们略感安慰。当这个决定做出之后，索尼、图赖与谭泰、巩阿岱、锡翰、鄂拜等在三官庙聚会"誓辅幼主，六人如一体"。豪格作为皇太极的长子，按照中国传统的嫡长子继承制度，他在皇太极死后当皇帝是顺理成章的。他本人条件也不差，当时已成年，有才能，有战功。他生于明万历三十七（1609年）年，皇太极死时已三十五岁，比多尔衮大三岁。他从太祖以来就在文治武功中做出了贡献，在群臣中，也有一定威信。他没有当上皇帝的根本原因是清朝实力比较分散，诸王拥兵自重，他们自己要保持权力，不愿绝对听命于皇帝。

无论是多尔衮还是豪格，他们对自己没有当上皇帝都很不甘心。福临已经即位，他们还不断寻找机会，想方设法实现个人的皇帝梦。多尔衮在福临当了皇帝之后，先与济尔哈朗共同辅政，后来突出以他为主摄政，直发展到他称"皇父摄政王"。多尔衮下令逮杀了豪格，甚至传出多尔衮还娶了皇太后。他还把生母乌拉纳喇氏封为孝烈武皇后，如此等等。他在一步步缩短登上皇位的路程，真不巧，他在只差毫厘时，病死。豪格在福临即位后，也发动了夺取皇位的反攻。顺治元年（1644年）四月，从沈阳传出消息说："施士博氏、卢氏博氏、梧木道等谋立虎口王（原注：虎口王即弘太始之长子，而诸王欲专国柄，舍虎口而立幼主）皆被诛，诸将欲杀虎口王，其帝涕泣不食曰：'虎口以我异母兄弟，故如是请杀耶？'诸王不敢复言，罚银三千两，许赎其罪，使之立功自效。"豪格的反攻也以失

败告终。豪格把矛头指向多尔衮，遭到严厉镇压。太宗逝世后的一场夺权斗争持续约七年之久，大局终于稳定。

事过境迁，但时至今日人们仍有疑惑：皇太极的几个儿子当中，为什么多尔衮偏偏选中了第九子福临？有人说多尔衮与福临之母、永福宫漂亮的庄妃早有私情，在庄妃的周旋下，于是便将其子福临推上了皇帝的宝座。我们说，这种情况虽有可能，但决定福临继位的根本原因，还是当时局势的发展和各派势力的均衡，以及满洲的制度和多尔衮对自己权力精妙设计的结果。

皇太极除了长子豪格之外，共有过十个儿子，但他死时只剩下七个。在五宫后妃中，清宁宫正宫、皇后博尔济锦氏只生下三女儿，位于其下的是关雎宫宸妃博尔济锦氏，就是福临母亲的姑母，但不幸的是，她曾在清崇德二年（明崇祯十年，1637年）生下一子，未及命名就夭折了，她自己也在三年后病逝。排在第三位的是麟趾宫贵妃博尔济锦氏，生有一子一女，子即博穆博果尔。第四位是衍庆宫淑妃博尔济锦氏，无子无女，只抚养了一个蒙古养女，嫁给了多尔衮。第五位才是永福宫庄妃博尔济锦氏——福临的生母，其他生子的贵妃、庶妃还有七位。从年龄来讲，当时比福临大的还有叶布舒（时十七岁）、硕塞（时十六岁）、高塞（时七岁）、常舒（时七岁）等四人，但皆为庶出；从地位上来讲，博穆博果尔之母为西宫皇后，高于福临之母两级。那么为什么，多尔衮不在这五人当中选一嗣君，偏偏选立了福临呢？

可能有如下原因：首先，多尔衮提出选皇子但并不同意豪格。自己做辅政王，目的是为了控制皇帝，自己独揽大权，使自己虽无皇帝之名，却有皇帝之实，因此，绝不能选择年龄较大者继立为帝。所以，叶布舒和硕塞就被排除在外，因为如果那样，他根本就没理由提出设立辅政王，即使勉强设立了，也不能辅政很久，这对于他当然是无利可图的。

其次，满族极重嫡庶之分，所立皇子的母亲必须是地位较高的五宫正妃，而不是没有徽号的侧妃或庶妃所生之子。皇太极生前最喜欢的妃子有两个：一是宸妃，此人贤淑文静，与其感情极深。皇太极曾取《诗经》中以表达爱情著称的"关关雎鸠"诗句，来为她所居宫室命名。清崇德六年（明崇祯十四年，1641年）她病逝之后，皇太极痛不欲生，饮食俱废，很长时间都未从悲痛中恢复过来。另一位，就是福临的生母庄妃。此人在五宫后妃中最为年轻，且又美貌动人，聪明伶俐，她善于体察皇太极的心意，因此很得皇太极宠爱。特别是宸妃死后，她就成为皇太极晚年生活中的唯一爱妃。这二人本是一姑一侄，且都只生有一子，但宸妃之子不幸夭亡，庄妃之子福临就占了天时、地利、人和，提出他来继嗣，应该是符合先帝心愿的，诸王自然没有话说。

但是，符合以上两个条件的还有一个人，即麟趾宫贵妃的儿子博穆博果尔。此子于崇德六年十二月出生，为皇太极的第十一个儿子，也是最后一个儿子，当时不过两岁多。其母博尔济锦氏地位也比永福宫庄妃高。那么为什么多尔衮没提出博穆博果尔作为皇位继承人呢？也可能有两方面的原因。首先，传说麟趾宫贵妃和衍庆宫贵妃原来都是察哈尔林丹汗的妻子，后来为清军俘获，代善等劝皇太极纳之，后来分列五宫后妃中的第三位和第四位。这样，她们就不是皇太极的原配，在人们眼中的地位就不甚高贵。此外，麟趾宫贵妃也不太被皇太极宠爱，她和衍庆宫淑妃之所以被皇太极安排在永福宫庄妃之上，其政治上的需要可能远比夫妻感情的因素要大得多，就是说，这是招徕蒙古诸部的一个手段，因此其实际地位当低于她的名号。其次，博穆博果尔才两岁，虽说多尔衮是辅佐幼主，但太小了也不合适，举行仪式时，总不能由母亲抱着，连起码的场面也应付不了吧？

福临在当时被选中了，这绝不是偶然的机遇，或是凭多尔衮信口道

来，而是当时诸多的客观因素决定的。

那么，又是什么因素决定了辅政王的人选呢？为什么诸王大臣只得同意由济尔哈朗和多尔衮，而不是豪格、多铎，或代善来辅理国政呢？多尔衮出任辅政的原因比较清楚，他是牺牲了皇位继承权而出任辅政的，这等于是个交换条件。这一点，恐怕双方都很清楚。起初，多尔衮代表两白旗出来争夺皇位。此时，他出任辅政同样是代表着两白旗，这体现着最高统治阶层中各派势力的一种均衡，从这个意义上说，多铎和阿济格自然不能同任辅政王。当然，多尔衮个人的才能也众所周知，多铎和阿济格不可能取而代之。

同样，福临继位，已经代表了两黄旗和正蓝旗的利益，豪格再出任辅政，均衡就会被打破，这是多尔衮无论如何也不会同意的。但是，能不能就由多尔衮一个人担任辅政王呢？当然不行。一边是六龄幼主，一边是雄才伟略的叔父，难免会出现大权独揽、个人专政的局面。这样，就必须有一个中间派上台，表面上并非多尔衮的敌对势力，实际上起一种抑制多尔衮的作用。对于多尔衮来说，也必须拉上一个比较好对付的人一同登台，这样，才可以避免暴露自己的真实想法，也使对手较容易接受自己的提案。谁能充当这个角色呢？代善不行，他早就表示"老不预政"，皇帝都不愿当，何况辅政王？于是，就非济尔哈朗莫属了。对于多尔衮来说，济尔哈朗容易对付，而他又曾支持豪格，拉他上来，两黄旗的人必定无话可说，而且，把他放在第一辅政王的位子上，该方案就更容易被通过。这是平衡各派势力的最佳方案。

对于满朝文武来说，济尔哈朗和多尔衮出任辅政也并不出人意料，因为皇太极晚年最信任、最重用的就是这两人。清崇德七年（明崇祯十五年，1642年）十月，皇太极日理万机，不胜劳累，在外出休养时，国事由"著大学士范文程、希福诣和硕郑亲王、和硕睿亲王、和硕肃亲王、多罗

武英郡王处会议"。济尔哈朗和多尔衮列于首位。清崇德八年（明崇祯十六年，1643年）四月，皇太极赐诸王玄狐裘，济尔哈朗和多尔衮仍列首位。五月，他又命济尔哈朗和多尔衮向罗洛浑传谕。六月，饶余贝勒阿巴泰征明凯旋，皇太极令诸王大臣出迎，济尔哈朗和多尔衮排在最前面。八月，因阿巴泰征明大捷，文武群臣上表称贺，又是济尔哈朗和多尔衮领衔。这一切都表明，济尔哈朗和多尔衮在皇太极统治时期乃是群臣之首，而且济尔哈朗排在第一位，多尔衮排在第二位。这二人现在做了辅政王，众人也不会觉得意外，是最顺理成章的人选。

然而，尽管皇太极死后所形成的政权格局，是各派势力充分较量后，大家共同接受的结果，但仍有一些人公开或暗地里表示反对。

镇国公艾度礼在宣誓之前就说："二王迫胁盟誓，我等面从，心实不服。主上幼冲，我意不悦。今虽竭力从事，其谁知之？二王擅政之处，亦不合我意。每年发誓，予心实难相从，天地神明，其鉴察之。"他还把这些话都写在纸上，在集体宣誓之前焚化，表明他是被迫盟誓的。

多铎或许是对多尔衮不同意立他为帝不满，他后来居然对豪格说："和硕郑亲王初议立尔为君，因王性柔，力不胜众，议遂寝。其时我亦曾劝令勿立，由今思之，殆失计矣，今愿出力效死于前。"多铎仿佛不再是多尔衮的兄弟，而是变成了豪格的死党。

代善的子孙硕托和阿达礼在盟誓两天之后，对拥立稚童福临颇不甘心，仍积极活动，企图把多尔衮推上皇位，改变既成的事实。于是，在八月十六日阿达礼先跑到多尔衮那儿，对他说："王正大位，我当从王。"接着又跑到济尔哈朗那儿，对他说："和硕礼亲王让我经常到睿王府中往来。"硕托也派吴丹到多尔衮处，对他说："内大臣图尔格及御前侍卫等，皆从我谋矣，王可自立为君。"最后两人又一起到代善那儿，以探视足疾为由，在床前悄悄对他说："今立稚儿，国事可知，不可不速为处

置。"又附到代善耳边说:"众已定议立和硕睿亲王矣,王何默默?"代善听后明确表示反对,并告诉他俩:"既立天誓,何出此言?更勿生他意!"

对阿达礼和硕托的四处游说,多尔衮迅速做出反应:当他们找上门时,多尔衮"闭门不纳"。二人跑到多铎处求见,多铎也令人对他们说:"此非相访之时!"始终不出来相见。硕托和阿达礼无奈,只得又回到代善那儿去恳求他的支持,代善见其不听告诫,立刻发了脾气,说道:"何为再发妄言?祸必立至,任汝所为!"为了不牵连自己,代善立即将他们告发,多尔衮说:"吾亦闻之。"于是他俩的活动被揭发了出来。

据说,阿济格对多尔衮立幼子为帝心中也颇不满。"自退出后,称病不出,帝之丧次,一不往来。"

肃亲王豪格见到两黄旗大臣一立了皇子就不再坚持拥立他,便认为他们"向皆附我,今伊等乃率二旗附和硕睿王"。他还大骂多尔衮"非有福人,乃有疾人也","素善病","岂能终摄政之事"?并叫嚷"岂不能手裂若辈之颈而杀之乎?"他手下的杨善、伊成格、罗硕、俄莫克图等也纷纷表示愿为豪格效死。

面对这样一种新的挑战,新统治集团的核心多尔衮和济尔哈朗,甚至代善都主张坚决打击,绝不手软。济尔哈朗下令将艾度礼和他的妻子及其子海达礼一齐斩首,家产人口全部没收。豪格被夺所属七牛录,罚银五千两,废为庶人。其死党杨善、伊成格、罗硕、俄莫克图全部被砍头。其他知情者安泰、夏塞等俱遭鞭责。

支持多尔衮的人,代善和济尔哈朗是主张重罚的,多尔衮也就更不能心慈手软。对于硕托和阿达礼,代善都可以舍弃自己的亲生骨肉,多尔衮要是容情,就势必被人认为有私心。于是,他二人被宣布扰乱国政,以叛逆罪论死。阿达礼母、硕托妻因结党助逆,与同谋的吴丹一并处死。在

十六日晚上，硕托和阿达礼被捕送到衙门，"露体绑缚"，与硕托之妻和阿达礼之母，"即缢杀之"。面对阿济格的消极抵制，多尔衮派人警告他说："汝虽患病，皇帝丧事，不可不来也。"阿济格听后非常害怕，第二天就扶病上朝，不敢有所怠慢。

多尔衮审时度势，以冷静和机智的头脑，比较稳妥地解决了皇位继立问题，果断而严厉地处理了可能出现的内乱，在皇太极死后不到十天的时间内，就完成了满洲最高权力的过渡，稳定了局势。多尔衮从此也开始了他艰难而辉煌的政治生活。

彪炳史册

皇太极于清崇德八年（明崇祯十六年，1643年）八月初九日逝世，第二天就将他的棺木奉安于崇政殿内，让诸王贝勒、大小群臣，"朝夕哭临三日"。当时有皇太极的忠诚属下敦达里、安达里二人自愿身殉。九月二十日，"山陵宝城宫殿告成"，皇太极的永远安息地初期工程完竣。二十一日，皇太极的棺木便由沈阳宫中移灵城外，敬安陵寝的殿内，举行盛大典礼举哀。一年后厝葬陵内地宫，算是入土为安了。这座陵寝就是日后著名的昭陵。

昭陵位于沈阳城西北十里处，史称"盛京昭陵"，俗称"沈阳北陵"。皇太极生前没有预先建造自己的陵园，突然去世，诸王大臣一时也不知所措，后来工部立即找来风水专家勘察地点，最后勘舆官选择了沈阳

城西北郊外的一处平地，无山无水，真是"前无沼，后无靠"的地方。这件事实在不合皇陵讲究好风水的要求，因而后来为补救而"推土积山，挖土成河"，制造了人工的前水后山地貌。皇太极下葬时，一切都还很简陋，直到顺治八年（1651年）初期陵园形象才备具，修建了下马木牌、石像生、陵门、围墙、享殿，种植了大批陵松。又封墓后的人造山为"隆业山"。康熙年间，皇帝下令增建大碑楼、神功圣德碑、隆恩门、方城、角楼、宝顶、月牙城、焚帛亭、石祭台、东西配殿等建筑，使昭陵更为壮观华丽。乾隆皇帝为尊敬他的这位开国祖先，又将下马木牌改为石碑，碑文以满、汉、蒙、藏、回五种文字书写，以昭永远。另外又增补了一些小建筑，扩大了旧陵区，使陵区平面呈长方形，南北约5华里，东西约2.6华里，总面积为12.6平方华里，形成现在的陵貌。

皇太极葬地昭陵，本是无山无水的平地，经百年经营，规模大具，四周界址共两千五百六十丈，是关外三陵中，建筑最完善的清初帝王陵寝。有人对当初工部官员敢选择一处不合风水之地作为皇太极陵寝区感到实在费解。三百多年前，沈阳郊外颇有一些风景优美，符合吉祥风水之处，为何不选择呢？不少人认为必是皇太极生前自己所指定，因为他要傍近宸妃，不顾风水了。

皇太极是完成其父努尔哈赤未竟之业的一位伟大的历史人物。他的人生短暂，却光芒四射。皇太极的特别之处就在于给世人留下了丰富的精神遗产。这些精神财富，足以让人流连，令世人感叹。

细细想来，其精神遗产至少有十条可供我们参考。

第一条，人道精神，成功基石。作为一位握有生杀予夺大权的封建君主，皇太极难能可贵地拥有一种人道精神。这种人道精神，或人性情怀，抑或人道主义，始终萦绕在皇太极的身上。皇太极身上最闪光之点就是这种人道精神。可以毫不夸张地说，皇太极事业的成功，很大程度上是基于

他的人道精神。人道精神是他事业成功的基石。

第二条，强调和平友爱。皇太极的理想国是和平友爱的满蒙汉大家庭，没有战争，没有贫穷，耕桑乐业，衣食丰饶。他曾经说道："迩来将士等，得无以干戈未息，厉兵秣马，从征劳瘁为苦。抑知敌国侵陵，仇怨所积，义当征伐。非彼实无罪，而我好为争战。倘我按兵不动，岂能必彼之相安无事？且盛暑严寒，朕与诸贝勒亲历行问，岂所乐为？亦出于不得已也。大小臣工，宜竭力奋勉，无生厌恶之心，抚恤士卒，精勤职业，俾黎庶耕桑乐业，衣食丰饶，共享太平，岂不快哉！"

皇太极一再强调"非彼实无罪，而我好为争战"，意思是说，不是明朝没有罪过，我们硬要打仗。我们不打，他们能够"相安无事"吗？我们和明朝战争，实在是"出于不得已"，没有办法。但是，我们的前途是美好的，那应该是一个"耕桑乐业，衣食丰饶，共享太平"的美好世界。这个理想世界，也体现了皇太极的人道情怀。

第三条，主张严肃军纪。皇太极身经百战，是冲锋陷阵的行家里手。他对军队纪律的过往及现状，都有充分的了解和深刻的认识。他本人充满悲天悯人的浓厚情怀，对于无端杀戮坚决反对。两军对垒，皇太极特别强调部队纪律。每逢军队开拔，他都要重申军纪。在多次重申军纪的过程中，他的要求也在不断地完善，最后形成了军纪"九勿"。《皇清开国方略》记道："朕仰承天命，兴师伐明。拒战者，不得不诛。若归降者，虽鸡豚勿侵扰；俘获之人，勿离散其父子、夫妇；勿淫人妇女；勿掠人衣服；勿拆庐舍祠宇；勿毁器皿；勿伐果木。如违令杀降、淫妇女者，斩；毁庐舍祠宇、伐果木、掠衣服及离大纛人村落私掠者，鞭一百。又勿食明人熟食；勿酗酒。"

第四条，严惩违纪分子。军纪严明，还是有人触犯军纪。皇太极对于触犯军纪者，不论职务高低，一视同仁，一律加以严惩。

第五条，爱惜将士，善待生命。皇太极对部队将士的生存状态，极为关注。他经常就将士的生命问题，发布上谕，教导部署，关心将士，善待生命。

皇太极在《皇清开国方略》里说道："朕仰承天眷，攻城必克。但所虑者，倘失我一二良将，即得百城，亦不足喜。朕视将卒如子。尝闻语云：子贤，父母虽无积蓄，终能成立；子不肖，虽有积蓄，不能守也。此时正当善抚我军，蓄养精锐耳。"

皇太极在《皇清开国方略》里又说："太宗命大学士希福、刚林，学士占巴、武达礼传谕兵部曰：凡行军之际，克城多而我兵不损者，为上；克城多而我兵损者，为中；至克城少而我兵大损者，为下，宜罪之。"

第六条，强调学习，注重教育。皇太极反对没有文化的诸贝勒的大老粗谬论，他们说："我国子弟虽然不读书学习，也没耽误什么事。"皇太极运用无可辩驳的事实，说明没有知识文化是不行的。皇太极运用永平、迁安、滦州、遵化四城的相继沦陷，说明没有文化、不明义理的害处。明朝大凌河城之所以能够坚守四个多月，也是因为祖大寿等人"读书明道理"的缘故。

第七条，有道者昌，无道者废。皇太极极为重视战争的正义性，他无时无刻不在宣传"有道者昌，无道者废"的道理。

第八条，鼓励直言，支持敢谏。（天聪五年，1631年）三月乙亥朔（初一日）令贝勒大臣尽言直谏。时大贝勒代善、三贝勒莽古尔泰之次，有议政十贝勒（阿巴泰、德格类、济尔哈朗、阿济格、多尔衮、岳托、多铎、杜度、萨哈廉、豪格）、八大臣（楞额哩、达尔汗、和硕图、色勒、喀克笃哩、伊尔登、叶臣、固三台）。皇太极作书三函，分别给予两大贝勒、议政十大臣和八大臣，鼓励他们直言敢谏。

第九条，满汉之人，均属一体。皇太极的民族政策，继承了父汗努尔

哈赤的既定国策，是十分成功的。皇太极强调满蒙汉各族相互融合，和谐相处，满汉之人，均属一体。没有高低贵贱之分，你中有我，我中有你，亲如一家。即灵魂词："满汉之人，均属一体。"《清太宗实录》记道："至于满汉之人，均属一体。凡审拟罪犯，差役公务，毋致异同。"

第十条，理想目标，共享太平。皇太极在长期征战中，深入下层，了解底层，熟悉百姓的生活状态，深知民间的厌战心理。为了鼓励将士，皇太极在回答我们为什么要同明朝征战的问题之后，适时地描绘了未来的美好愿景，谕曰："大小臣工，宜竭力奋勉，无生厌恶之心，抚恤士卒，精勤职业，俾黎庶耕桑乐业，衣食丰饶，共享太平，岂不快哉！"

皇太极的理想国是"耕桑乐业，衣食丰饶"的"太平"世界。皇太极呼吁，为了这个理想世界，让我们共同努力奋斗吧！可以毫不夸张地说，崇德帝皇太极是完成其父努尔哈赤未竟之业的一位伟大的历史人物。皇太极是一位文韬武略的军事家，也是一位纵横捭阖的政治家。他的文治武功堪与中国历史上任何一个创业君主相媲美，皇太极给世人留下的精神遗产，值得我们深思与品味。

皇太极生平年表

附 录

公元**1592**年　努尔哈赤第八子皇太极出生

公元**1616**年　努尔哈赤建立后金后，皇太极成为辅政的四大贝勒之一。

公元**1626**年　努尔哈赤病死，皇太极被推举为后金大汗。

公元**1627**年　皇太极派兵剿灭朝鲜，使朝鲜成为后金的附属国。

公元**1636**年　皇太极改国号为大清，正式称帝。

公元**1640**年　皇太极发动松锦大战。

公元**1643**年　皇太极病逝。